LES

PRINCIPES GÉNÉRAUX

DU CODE PÉNAL DE 1791

POUR LE DOCTORAT

[illegible] à 3 heures 1/2

PAR

[illegible]RNET

[illegible] de droit

LIBRAIRIE

[illegible]
[illegible]
22, Rue [illegible], PARIS, [illegible]

THÈSE

POUR

LE DOCTORAT

LES

PRINCIPES GÉNÉRAUX

DU CODE PÉNAL DE 1791

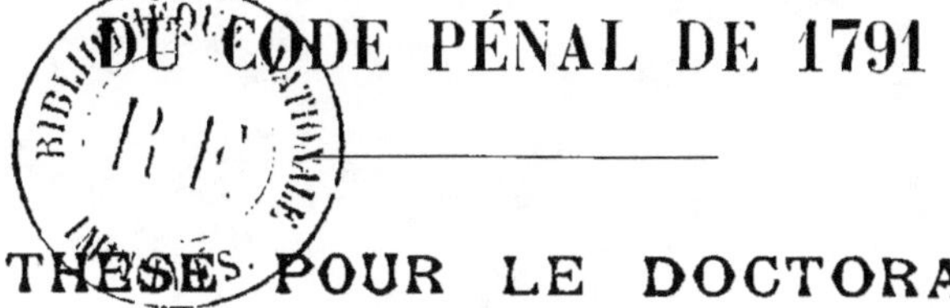

THÈSE POUR LE DOCTORAT

PRÉSENTÉE ET SOUTENUE

Le jeudi 13 janvier 1910, à 3 heures 1/2

PAR

Henri REMY

Avocat à la Cour d'Appel

Président : M. GARÇON, *professeur.*
Suffragants : { MM. LE POITTEVIN, *professeur.*
HITIER, *professeur.*

LIBRAIRIE

De la Société du Recueil J.-B. Sirey, & du Journal du Palais
Ancienne Maison L. LAROSE & FORCEL
22, Rue Soufflot, PARIS, V° Arr'.
L. LAROSE & L. TENIN DIRECTEURS

1910

SOURCES

ARCHIVES NATIONALES

AD III 51-52. — Les prisons de 1789 à 1815.

AD XVIII° 147-148. — Assemblée Constituante, supplément au procès-verbal, Code pénal et de police.

C 77-775. — Procès-verbal de l'Assemblée Constituante, Code pénal.

D XXXIX 16-20. — Matériaux pour servir à la rédaction du Code de commerce, d'agriculture, du Code criminel et du Code révolutionnaire.

F7c III. — Esprit public, rapports administratifs.

IMPRIMÉS

Ancien droit

BARBIER. — Journal.

BECCARIA. — Traité des Délits et des peines.

BOUCHER D'ARGIS. — Observation sur les lois criminelles de la France, in-12°, Amsterdam, 1781.

BRISSOT DE WARVILLE. — Les moyens d'adoucir la rigueur des lois pénales en France sans nuire à la sûreté publique. Discours couronné par l'Académie de Châlons-sur-Marne, 1780.

D'AGUESSEAU. — Œuvres, T. IX. Matières criminelles.

Guyot. — Répertoire universel et raisonné de Jurisprudence. Paris, 1784-1785, 19 vol.

Jousse. — Traité de la Justice criminelle de France. Paris, 1771, 4 vol.

Mably. — De la législation ou principes des lois.

Marat. — Plan de législation criminelle. Paris, 1790.

Montesquieu. — Esprit des Lois.

Muyart de Vouglans. — Les lois criminelles de la France dans leur ordre naturel. Paris, 1780.

— Réfutation du traité des délits et des peines. Paris, 1780,

Nouveau Code criminel pour le grand duché de Toscane par ordre de Son Altesse Royale, Mgr le grand duc, traduit de l'italien Lausanne, 1787, in-8°.

Riforma della legislazione criminale Toscana del di novembre 1786. Siena, 1786, in-8°.

Rousseau (Jean-Jacques). — Le Contrat social, liv. II, chap. V.

Rousseau de la Combe. — Traité des Matières criminelles. Paris, 1751.

Servan. — Discours sur l'Administration de la Justice criminelle, 1766.

— Œuvres choisies. Paris, 1825.

Voltaire. — Commentaire du Livre des délits et des Peines, 1766.

— Dictionnaire philosophique, 1764,

— Pièces originales pour Calas, 1762.

Période révolutionnaire

Archives Parlementaires, 1re série de 1787 à 1799. Paris, 1888, tomes XXVI, XXVII, XXXI et *passim*.

Bexon. — Application de la théorie de la législation pénale au Code de la sûreté publique et particulière fondé sur les règles de la morale universelle, sur le droit des gens ou primitif des sociétés et sur leur droit particulier, rédigé en projet pour les États de Sa Majesté le roi de Bavière. Paris, 1807, in-folio.

— 7 —

Bexon. — Journal de la Justice civile criminelle commerciale et
militaire. Paris, an IV, 3 vol. in-8°.

— Parallèle du Code pénal d'Angleterre avec les lois pénales
françaises. Paris, an VIII, in-8°.

— Scipion Bexon au citoyen grand juge et ministre de la
Justicede la République française. Paris, an XI, in-8°.|

Desjardins. — Les cahiers des États généraux en 1789 et la législation criminelle. Paris, 1883.

Merlin. — Répertoire universel et raisonné de Jurisprudence.
36 vol., Bruxelles, 1825-1828.

— Recueil alphabétique de questions de droit, 4° édit. 16 vol.,
Bruxelles, 1828-1830.

Autres ouvrages consultés

Alhoy. — Les Bagnes. Paris, 1845.

Aulard. — Les Orateurs de la Constituante. Paris, 1882.

Brette. — Étude sur la collection publiée sous le titre d'Archives
parlementaires.

Cantu. — Beccaria et le Droit pénal, traduction Lacointe et Delpech. Paris, 1885.

Chauveau et Hélie. — Théorie du Code pénal, 6e édit. Paris,
1887.

Esmein. — Histoire de la procédure criminelle en France. Paris,
1882.

Fouquier. — Les causes célèbres de tous les peuples. Paris, 1858.

Garçon. — Code pénal annoté.

— Préface au livre de M. Legrain. Éléments de Médecine
mentale appliquée à l'étude du droit. Paris. 1906.

Garraud. — Précis de Droit criminel, 8° édit. Paris, 1904.

Le Notre. — La Guillotine pendant la Révolution. Paris, 1892.

Ortolan. — Éléments de Droit pénal, 2 vol. Paris, 1886.

Prins. — Science pénale et Droit positif. Bruxelles et Paris, 1899.

Revue pénitentiaire, *passim*.

A. Rivierre. — Howards, sa vie, son œuvre, Revue pénitentiaire,
année 1891, p. 651, 1299.

SALEILLES. — De l'individualisation de la peine, 1re édit. Paris, 1898.

SELIGMANN. — La Justice en France pendant la Révolution. Paris, 1901, in-8.

TUETEY. — Les papiers des Assemblées révolutionnaires aux Archives, série C. Paris, 1908.

VIDAL. — Précis de Droit criminel et de Science pénitentiaire, 2e édit. Paris, 1901.

INTRODUCTION

I

Le Code pénal de 1791 est le résultat de toute l'évolution
philosophique et sociale du xviii° siècle. Jusque-là, les lois
criminelles avaient été élaborées par des juristes et des criminalistes de profession. Ce furent, au contraire, des philosophes, des publicistes et des philanthropes qui inspirèrent
l'œuvre de la Constituante.

Longtemps les questions juridiques, et en particulier celles
de droit pénal, étaient demeurées réservées à un petit nombre de spécialistes, aux gens du Palais, avocats et magistrats.
Aux yeux du public éclairé elles passent pour trop arides et
de nul intérêt. On a bien d'autres sujets d'entretiens et d'études! Quand on ne s'occupe point de poésie ou d'art, on dis-
cute sur la théologie, la philosophie cartésienne ou la
mathématique mais on ne s'imagine pas qu'il faille s'intéresser en rien au sort des assassins et des voleurs que l'on ne
manque pas cependant, par pure curiosité, d'aller voir rouer
en place de Grève. Par eux-mêmes, en effet, les criminels,
n'excitent que de la crainte et de l'horreur. La loi ne saurait
être trop sévère pour eux, ce sont des monstres que l'on
redoute mais pour qui l'on n'a point de pitié.

Nous trouvons, il est vrai, au xvii° siècle, à côté d'exemples merveilleux de charité chrétienne, quelques honnêtes
gens que la rigueur des lois pénales indigne. Saint Vincent

de Paul parcourt les prisons et les bagnes, et pour adoucir l'horrible sort des malheureux qui y sont enfermés, fonde l'ordre des Lazarites. Mabillon (1) trouve les principes du système cellulaire tel que nous le pratiquons aujourd'hui. La Bruyère (2) ose critiquer l'excessive sévérité de l'ordonnance de 1670. Mais ce sont là des voix isolées et le reste des hommes n'en continue pas moins d'admirer l'ordonnance criminelle, comme, de tous les titres de gloire du grand roi, l'un des plus beaux et des plus durables.

Il en est ainsi jusqu'aux environs de 1750. A cette époque en effet, Montesquieu vient de publier l'*Esprit des lois* (3) et de vulgariser cette idée, alors toute nouvelle, que ce sont les lois pénales elles-mêmes qui provoquent l'augmentation ou la diminution du nombre des criminels. Puis l'année même (1762) où paraît le *Contrat social* qui proclame l'égalité des hommes, Voltaire s'emploie tout entier à faire reformer la sentence rendue contre Calas, ensuite il s'intéresse à Sirven (4). Son principal objectif est, il est vrai, de combattre l'intolérance religieuse, mais en même temps, il montre comment a été fait le procès et découvre tous les vices de l'instruction criminelle alors en usage qui ne donne à l'accusé ni liberté ni garantie. Cependant ce fut Beccaria (5) qui porta au vieil édifice pénal les derniers et les plus rudes coups. Montesquieu et Rousseau ne s'étaient point

1. Réflexions sur les prisons des ordres religieux par dom. Mabillon. V. *Rev. pénit*, 1882, p. 604.

2. *Les Caractères*, de quelques usages, et de l'homme.

3. 1re édition. 1748.

4. *Recueil des pièces originales, concernant la mort du sieur Calas*, 1763, *Sirven*, 1765.

5. Le traité des *Délits et des peines* est de 1764, il fut traduit en français pour la première fois par l'abbé Moublet en 1766. (Lausanne, 1 vol., in-12). La même année Voltaire en publia un commentaire, pour les autres éditions, V. Cantu, *Beccaria et le droit pénal*, traduction Lacointa, p. 144.

occupés spécialement du droit criminel, c'est même dans leur œuvre une des moindres parties (1). L'un, en étudiant des lois en général, en recherchant les caractères qu'elles doivent présenter pour être justes et produire de bons résultats est amené à traiter des lois criminelles, l'autre, en expliquant l'origine des sociétés, montre l'origine du droit de punir. Beccaria, au contraire, est un bon disciple qui applique leurs idées et développe en style clair et agréable un sujet particulier qu'ils n'ont fait qu'effleurer. Ses critiques cependant, parce qu'elles étaient directes et systématiques, eurent une portée très grande. Il montre combien le droit pénal de son temps est absurde et cruel. C'est un amas de lois incohérentes qui remontent pour la plupart à la plus haute antiquité et que les commentateurs ont déformées. Elles reposent sur des principes que l'humanité a cessé de regarder comme vrais, aussi, n'étant plus en harmonie avec l'état de civilisation auquel l'homme est parvenu, elles sont une source de maux et une entrave au progrès. Il faut donc les détruire et les remplacer par des lois ayant pour bases les principes sur lesquels repose toute société policée, la douceur et l'humanité.

Grâce aux efforts de ces publicistes, on découvrit tout à coup que les criminels étaient des hommes, c'est-à-dire des êtres que la nature avait créés bons et vertueux mais que la société avait rendus pervers, on comprit toute l'injustice de lois pénales qui organisaient des châtiments différents suivant le rang que le coupable occupait dans la société. On se révolta à la pensée que la plupart des infractions n'avaient pas été prévues et punies par des lois et qu'on laissait au juge le soin de déterminer les faits punissables et d'arbi-

1. Dans l'*Esprit des lois* un seul livre, (VIe) dans le *Contrat social* un chapitre (ch. V. L, II).

trer le châtiment. L'atrocité des supplices démontrée inutile, nuisible même, parut indigne d'une société aussi sensible et aussi policée. Il en résulta un grand mouvement d'idées. Les partisans de l'ancien état de choses essayèrent en vain de l'enrayer (1) ils ne trouvèrent point d'écho. A partir de 1770, les idées nouvelles triomphent et les questions pénales sont agitées partout, les Académies de province en font même le sujet de concours.

Ceux qui s'occupent de ces problèmes et ce sont tous les gens éclairés, ne se contentent pas de ruiner les vieilles institutions pénales, ils cherchent les moyens de les rendre plus humaines, de donner des garanties aux accusés, d'adoucir le sort des condamnés. Ils se demandent aussi à quel ressort du cœur humain on doit s'adresser pour les ramener à la vertu et leur permettre, une fois leur peine terminée, d'occuper dignement une place dans la société. Dans ce but, l'un d'eux même, Howards, eut le courage de visiter les prisons de l'Europe, d'interroger les malheureux qui y étaient détenus, de vivre de leur vie, et fort de cette expérience il montra les réformes qu'il fallait faire.

Ce grand mouvement d'idées ne tarda pas à produire des résultats. Les rois eux-mêmes s'en avisèrent (2). A peu près partout en Europe les lois pénales furent modifiées et des

1. Muyart de Vouglans. *Réponse à Beccaria.*

2. V. not. l'ordonnance donnée à Pise le 30 mai 1786, par le grand duc de Toscane Pierre-Léopold, dont le préambule reproduit les idées de Beccaria. C'est un code vraiment libéral, il abolit la peine de mort, il interdit l'usage de la torture (art. XXXIII), la confiscation des biens du coupable « comme tendant en grande partie à ruiner leur malheureuse famille », il supprime les crimes de lèse-majesté (art. XLV.CXIV), il continue cependant de punir sévèrement les crimes contre la religion, et n'hésite pas à frapper d'une peine « qui ne pourra être moindre que des travaux publics », le commerce charnel d'un juif avec une chrétienne. Ce code qui à certains égards peut être rapproché de celui de 1791, en diffère cependant, en ce qu'il est moins

prisons créées. C'est qu'en effet au despotisme arbitraire et autoritaire qu'avaient incarné Louis XIV et Louis XV, s'était substituée une forme nouvelle d'absolutisme, le *despotisme éclairé*. En France, Louis XVI, poussé par son naturel, conseillé par Turgot, adopta cette manière nouvelle d'être roi et, en droit pénal notamment, des réformes furent faites, on put croire même, un instant, qu'il allait transformer complètement les lois pénales d'après les idées nouvelles (1).

Mais cette forme de gouvernement, qui participe de la liberté et de l'absolutisme, était par sa nature même destinée à ne guère durer. Il en est toujours ainsi toutes les fois qu'un gouvernement absolu veut se montrer libéral. En effet, quand un peuple soumis à un pouvoir despotique en arrive à réclamer des réformes et des libertés, ce pouvoir doit disparaître, s'il maintient la rigueur, on le brise, s'il accorde au contraire des libertés et des réformes, on s'aperçoit bien vite qu'il n'a pas été assez loin, on lui en demande de nouvelles, alors il comprend qu'il ne s'arrêtera plus, et qu'il va contre son principe même, il réagit et c'est sa perte.

Louis XVI cessa donc bientôt ses réformes qui se bornèrent à l'abolition de l'emploi de la torture dans l'instruction criminelle et à la démolition de quelques-unes des vieilles prisons de Paris.

Les autres vices de notre système pénal, inégalité des

libéral que lui et aussi en ce qu'il ne repose pas sur le même principe, c'est une charte octroyée par un bon despote et non le code d'une nation libre. V. Riforma... Siena, 1787 et Nouveau code criminel .. Lausanne, 1787.

1. V. not. Arrêt du conseil du 18 août 1775, défendant d'employer en justice les lettres interceptées.

Ordonnance du 13 décembre 1775, modèrant les peines contre les déserteurs.

Déclaration du 24 août 1780, supprimant la question préparatoire (Isambert, t. XXVI, p. 373) et du 1er mai 1788, non suivie d'exécution.

Déclaration du 30 août 1780, « *portant établissement de nouvelles prisons pour dettes et autres* ». (Isambert, t. XXVI, p. 976.)

individus devant les châtiments, arbitraire des juges, cruauté des supplices, étaient tellement inhérents à l'ancien régime, qu'ils ne pouvaient disparaître qu'avec lui.

Cette œuvre de reconstitution du droit pénal que l'ancien régime n'avait fait qu'ébaucher, la Constituante la réalisa. L'œuvre législative que la monarchie absolue n'avait pu accomplir de 1780 à 1789, la Constituante l'établit en quelques années de 1789 à 1791. Là, comme à peu près partout ailleurs, elle fit table rase de tout ce qui avait existé auparavant, aucun des matériaux anciens ne pouvant resservir, les bases de l'édifice n'étant plus les mêmes. Cette réforme du droit criminel si rapidement élaborée est peut-être pourtant de toutes celles accomplies par l'Assemblée la plus admirable. Partout ailleurs, en effet, son œuvre est en partie détruite, en droit pénal, au contraire, toutes les grandes réformes qu'elle a réalisées subsistent. Certes, ses codes sont depuis longtemps abrogés et même, ils n'ont guère duré. Ils présentaient, en effet, des défauts de détail que l'expérience a vite révélés. Cependant les assises sur lesquelles ils furent édifiés demeurent inébranlables. C'est qu'en inscrivant dans la Déclaration des Droits de l'homme : « Nul ne peut être accusé, arrêté ni détenu que dans les cas déterminés par la loi et selon les formes qu'elle a prescrites, ceux qui sollicitent, expédient, exécutent ou font exécuter des ordres arbitraires, doivent être punis ; mais tout citoyen appelé ou saisi en vertu de la loi, doit obéir à l'instant ; il se rend coupable par la résistance (art. 7).

La loi ne doit établir que des peines strictement nécessaires et nul ne peut être puni qu'en vertu d'une loi établie et promulguée antérieurement au délit et légalement appliquée » (art. 8).

De même en décrétant le **21 octobre 1790** :

Article premier. — Les délits du même genre seront punis par le même genre de peine, quels que soient le rang et l'état des coupables.

Art. 2. — Les délits et les crimes étant personnels, le supplice d'un coupable, et les condamnations infamantes quelconques n'impriment aucune flétrissure à sa famille.

Art. 3. — La confiscation des biens des condamnés ne pourra jamais avoir lieu ni être prononcée en aucun cas.

Art. 4. — Le corps d'un homme supplicié sera délivré à sa famille, si elle le demande ; dans tous les cas, il sera admis à la sépulture ordinaire, et il ne sera fait sur le registre aucune mention du genre de mort (1).

Les Constituants ont définitivement consacré les grands principes du droit pénal moderne hors desquels il ne saurait y avoir ni bonne justice, ni liberté.

II

L'œuvre de l'Assemblée Constituante en notre matière est considérable, le droit pénal et l'instruction criminelle furent complètement réformés. Elle vota quatre lois importantes: 1° La loi des 8-9 octobre 1789 sur la procédure criminelle

---

1. Ces articles furent présentés au cours de la discussion sur la procédure criminelle par le député Guillotin le 9 octobre 1789, l'Assemblée en ajourna la discussion qui ne fut reprise que le 30 octobre 1790, le projet de Guillotin contenait en outre deux articles que l'assemblée ne vota point et que voici :

1° « Dans tous les cas où la loi prononcera la peine de mort contre un accusé, le supplice sera le même, quelle que soit la nature du délit dont il se sera rendu coupable, le criminel aura la tête tranchée. »

2° « Quiconque osera reprocher à un citoyen le supplice d'un de ses proches sera puni de... »

qui supprime les abus les plus graves, mais n'établit qu'un état de choses provisoire ; 2° La loi des 16-29 septembre 1791 qui, sous le titre de *décret concernant la police de sûreté, la justice criminelle et l'établissement des jurés,* instituée, pour les délits les plus graves, la procédure par jurés ; 3° La loi des 25 septembre-6 octobre 1791 qui sous le titre de *Code pénal* établit un système de pénalités et d'incriminations applicable seulement aux faits les plus graves ; 4° La loi des 19 et 22 juillet 1791 appelée *décret relatif à l'organisation d'une police municipale et d'une police correctionnelle* qui détermine les pénalités et fixe la juridiction et la procédure relativement aux délits d'un ordre inférieur. Tout le système pénal élaboré par la Constituante est demeuré en vigueur jusqu'à la promulgation du Code de 1810. Quant à la procédure elle fut complètement remaniée par le *Code des délits et des peines* du 3 brumaire an IV.

Nous n'étudierons point ici le système de procédure criminelle établi par la Constituante le travail a été fait et d'une façon magistrale par M. Esmein (1), il n'y a plus guère à y revenir, de même il nous a paru trop long et d'un intérêt peut-être secondaire d'étudier toutes les autres lois pénales de la Révolution et même le Code de 1791 tout entier. Il était en effet difficile d'éviter l'un des deux écueils que voici. On pouvait tout d'abord s'en tenir à une étude superficielle mais dans ce cas on se bornait à répéter ce que l'on trouve dans tous les manuels et le travail était inutile. Si l'on voulait au contraire faire une étude beaucoup plus approfondie c'était un travail considérable et de peu d'intérêt puisqu'on aurait fait en quelque sorte le *Code annoté* des Lois de la période intermédiaire qui n'ont plus pour nous

1. Esmein. *Histoire de la Procédure criminelle.*

qu'un attrait purement historique. Il nous a donc semblé préférable de nous borner à l'étude des théories générales du Code pénal de 1791 qui offrent un intérêt considérable puisqu'elles sont encore aujourd'hui la base de nos lois criminelles. C'est sur ces points surtout que l'on demandait alors des réformes, ce sont ces matières qui, nous le verrons, ont fait l'objet des discussions les plus longues et les plus intéressantes le reste a été en grande partie emprunté à l'ancien droit. C'est donc en se plaçant à ce point de vue que nous pourrons apprécier l'œuvre de la Constituante en matière de droit pénal en la comparant à l'ancien droit et parfois aussi à nos lois actuelles.

Mais avant d'aborder cette étude, il nous faut rechercher comment et par qui le Code de 1791 a été élaboré, examiner les documents dont nous nous sommes servi pour notre travail, indiquer enfin la forme de ce Code pénal, en un mot faire l'histoire externe du Code de 1791.

La réforme des lois criminelles étant une des parties les plus importantes de sa tâche l'Assemblée Constituante créa pour s'occuper de ces matières un comité spécial. « Le Comité de législation criminelle », nous ne connaissons pas la date de la création de ce comité, nous trouvons seulement dans la séance du 14 septembre 1789, que le président de l'Assemblée (Comte Stanislas de Clermont-Tonnerre) « a invité le nouveau comité destiné à s'occuper de la réforme des lois criminelles à s'assembler demain à 8 heures du matin ; les membres de ce comité sont MM. de Briois Beaumetz, Freteau, Tronchet, Le Berthon, Thouret, Target et Lally-Tollendal (1). » Ce comité de sept membres comprenait trois magistrats, de Briois Beaumetz premier

1. *Arch. Parl*, 1re série, t. VIII, p. 641.

président au conseil d'Artois, Freteau, conseiller au parlement de Paris, Le Berthon, premier président au parlement de Bordeaux tous trois députés de la noblesse. Quatre avocats dont un bâtonnier, Tronchet avocat au parlement de Paris, bâtonnier de l'ordre en janvier 1789. Thouret avocat des plus distingués du barreau de Rouen et Target avocat au parlement de Paris et conseiller au conseil souverain de Bouillon, tous députés du tiers état. Enfin un ancien officier, Lally-Tollendal, capitaine de cuirassiers démissionnaire, député de la noblesse. Tous ces hommes paraissent avoir été partisans des idées nouvelles, presque tous ont siégé à la gauche de l'Assemblée (1). C'est à ce comité qu'est dû le projet de loi sur la réforme provisoire de la procédure criminelle, dont le rapport fut présenté à l'assemblée par Briois Beaumetz le 29 septembre 1789.

Le 23 janvier 1790 nous voyons qu'il a été procédé au remplacement de quatre membres du comité de législation criminel et à l'adjonction d'un neuvième membre « à cause de l'avantage du nombre impair dans la discussion (2). » Le scrutin a eu lieu la veille et MM. Le Pelletier de Saint-Fargeau, Duport, Dichoneau, le duc de la Rochefoucauld, qui ont obtenu la majorité ont été élus, MM. de Chabrol, Turpin, d'Ormesson, Lanjuinais qui ont ensuite obtenu le plus de suffrages sont élus suppléants. M. de Chabrol fut adjoint au comité en qualité de neuvième membre.

Quels sont les membres anciens que remplacèrent les nouveaux élus ? nous ne le savons pas. Nous ignorons également pour quelle raison eut lieu ce remaniement et pourquoi on parle d'un comité de huit membres alors que, nous

---

1. Voir pour plus de détails biographiques le *Dictionnaire des Parlementaires* de Robert et Bougny, ou le dictionnaire de Robinet.
2. *Arch. Parl.*, 1re série, t. XI, p. 288.

l'avons vu, il n'y en eut au début que sept. Ainsi donc nous ne connaissons pas la composition exacte du comité de législation criminelle à partir du 23 janvier 1790. Quant aux nouveaux membres ils ne comprenaient guère que des magistrats: Le Pelletier de Saint-Fargeau, président à mortier au parlement de Paris; Duport, conseiller au même parlement; de Chabrol, lieutenant criminel à Riom; Turpin, lieutenant criminel au bailliage et siège royal de Blois ; d'Ormesson, président au parlement de Paris. Quant au duc de La Rochefoucauld il était notaire royal pour le marquisat d'Allium, autrement dit de Maignelay. Lanjuinais était avocat et docteur en droit, c'étaient presque tous des députés de la noblesse.

Ce nouveau comité fut chargé de rédiger le projet de Code pénal et ce travail fut mené à bien assez rapidement, si l'on songe que le remaniement du comité eut lieu le 23 janvier 1790 et que le projet fut présenté par Le Pelletier de Saint-Fargeau le 23 mai 1791, soit dix-sept mois après.

Il eût été très intéressant de savoir comment le projet de Code pénal fut élaboré par le comité, combien de séances il y employa, comment le travail fut organisé, quels hommes eurent de l'influence, malheureusement nous n'avons pu retrouver aucun document à ce sujet. Il existe bien aux archives nationales une série de cartons contenant les matériaux pour servir à la rédaction des Codes de commerce, d'agriculture, du Code criminel et du Code révolutionnaire, mais ils ne se rapportent qu'au Code des délits et des peines. Concernant le Code pénal nous n'avons trouvé aux archives nationales que deux petits volumes qui portent le titre de *Supplément au procès-verbal de l'Assemblée nationale, Code pénal et de police* (1).

1. AD, XVIII�* 147 et 148, il existe aussi série C. 77 un document concernant

C'est en ces deux volumes que Camus, l'archiviste de l'Assemblée, a réuni les discours dont l'impression fut décrétée
et quelques autres que leurs auteurs firent imprimer et com-
muniquèrent à l'Assemblée. Le tome I est consacré aux dispositions générales des lois pénales, le tome II concerne la
justice militaire et maritime (1).

Comme documents législatifs concernant le Code de 1791,
il n'existe à notre connaissance que le rapport de Le Pelletier de Saint-Fargeau présenté à l'Assemblée en même temps
que le projet ; le projet de Code pénal, et la discussion de
ce projet. Le rapport existe, nous l'avons vu aux archives
nationales, il a été imprimé avec les œuvres de Le Pelletier
de Saint-Fargeau, on le trouve également dans la collection
des archives parlementaires. Il ne concerne, nous le verrons, que le système des peines auquel le comité dut s'intéresser particulièrement. Il dut également s'intéresser à certaines autres parties du Code qui comme la *réhabilitation* et
les *crimes et attentats contre la chose publique* étaient toutes

le Code pénal de 1791. Ce sont les différents articles du projet dont l'Assemblée a voté l'ajournement et le renvoi à l'examen « des Comités de constitution et de jurisprudence » ; à la suite de ces articles se trouve un résumé
très court des motions qui ont été émises pendant la discussion et dont les
comités doivent s'inspirer pour leur travail de remaniement.

1. Voici la partie de la table du T. I qui seule est intéressante pour nos
études :

1° Rapport sur le projet de Code pénal par les comités de constitution et
de législation criminelle ;

2° Discours de Petion sur la peine de mort ;

3° Opinion de Prugnon ;

4° Opinion de Duport ;

5° Discours de Mougin de Roquefort;

6° Sur l'abolition de la peine de mort par Perreau ;

7° Sur l'abolition de la peine de mort par M. de Cressy ;

7° *bis* Dénonciation de la peine de mort aux États généraux ;

7° *ter* La mort de tous les criminels, la vie de tous les criminels ;

8° Articles du Code pénal qui ont été ajournés ;

9° Décrets concernant le Code pénal.

Le reste concerne la police municipale.

nouvelles en notre droit. En ce qui concerne les autres
questions, on s'est contenté en général de les prendre dans
l'ancien droit et de les modifier lors de la discussion au sein
de l'Assemblée. Cette discussion dura du 31 mai 1791 au
28 septembre de la même année. Elle fut parfois très longue et très vive. Nous nous sommes servi le plus souvent
pour l'étudier du recueil connu sous le nom d'*Archives
parlementaires* que nous avions à notre disposition, mais
dont nous n'ignorons pas les défauts (1). La plupart des discours importants qui y sont rapportés ne sont pas tels qu'ils
ont été véritablement prononcés par leurs auteurs, ils ont
été en effet réimprimés non pas d'après le compte rendu à
peu près *in extenso* (2) du *Moniteur*, mais d'après les discours
imprimés sur l'ordre de l'Assemblée ou par les soins de leurs
auteurs et par suite revus et corrigés. C'est à peu près la seule
différence qui existe en notre matière entre le compte rendu
donné par le *Moniteur* et celui des *Archives parlementaires.*

Quant aux auteurs qui écrivirent sur le Code pénal de 1791,
ils sont peu nombreux, ce Code n'ayant pas eu une durée
assez longue. Ces défauts cependant apparurent vite. Merlin
en signale quelques-uns, ce grand criminaliste ne paraît pas,
toutefois, avoir pris une part importante aux travaux d'éla-
boration du Code de 1791. Mais son *Répertoire* et ses *Questions de droit* sont très précieux pour l'étude de l'interprétation
jurisprudentielle de ce Code, car sur tous les points où le
législateur de 1810 n'a pas innové, il contient un exposé très
clair et très détaillé de la jurisprudence de la période intermédiaire. De plus, en sa qualité d'avocat et de magistrat, il
a été mêlé personnellement à bon nombre d'affaires, beau-

1. V. Brette. *Étude sur la collection publiée sous le titre d'Archives parlementaires.*

2. Sur la façon dont se faisaient les comptes rendus des débats de l'assemblée, V. Aulard : *Les orateurs de la Constituante.* Introduction, pages 15 et s.

coup d'arrêts ont adopté les raisons qu'il a données et on ne saurait aller trop loin en disant qu'il a eu une très large part dans l'interprétation des textes du Code de 1791. Malheureusement, sur les points qui avaient été abrogés en 1810, son œuvre ne contient rien et c'est grand dommage car là encore son influence a dû se manifester et nous perdons une source précieuse de renseignements, que remplacent difficilement les arrêts rapportés le plus souvent en résumé dans les autres recueils. La jurisprudence est, en effet, le meilleur commentaire de la loi, elle interprète les textes et en détermine le sens et la portée conformément à la pensée du législateur, mais selon les besoins de la pratique. C'est au commentateur qu'il appartient ensuite de coordonner les arrêts, d'en dégager les principes, d'indiquer quelles en peuvent être les conséquences, de rechercher s'il ne peut y avoir une meilleure interprétation de la loi, en mot de préparer la voie au législateur en lui montrant ce que donne l'application pratique des lois, les lacunes qu'il lui faut combler, les améliorations qu'il doit faire. L'œuvre des commentateurs est donc très précieuse pour l'étude d'un ancien texte de loi car elle montre quelle a été l'évolution des idées sur cette matière et le jugement que l'expérience a fait porter sur une loi.

A cet égard nous avons trouvé un grand nombre de renseignements précieux dans l'œuvre d'un criminaliste aujourd'hui à peu près inconnu, Bexon, qui fut longtemps magistrat et s'occupa beaucoup des questions criminelles. La vie de ce criminaliste nous est fort bien connue par le soin qu'il prit de publier lui-même sa biographie, qu'en l'an XI il adressa pour répondre à la calomnie, au ministre de la Justice de la République (1). Cette autobiographie est intéres-

---

1. *Scipion Bexon au citoyen grand juge et ministre de la Justice de la République française*. Paris, vendémiaire an XI.

sante parce qu'elle montre ce qu'était pendant la Révolution la carrière d'un juge. Scipion Bexon est né en 1753 à Remiremont (Vosges), il était originaire d'une vieille famille d'avocats et de magistrats honorables mais peu fortunés. Par vocation, il se destinait au barreau et devint avocat en 1772. En 1784, Charlotte de Lorraine l'appela aux fonctions du ministère public dans les justices du chapitre de Remiremont. Conseiller intime de Louise-Adélaïde de Bourbon en 1787 ; l'année suivante ses concitoyens le chargèrent d'exposer leurs réclamations au roi : député à l'Assemblée provinciale de Nancy, il fut en 1790, élu par ses concitoyens, procureur de la commune et nommé commissaire du roi près le tribunal du district de Remiremont.

Ce poste ayant été supprimé après le 10 août, en compensation il devint juge de paix. Mais en 1792 il abandonna ces fonctions pour venir à Paris, « craignant l'agitation qui se manifestait déjà dans les assemblées publiques ». Le 30 décembre 1792 il fut nommé commissaire national pour négocier la réunion du pays de Namur à la France (plus tard département de Sambre-et-Meuse). Les troupes françaises ayant été obligées de quitter le pays, il revint à Paris et en vertu de la loi du 12 mai 1793 qui étendit l'institution du jury aux armées il fut nommé accusateur militaire à l'armée des côtes de Cherbourg. Après le 31 mai, le département du Calvados s'étant révolté contre la Convention, on l'envoya à Caen où il remplit dans des circonstances difficiles les fonctions d'accusateur public près le tribunal criminel. Il s'y montra l'ennemi des terroristes, ce qui était faire preuve d'un grand courage ; « il sauva la vie à quantité de bons citoyens et lui-même fut dénoncé et faillit périr (1). Revenu

---

1. V. les documents émanés des représentants du peuple, et des habitants de Caen, qu'il cite, p. 11 et 1.

à Paris en l'an IV il consacre tout son temps à la rédaction d'un journal appelé *Journal de la justice civile, criminelle, commerciale et militaire*, analogue à nos journaux judiciaires modernes (1). Cette publication cessa faute d'argent en l'an V et Bexon devint alors juge au tribunal civil de la Seine, en l'an VI il devint président de ce tribunal jusqu'en floréal an VII, époque où il fut nommé commissaire du gouvernement près le tribunal du département du Nord. Ensuite nous le retrouvons à Bâle « agent spécial pour l'inspection de l'habillement des conscrits » puis « régisseur de l'octroi à Bordeaux ». En messidor an VII il revient à Paris et en germinal an VIII on le nomme vice-président du Tribunal de première instance de la Seine (2). Il conserva ce poste jusqu'en 1808, époque où il fut révoqué pour son opposition aux actes arbitraires, il reprit alors sa profession d'avocat et mourut à Chaillot le 17 novembre 1825. D'après cette biographie, il semble que Bexon ait été pendant toute sa carrière un magistrat intègre et honnête, ennemi courageux de tous les excès politiques et un ferme partisan des idées nouvelles. Il s'occupa surtout de droit criminel. Dans un premier ouvrage, intitulé « Parallèle du Code pénal d'Angleterre avec les lois pénales françaises et considérations sur les moyens de rendre celles-ci plus utiles » (3), il prend pour

1. Nous avons dépouillé les trois volumes de ce journal qui sont à la Bibliothèque nationale. (F. 37196-98). Le 1er numéro parut le 30 germinal an IV il va du 10 au 30 germinal an IV (30 mars au 9 avril 1796). Au dire du programme cette publication devait contenir une dissertation sur un sujet de droit, l'analyse de toutes les causes intéressantes, les jugements, et les lois nouvelles rapportées entièrement. Ce journal semble avoir paru toutes les décades mais assez irrégulièrement, le deuxième et le troisième volume qui sont à la Bibliothèque nationale sont incomplets.

2. Ici s'arrête l'autobiographie de Bexon, le reste est emprunté au Dictionnaire de Robinet.

3. Paris Fauvelle et Saguier an VIII.

guide Blakstone dont l'œuvre avait été traduite en français par Cayer, en 1774, et il compare les lois pénales françaises aux lois anglaises indiquant quand il y a lieu pourquoi ces dernières lui semblent préférables et les réformes qu'il faut faire pour améliorer les lois françaises. Dans cet ouvrage aucun arrêt aucune décision jurisprudentielle n'est rapporté. Cependant il est précieux pour l'étude du Code de 1791, parce que bien souvent Bexon nous dit comment, en pratique, on appliquait certains textes du Code et parce que beaucoup de réformes qu'il indique ont été réalisées ensuite par le Code de 1810 ce qui prouve bien que le livre de Bexon n'est qu'un écho des critiques que l'on formulait alors contre l'œuvre de la Constituante. C'est ainsi que Bexon se montre l'adversaire des peines fixes et le ferme partisan du maximum et du minimum (1).

Tels sont les documents dont nous nous sommes servi pour étudier le Code pénal de 1791, il nous reste maintenant pour terminer cette introduction à indiquer la forme de ce Code et le plan que nous avons suivi. Le Code pénal fut promulgué le 6 octobre 1791, il est le complément de la loi sur la procédure pénale qui institue le jury, aussi ne contient-il que les faits qui doivent être soumis aux jurés et les peines qu'ils entraînent. Il est divisé en deux parties (Première partie : *Des condamnations* ; deuxième partie : *Des crimes et de leurs punitions*). Ces deux parties sont elles-mêmes subdivisées en titres qui ont leur numérotage propre ce qui est très incommode pour les citations. La première partie comprend sept titres : titre I, *Des peines en général* ; titre II, *De la Réci-*

1. Nous retrouvons les mêmes idées dans les autres publications du même auteur, V. not. *Développement de la théorie des lois criminelles par la comparaison de plusieurs législations*, Paris, 1802 et *Application de la théorie de la législation pénale..*, Paris, 1807.

dive ; titre III, *De l'exécution des jugements contre un accusé contumay* ; titre IV, *Des effets des condamnations* ; titre V, *De l'influence de l'âge des condamnés sur la nature et la durée de la peine* ; titre VI, *De la Prescription en matière criminelle* ; titre VII, *De la Réhabilitation des condamnés.* Quant à la seconde partie qui est plus longue elle ne comprend cependant que trois titres subdivisés en sections. Titre premier, *Crimes et attentats contre la chose publique* ; titre II, *Crimes contre les particuliers ;* titre III, *Des complices des crimes.*

Nous n'étudierons ici que la théorie générale des peines qui est la plus importante des réformes de la Constituante en droit pénal. Nous examinerons ensuite, l'effet des condamnations. L'influence de l'âge des condamnés sur la nature et la durée de la peine, la Réhabilitation, la Récidive, la Tentative et enfin, la Complicité.

PREMIÈRE PARTIE

THÉORIE GÉNÉRALE DES PEINES

CHAPITRE PREMIER

Les peines fixes

Le système pénal usité dans notre pays avant la Révolution présente, nous l'avons vu, les principaux caractères suivants : Incohérence et arbitraire dans la détermination de la peine, cruauté des châtiments et inégalité des individus devant la loi pénale. Nous verrons, dans le chapitre suivant, ce que le législateur de 1791 a fait pour rendre les peines plus douces ; voyons ici comment il s'y est pris pour supprimer l'arbitraire et proportionner la peine au délit (1).

---

1. En ce qui concerne l'inégalité des peines, disons ici pour n'y plus revenir que ce vice que Beccaria surtout avait attaqué, (*Des châtiments des nobles*) est celui sur lequel les cahiers insistent le plus ; pour eux, la réforme capitale doit consister à établir l'égalité de tous devant le châtiment, on sait, en effet, que sous l'ancien régime, le mode d'exécution de la peine différait suivant le degré que le coupable occupait dans l'échelle sociale, un noble n'était pas mis à mort de la même façon qu'un roturier, on décapitait l'un, tandis que l'autre était pendu. De même, il y avait des peines infamantes qu'on ne prononçait presque jamais contre les nobles, le fouet et le carcan notamment, (Jousse, t. I, p. 42) Dans plusieurs cas aussi, la noblesse servait à faire diminuer la peine due au crime. Ce privilège doit être supprimé

Mais, pour bien comprendre son œuvre, il est nécessaire de jeter tout d'abord un rapide coup d'œil sur l'état de choses existant auparavant.

Jusqu'à 1791, en France au moins, on le sait, il n'existait rien de semblable à nos codes pénaux modernes. Les faits que la société a intérêt à réprimer n'avaient point été catalogués et punis de telle sorte que le juge n'eût plus qu'à prononcer les pénalités édictées par le texte. Sous l'ancienne monarchie, la peine était arbitrée par le juge lui-même et ce pouvoir donné aux magistrats était sans limite. Les ordonnances, il est vrai, édictaient bien certaines peines contre des faits pour lesquels une répression uniforme et sévère avait paru nécessaire. Malheureusement ces ordonnances rendues à des époques différentes, au fur et à mesure des besoins de la répression et sans esprit de suite, formaient un ensemble incohérent dans lequel les plus grands crimes comme les plus petits étaient punis de la même peine. En outre, dans un grand nombre de cas, on avait coutume de

---

le clergé et la noblesse ne sont d'ailleurs pas opposés à cette réforme, ils demandent « que la différence dans les peines ne soit déterminée que par la nature des délits et non par la qualité des personnes. » Les cahiers du tiers état sont plus explicites, pour lui, en effet, cette inégalité avait des conséquences plus graves que pour les deux autres ordres. « Il n'y a pas de raison, dit le tiers d'Amiens, pour que ceux en qui le crime aurait dégradé la noblesse jusque dans leur extraction en conserve la prérogative jusque dans le châtiment que la loi leur inflige. » « Il est injuste, dit le tiers de Château-Thierry, que de deux coupables du même crime, le supplice de l'un soit pour ainsi dire un titre d'honneur de la famille et que le supplice de l'autre soit pour la sienne une marque ineffaçable d'opprobre et d'infamie. » En effet, le tiers voit dans l'inégalité de la peine la source de ce préjugé injuste qui fait rejaillir l'infamie du supplice sur la famille du coupable. Jusqu'à ce jour, dit le bourg de Néronde en Bourbonnais, la honte du châtiment a affecté les familles ; ce préjugé, qui n'a pris de force que sur celles du tiers état par exception à la noblesse, doit intéresser la bonté du Roi. » (Desjardins, p. 27 et s.). Égalité et personnalité des peines, ces principes furent consacrés par le décret du 21 octobre 1790, v. *supra*, p. 15.

prononcer toujours les mêmes châtiments, mais après les avoir énumérés, Jousse (1) ne manque pas d'ajouter : « quoique ces peines soient déterminées par l'usage, et qu'elles soient fondées sur le droit commun du royaume, néanmoins, les juges ne sont pas tellement assujettis à cet usage qu'ils ne puissent s'en écarter et les augmenter ou diminuer, suivant les circonstances ; en observant néanmoins de ne point changer la nature de la peine observée pour chaque crime. »

« Lorsqu'il n'y a point, ajoute-t-il, de peines établies par la loi, *ni par l'usage constant des tribunaux* pour un crime qu'il s'agit de punir, cette peine dépend alors de la prudence des juges. Les juges peuvent, dans tous ces cas qui n'ont pas été prévus par la loi et pour lesquels il n'y a aucun usage constant, imposer, suivant les différentes circonstances et la nature du délit, la peine qu'ils jugent convenable, soit corporelle ou pécuniaire ; *pourvu que cette peine soit du nombre de celles qui sont en usage dans le royaume.*

Il ne faudrait pas cependant, poursuit-il, entendre cette maxime en ce sens, qu'il dépend de l'arbitrage du juge, dans les cas non prévus par la loi, d'imposer une peine légère ou grave pour une même nature de crime, et dans les mêmes circonstances ; mais seulement que dans tous ces cas, c'est au juge *à peser le mérite de l'accusation, la qualité des parties et les autres circonstances* et à régler sur cela la condamnation ; en sorte qu'un crime grave doit être puni d'une peine grave, et un crime léger d'une peine légère ; le tout en observant une proportion exacte entre la peine et la qualité du crime, sans pouvoir s'écarter de cette proportion. (L. Hodic 13, D. de pœnis). »

1. Jousse, t. II, p. 599.

Or qui donc appréciait le degré de gravité de ces faits ? C'était encore le magistrat, et de cette appréciation découlait le degré de responsabilité de l'auteur. En principe, on admettait en effet, dans notre ancien droit, que la volonté est identique chez tous les individus et que tous sont pleinement libres de leurs actes et par suite pleinement responsables. Or, étant donné qu'un homme, placé entre deux actions, est également libre de vouloir l'une ou l'autre et qu'en se déterminant pour l'une d'elles il est considéré comme en ayant envisagé et voulu toutes les circonstances et toutes les conséquences, il résulte que le degré de responsabilité du délinquant devra s'apprécier non pas *subjectivement*, d'après la volonté de cet individu telle que l'ont faite l'hérédité, l'éducation ou tout autre facteur, mais au contraire *objectivement* d'après le fait accompli lui-même, *pœnam ad mensuram delicti statuenda est*, dit Jousse (1), c'est ce que nous appelons aujourd'hui l'*individualisation objective de la peine*. Le juge donc, examinera la nature du crime et les circonstances qui l'accompagnent, et qui peuvent le rendre plus ou moins grave ; ces circonstances se tirent : 1° de la cause qui a porté à le commettre, 2° de la qualité des personnes, 3° du lieu, 4° du temps, 5° de la qualité du crime, 6° de la quantité, 7° de l'événement (2). Mais ce ne sont pas les seuls facteurs dont il faut tenir compte pour proportionner la peine au crime ou au délit, « il faut encore avoir égard d'un côté, aux conséquences du crime, et aux suites fâcheuses qu'il peut avoir ; à la nécessité de l'exemple : aux diverses impressions que cet exemple peut faire sur les esprits ; et, de l'autre, aux circonstances qui peuvent dimi-

---

1. *L. Saucimus, Cod. de pœnis*, L, II.

2. **Conf. Muyart de Vouglans**, *op. cit*, p. 14. Jousse, pour bien faire comprendre le sens et la portée des expressions qu'il emploie, cite un exemple.

nuer la gravité du crime, comme sont celles prises de la
qualité des personnes, de leur âge, de la disposition des accusés qui distingue ceux qui ont délinqué non de propos déli-
béré mais par emportement, ou par promptitude, ou par
quelques cas fortuits, ou autres circonstances semblables. »

Certes voilà des maximes très sages et qui paraissent
devoir donner toute garantie aux condamnés. La réalité cor-
respondait-elle à cet idéal de justice ? Il est permis de dire
à l'honneur des magistrats de l'ancien régime qu'ils tâchaient
de s'y conformer. En effet, quoique nous ayons des exemples de peines très graves appliquées à des délits d'une mé-
diocre importance, comme cet individu qui fut condamné à
mort pour avoir abattu un chêne (1) il ne semble pas cependant que les juges aient abusé de leur redoutable pouvoir,
quand de Le Pelletier de Saint-Fargeau parle de l'arbitraire
des peines, dans son rapport, c'est pour dire qu'on tempérait
par là la rigueur de la loi (2). Enfin, ce qui paraît plus con-
cluant encore, c'est que Montesquieu, Servan et Boucher
d'Argis, les seuls qui s'étendent sur ce sujet, ne donnent pour
réclamer l'abolition de l'arbitraire, que des raisons théoriques ;
après avoir parlé du manque de détermination des délits, Servan nous dit (3) : « Avons-nous mieux déterminé les peines
que les délits ? Non, sans doute, et le premier vice entraîne
le second. C'est une espèce de maxime que les peines sont
arbitraires dans ce royaume, cette maxime est accablante et
honteuse ». « Des magistrats instruits des vraies maximes de
la justice criminelle ne réclameront et ne regretteront jamais
la triste et dangereuse liberté de choisir des supplices : ils

1. V. *infra*, p. 55.
2. V. *Arch. Parl.*, T. XXVI, p. 320.
3. Servan. *Discours sur l'administration de la justice criminelle*, 1766.
Œuvres choisies, Paris, 1825, t. II, p. 76.

marcheront avec joie à la suite des lois et trembleront si jamais ils sont forcés de les guider. » Ainsi c'est le principe lui-même que l'on attaque et non pas les applications qui en ont été faites. En vérité un tel principe n'aurait jamais dû figurer dans les lois pénales, y a-t-il rien de plus contraire à toute idée de justice que de livrer au bon plaisir d'un juge, un individu sans défense, fût-ce même le plus grand des scélérats !

On ne doit pas choisir les juges ni leur laisser le soin de choisir la peine, c'est là qu'est la garantie de la liberté civile. Pour cela il faut que la peine soit légale, c'est-à-dire déterminée par la loi, mais elle peut l'être de deux manières, on peut enserrer le jugement dans un maximum et un minimum ou bien aller plus loin et établir des peines fixes.

Pour remédier à l'état de choses antérieur le comité eut recours à ce dernier système qui certainement lui avait été inspiré par Montesquieu. « A Rome, dit l'auteur de l'*Esprit des Lois* (1), les juges prononçaient seulement que l'accusé était coupable d'un certain crime ; et la peine se trouvait dans la loi, comme on le voit dans diverses lois qui furent faites. En Angleterre, les jurés décident si le fait qui a été porté devant eux est prouvé ou non ; et s'il est prouvé, le juge prononce la peine que la loi inflige pour ce fait ; et pour cela, il ne lui faut que des yeux. »

Pour les comités également le système de la fixité des peines est la conséquence de l'introduction de la procédure par jurés.

---

1. *Esprit des Lois*, liv. VI, chap. III, *in fine.* Le système du Code pénal de 1791 est original nous ne le trouvons dans aucune loi antérieure ainsi le Code Toscan sanctionne l'arbitraire du juge puisqu'il se borne à fixer un maximum. Partout on trouve cette formule : « Nous laissons la punition à l'arbitrage du juge pourvu qu'elle soit toujours moindre que celle de... »

Le Pelletier de Saint-Fargeau dit en effet (1) : « Il est un autre caractère que vos précédents décrets rendent inséparable de toute loi pénale, *c'est d'établir pour chaque délit une peine fixe et déterminée*. Telle est la conséquence nécessaire de la procédure par jurés.

Les jurés jugent de la vérité du fait.

Le tribunal applique la loi.

Cette forme exclut tout arbitraire.

Nos lois sont pleines de ces formules: tel crime sera puni suivant les circonstances, suivant l'exigence des cas; ou tel crime ne pourra être puni de moindre peine que du bannissement, ou de plus fortes peines chez les galères à perpétuité.

Le protocole, il faut en convenir, était fort commode pour les faiseurs de lois d'alors. Et dans la vérité, cette latitude n'était pas incompatible avec des formes criminelles qui rendaient les tribunaux juges tout à la fois, et du fait et du droit. Ils pouvaient modifier la peine suivant la gravité du fait dont ils avaient approfondi et pesé toutes les circonstances.

Aujourd'hui toute nuance du fait est étrangère au juge.

Il ne connaît que le fait posé par le verdict du juré.

Il faut qu'il ouvre la loi et qu'il y trouve une peine précise applicable au fait déterminé, son devoir est de prononcer cette peine. »

La tâche du juge deviendra donc beaucoup plus simple puisqu'au point de vue de l'application de la peine, on le réduit au rôle de simple automate. Sans doute, mais c'est là la meilleure façon de supprimer l'arbitraire et de réaliser l'uniformité de répression qui aux yeux des hommes du XVIIIe siècle était l'idéal de la justice puisque pour eux

1. *Arch. Parl.*, t. XXVI, p. 322 et s.

comme pour leurs devanciers le degré de responsabilité des individus se mesure sur le degré de criminalité du fait accompli.

Par contre, la tâche du législateur devient plus délicate. « Cette forme, dit encore Le Pelletier de Saint-Fargeau (1), rejette sur les législateurs la nécessité de prévoir un plus grand nombre de cas, de spécifier des nuances plus variées, de déterminer plus de faits et toujours d'être précis dans la prononciation de la peine établie par chaque article.

« Voilà, Messieurs, une des grandes difficultés de la tâche que vous nous avez imposée. Nous ne nous flattons pas même d'avoir pu la surmonter totalement, car il est démontré qu'elle est insoluble. Le nombre des peines est borné même pour le génie inventif d'un tyran. Les nuances des crimes sont aussi variées que les nuances des physionomies ; et il nous a paru que le mieux dont il fallait se contenter, c'était de saisir dans les délits les traits les plus prononcés et les plus marquants, soit d'immoralité, soit de danger pour l'ordre social, sans prétendre atteindre la perfection chimérique d'un travail qui spécifiât toutes les formes sous lesquelles peuvent se manifester les effets de la méchanceté des hommes ».

Tels sont les principes posés par les comités. C'est la règle *Nullum delictum, nulla pœna sine lege* appliquée dans toute sa rigueur par réaction contre l'arbitraire de l'ancien droit pénal.

De ce système, aujourd'hui rien ne subsiste plus, au point de vue de la fixité de la peine tout au moins. Le Code pénal de 1810 établit un maximum et un minimum pour la peine de chaque infraction, c'est là une de ces améliorations utiles que le flambeau de l'expérience qui manquait à l'Assemblée

1. *Arch. Parl., loc. cit.*

Constituante a fait apercevoir (1). « Sans doute, dit l'exposé
des motifs du Livre I, le magistrat ne doit et ne peut prononcer que la peine de la loi ; mais n'y a-t-il pas quelque
distinction à faire entre deux hommes convaincus du même
crime ? Doit-on placer sur la même ligne le jeune homme
séduit, que des conseils désastreux et son inexpérience ont
précipité dans l'abîme, et l'homme dont la profonde corruption est manifeste, et dont la vie est souillée de crimes ? »
Ainsi, dès 1810 nous voyons réapparaître dans nos lois pénales une idée que Jousse indiquait déjà mais que le législateur de 1791 avait complètement méconnue en établissant
des peines fixes. C'est le principe qui consiste à proportionner le châtiment encouru, non seulement au fait accompli,
mais également au degré de responsabilité morale de l'individu. Six mois de prison, par exemple, seront le juste
châtiment de tel coupable qui pour tel autre paraîtront in-
suffisant. Il est donc nécessaire, comme nous parlons aujourd'hui, *d'individualiser la peine subjectivement*. Cette
idée s'est peu à peu développée ; et depuis les lois du
18 avril 1832 et du 13 mai 1863 qui admettent les circonstances atténuantes, le pouvoir arbitraire des magistrats a été
rétabli, non plus, il est vrai sous sa forme ancienne, mais
dans une large mesure. En matière criminelle, les juges
peuvent abaisser la peine de deux degrés ; en matière correctionnelle leur pouvoir est beaucoup plus grand encore. Telle
est, en effet, la conséquence du principe de l'individualisation subjective et seul le juge est capable de faire cette
individualisation de la peine, car, si Le Pelletier Saint-Fargeau était en droit de dire que le problème soumis au législateur de 1791 était insoluble parce que jamais un fait ne

____

1. Exposé des motifs, séance du 1er fév. 1810 au Corps législatif.

ressemble à un autre, il est certain que le degré de responsabilité varie pour chaque individu et que le magistrat seul
peut apprécier celui qu'il a devant lui. Le législateur ne
peut que mettre une limite à l'arbitraire. Ainsi, à l'arbitraire
de la peine usité dans l'ancien droit, nous avons substitué
un *arbitraire légal,* c'est-à-dire limité par la loi.

Aujourd'hui, enfin, par suite des développements des
sciences physiques et naturelles, nous avons rejeté la notion
classique de la liberté absolue de l'homme relativement à
ses actes. Pour nous, tout fait humain suppose une cause et
cette cause, nous la trouvons dans les motifs et les mobiles
que l'intelligence et la sensibilité suggèrent à chaque individu et qu'il doit envisager avant d'agir. Or, cette intelligence et cette sensibilité, elles diffèrent chez tous les hommes,
parce qu'elles sont le produit de facteurs physiologiques et
sociaux qui n'ont pas été les mêmes pour tous. Les uns donc
auront la vue claire et nette du bien et du mal et s'ils font
le mal on devra les frapper impitoyablement. Pour les autres,
et la majorité des criminels est dans ce cas, cette vue aura été
obscurcie plus ou moins par suite de tares physiologiques ou
morales, ceux-là ne sont qu'à demi responsables ou pour employer l'expression consacrée ils n'ont qu'une responsabilité
limitée, la peine est inefficace pour eux. On sait à quelles
conséquences cette théorie nous a conduit. Dans l'état actuel
de la science il est impossible de mesurer la responsabilité
des individus (1) et par suite de proportionner la peine à
cette responsabilité. La théorie de la responsabilité atténuée
n'est qu'un trompe-l'œil fait pour masquer l'impuissance
des experts, et le plus clair résultat de tant d'efforts a été
d'abaisser le niveau de la peine, d'énerver la répression et

1. V. Dᵣ Legrain. *Éléments de médecine mentale appliquée à l'étude du droit.*

par suite de multiplier les récidives. Est-ce à dire qu'il faille
rompre avec l'individualisation subjective de la peine et revenir à l'ancien état de choses. Non, sans doute. Il faut au
contraire persévérer dans cette voie mais il est nécessaire
d'employer d'autres méthodes. Les médecins et les criminalistes ne doivent plus travailler isolément, il faut qu'ils se
concertent, il faut que par de patientes observations et de
longues et difficiles recherches on parvienne à débrouiller
le problème de la responsabilité à distinguer nettement les
individus qui relèvent de l'hôpital ou de la maison de santé
et ceux qui appartiennent au droit pénal. Pour ceux-ci il
ne sera plus besoin d'atténuation de peine on pourra supprimer l'arbitraire du juge et établir des peines fixes, il suf-
fira seulement, comme le voulaient les Constituants, que ces
châtiments soient proportionnés au délit qu'ils punissent et
surtout qu'ils soient humains.

CHAPITRE II

Les peines afflictives

I

Nulle part ailleurs la grandeur de la réforme apportée
dans le droit pénal par la Révolution ne nous apparaîtra
mieux que dans le régime des peines. Si nous lisons, en
effet, l'article 1ᵉʳ du Code de 1791 (1), nous voyons que,
la peine de mort exceptée, aucun des châtiments, jusqu'alors usités, n'a été conservé. Cette transformation du
système pénal a une cause profonde, elle résulte d'une modification de la conception de la peine elle-même. Quand
l'idée de responsabilité se fut introduite dans le droit pénal,
la peine cessa d'être considérée comme un *wergeld*, comme
un prix à payer pour la réparation d'un risque de la liberté(2).
Elle devint une *expiation*. Sous l'influence des idées chré-
tiennes, on en vint à considérer le châtiment infligé au coupable comme le contre-poids de l'infraction commise, il fut
ce que la pénitence est au péché. D'ailleurs la peine ne cessa
pas pour cela d'être *exemplaire*, on en fit en quelque sorte
un remède préventif, c'est-à-dire, que le châtiment fut organisé de telle façon qu'il influât sur l'esprit et l'imagination

1. V. appendice II, p. 241.
2. V. Saleilles. *L'individualisation de la peine,* 1ʳᵉ édit., p. 22.

des autres hommes pour intimider ceux qui n'avaient pas
encore commis de délit et que l'impunité des coupables ou
la faiblesse de la répression aurait pu inciter à en commettre (1). Malheureusement, pour réaliser ce double but, expiation et exemplarité, on eut recours à des châtiments, trop
sévères et par suite mal proportionnés aux infractions. Sans
doute, il existe déjà des peines qui s'adressent à la conscience de l'individu, ainsi, le moine coupable est isolé dans
sa cellule, on le laisse seul avec lui-même jusqu'au moment
où il paraît, par son repentir, qu'il est suffisamment puni
et qu'il est digne de reprendre sa place parmi ses frères. Ce
système, le pouvoir séculier ne l'appliqua point, sans doute
parce qu'il avait affaire à un élément tout différent. Les
individus qu'il avait à punir étant beaucoup plus dangereux.
Les croisades, en effet, avaient provoqué le passage de vagabonds et de bandes errantes, les relations commerciales
s'étaient développées, de là l'extension et la prospérité des
villes, où l'on voit affluer, comme dans nos villes modernes,
les déclassés et les aventuriers de toute sorte et apparaître
avec de nouvelles conditions de la vie, de nouvelles classes,
les classes criminelles ou dangereuses (2). Ces individus
étaient tout à fait ignorants, aucun frein moral n'était capable de les retenir puisque dans une société, si profondément
chrétienne, ils osaient violer les lois les plus sacrées. Enfin,
ils étaient trop pauvres pour qu'une peine pécuniaire pût
être efficace. Il fallut donc chercher ailleurs que dans le
wergeld une peine répressive, on les intimida par la souf-
france. Pour frapper l'imagination de ces hommes accoutu-
més aux tueries, on inventa ces supplices atroces dont au-

1. De là la publicité des peines sous l'ancienne monarchie, la prison n'était
alors qu'une mesure préventive, v. *infra*.

2. Prins. *Science pénale et droit positif*, p. 17 et s.

jourd'hui nous supportons à peine la description. Mais, comprise de cette façon, la peine produisit un résultat bien différent de ce que l'on attendait, loin d'intimider les classes criminelles, l'arbitraire et la sévérité des châtiments ne firent que les rendre plus nombreuses et plus dangereuses.

Aussi, sous l'ancien régime, la France était-elle pleine de gens sans aveux qui formaient de redoutables associations, terrorisaient les grandes villes et surtout les campagnes et contre qui, bien souvent, on devait employer les troupes (1). Longtemps cependant, l'opinion publique resta indifférente, au xvii siècle la sévérité des peines ne choque personne, il ne semble pas que le président Lamoignon, si libéral par ailleurs, ait élevé la voix contre la cruauté des châtiments. La Bruyère qui attaque la torture avec tant de violence, ne dit rien des supplices. De même que de nos jours les exécutions capitales attirent une foule nombreuse et l'horreur de tels spectacles ne rebute même pas ceux qu'on appelait alors les *honnêtes gens*. Mme de Sevigné s'en va sur le Pont-Neuf voir passer la Brinvilliers qu'on conduit à la mort, il y a une foule énorme, la marquise arrivée trop tard ne peut rien voir du supplice, elle s'en désole et prie sa fille de l'excuser de n'avoir à lui raconter que des on-dits. Enfin, dit-elle, du même ton léger, élégant et spirituel dont elle conte une représentation dramatique ou quelque intrigue de cour, « c'en est fait, la Brinvilliers est en l'air, son pauvre petit corps a été jeté, après l'exécution, dans un fort grand feu et ses cendres au vent, de sorte que nous la respirerons, et par la communication des petits esprits, il nous prendra quelque humeur empoisonneuse dont nous serons tout

1. Lire dans les *Causes célèbres*, les aventures de Cartouche et de Mandrin.

étonnés (1) ». Au siècle suivant ces spectacles ont toujours le même attrait, on sait que lors de l'exécution de Damiens, les toits étaient noirs de monde comme pour l'entrée du roi, et, dit Barbier, on a remarqué qu'il y avait beaucoup de femmes et même de distinction, et qu'elles n'ont point quitté les fenêtres, et qu'elles ont mieux soutenu l'horreur de ce supplice que les hommes, ce qui ne leur a point fait honneur (2) ».

Mais les publicistes et les criminalistes du xviii° siècle qui révoquaient en doute toutes les idées jusqu'alors reçues et sapaient, au nom de la raison et de *l'humanité* (3), toutes les institutions du passé, ne pouvaient laisser de s'inquiéter d'une telle barbarie et surtout de l'inefficacité de lois pénales pourtant si sévères. Ils recherchent donc la cause du mal, et elle leur apparaît dans l'excès même de cette sévérité. Nous n'insisterons pas ici sur les critiques qu'ils formulent, nous les retrouverons plus loin magistralement exposées par Le Pelletier de Saint-Fargeau. Disons seulement qu'ils réclament l'abolition des supplices et l'institution de peines plus douces basées sur d'autres ressorts du cœur humain et notamment sur la honte, parce qu'il leur paraît que c'est le meilleur moyen d'obtenir les deux fins de la peine, expiation et exemplarité (4). Quant aux cahiers, ils ne

1. Lettre du 17 juillet 1776, édit. Monmerqué, t. IV, p. 528, 529.
2. Barbier, *Journal*, édit, Paris, 1857, t. III, p. 507 et 508.
3. Condorcet définit très exactement *l'humanité*. « Le sentiment d'une compassion tendre, active, pour tous les maux qui affligent l'espèce humaine, d'une horreur pour tout ce qui, dans les institutions publiques, dans les actes du gouvernement, dans les actions privées ajoutait des douleurs nouvelles aux douleurs inévitables de la nature. »
4. V. Montesquieu, *Esprit des Lois*, liv. VI, ch. 9 et s.
Beccaria. *Traité des délits et des peines*, § XII.
Voltaire. *Commentaire du livre des délits et des peines*, XV.
Servan. *Discours sur l'administration de la justice criminelle. OEuvres choisies*, t. II, p. 81.

font que reprendre et paraphraser les chapitres de Montesquieu et de Beccaria sur ce sujet (1).

Aucun de ces auteurs cependant ne se pose la question de savoir si la peine ne peut pas avoir une autre fin, si le criminel n'est pas un être que l'on peut éduquer et rendre meilleur, en un mot, si le châtiment, ne doit pas avoir également pour but d'*amender* le coupable en même temps qu'il le punit. L'ancien droit n'avait rien connu de tel. On peut dire, en effet, qu'avant 1789, tout homme qui avait commis une infraction à la loi pénale était ou supprimé ou mis hors la société. La peine de mort, sous toutes ses formes, la roue, le feu, la potence, était, nous le verrons plus loin, appliquée à toutes sortes d'infractions aux plus légères comme aux plus graves. Les autres châtiments corporels, ablation du poing, des oreilles ou de la langue que l'on infligeait à ceux qui étaient convaincus de blasphème ou d'hérésie, avaient pour résultat de rendre ces individus facilement reconnaissables et de leur interdire le commerce des autres hommes. Enfin, il existait d'autres peines moins cruelles, les galères et le bannissement à perpétuité ou à temps, mais elles étaient nous le verrons organisées de telle sorte qu'elles faisaient des condamnés de véritables *outlaws*, pour qui le crime devenait l'unique ressource. Avec de semblables châtiments il était impossible de songer à amender les coupables, rien ne pouvait être organisé pour leur permettre, une fois leur peine terminée, de se refaire une existence honnête et de se

____

1. V. Desjardins, p. 25. Au sujet des moyens propres à obtenir les résultats désirés, les cahiers ne fournissent que de vagues indications, du genre de celle que donne le tiers d'Autun. « Que la condamnation à mort n'ait lieu que contre les meurtriers ; que les autres crimes soient punis à temps ou à perpétuité par des condamnations aux travaux publics, à la détention dans une maison de force à des amendes pécuniaires ou à des peines proportionnées à la nature et à la gravité des délits ». Desjardins, *loc. cit.*, p. 36.

reclasser, le châtiment les vouait au crime, le remède était pire que le mal. Cette conception nouvelle de la peine nous allons la trouver appliquée, pour la première fois, dans nos lois, par le code de 1791. Disons tout de suite cependant que les Constituants n'ont pas le mérite de l'avoir trouvée. Elle a, nous l'avons vu, toujours été admise par la pensée chrétienne, elle résulte des travaux de Howards, de Mirabeau et de tous ceux qui se sont alors occupés des prisons, déjà en Europe et en Amérique, on avait commencé à l'appliquer en France même, Louis XVI dans la déclaration du 30 août 1780 avait proclamé la nécessité de réformer dans ce sens l'organisation des prisons. Rien cependant n'avait encore été fait et c'est le grand mérite des rédacteurs du code de 1791 d'avoir élaboré, les premiers, tout un système de répression reposant sur cette idée nouvelle en droit pénal que la peine doit, par des châtiments humains, tendre non seulement à l'exemplarité, à l'expiation du forfait, mais aussi et dans une très large mesure, au relèvement du coupable.

II

Nous sommes très exactement renseignés sur la façon dont les comités ont compris leur tâche et sur la méthode qu'ils ont suivie. Car dans les séances du 22 et 23 mai 1791, Le Pelletier de Saint-Fargeau fit sur ce sujet un long rapport dont l'Assemblée vota l'impression et qui est annexé au projet du Code pénal (1). Les comités, en effet, avaient fort bien senti l'importance capitale qu'avait cette première partie du nouveau code, elle est le complément nécessaire de la réforme précédemment accomplie dans la procédure criminelle « la

1. *Arch. Parl.*, t. XXVI, p. 320 et s.

procédure par jurés ne pouvant fonctionner avec l'ancien système pénal » car elle « exclut tout arbitraire et l'arbitraire seul tempérait les vices des anciennes lois criminelles.» Aussi ne manquent-ils pas de nous dire qu'ils ont médité cette partie du projet avec tout le soin qu'exigeaient sa délicatesse et son importance. Tout d'abord, il leur a fallu édifier leur œuvre d'après les principes d'humanité qui animent tous les cœurs, mais là ne se bornait point leur mission. « Ils ont senti que la société avait aussi des droits à réclamer; qu'il fallait, pour la tranquillité publique, des peines efficacement répressives et que la plus dangereuse de toutes les erreurs politiques serait le système de l'impunité de crime ». En outre, ils ont conscience de la nouveauté du système qu'ils ont édifié et qui ne correspond à rien de ce qui a été proposé jusque-là, ils savent même qu'ils ont été beaucoup plus loin que ne le voulait l'opinion publique et que certains des vieux châtiments ont encore de nombreux partisans, aussi le rapporteur prend-il le soin de développer longuement les raisons qui ont fait adopter les châtiments nouveaux. « Le Code pénal, dit-il, se divise en deux parties. La première comprend la description des peines, la seconde l'énumération des crimes et leur punition. Ce rapport a principalement pour objet, ajoute-t-il, de développer les principes de la première partie, c'est-à-dire la théorie du nouveau système pénal. A l'égard de la seconde partie, vos comités se réservent dans les détails des articles de joindre quelques observations particulières. Le travail consiste, nous dit-il, à distinguer dans les peines actuellement usitées, celles qui doivent être abrogées, celles qu'il peut être utile de maintenir, et à développer les motifs des peines nouvelles dont nous vous proposons l'établissement. Pour porter une lumière plus sûre dans cet examen, commençons par poser quelques principes sur les caractères auxquels on peut reconnaître la bonté des lois pénales.

Que toute loi pénale soit humaine. — Assez longtemps, et chez un grand nombre de peuples, cette condition a été la seule oubliée dans la formation de leurs lois criminelles; pour qu'il soit utile de la placer à la tête de votre Code et de la rendre toujours présente et, à vous-mêmes, et à quiconque dans l'avenir dictera des institutions pénales. Au reste, si cette maxime est digne de votre sensibilité, elle ne l'est pas moins de votre sagesse. Une loi est d'autant moins efficace qu'elle est plus inhumaine; car on ne l'invoque point ». Tel est l'effet des peines trop sévères dans un pays où les mœurs sont douces. Cet effet est différent, mais plus funeste encore chez un peuple où les mœurs douces ne tempèrent pas l'aspérité de la loi. Là on l'invoque sans répugnance; on l'applique sans regret; le peuple court en foule aux supplices; mais ces cruels spectacles ne font qu'endurcir davantage les mœurs publiques, et ils deviennent bientôt le germe d'attentats plus atroces. Il faut alors enchérir sur les tourments ; et ainsi, par une fatale réaction, et une progression sans bornes, les crimes multiplient les tortures, et les tortures nouvelles enfantent encore de nouveaux crimes. C'est une observation certaine, que chez tous les peuples où les peines sont les plus cruelles, les crimes sont les plus fréquents et les plus horribles; qu'au bout de quelques années on est obligé de monter l'échelle des peines, mais toujours en vain. Par là on réussit à punir les crimes, mais on ne peut jamais parvenir à les réprimer...

Des peines quoique modérées peuvent être efficaces, si elles sont justement graduées et c'est le second caractère que nous supposons à toute bonne institution pénale. Ce qui rend une peine répressive, c'est moins d'être sévère, que de se trouver, dans l'échelle des peines, placée au degré le plus convenable. Il importe qu'un délit soit puni, précisément dans la proportion où il doit l'être avec un autre délit ; qu'il y ait un juste rapport entre les divers degrés de l'échelle, et en maintenant ce rapport, on pourra, sans danger baisser un peu le plus haut degré.

Il existe deux sortes de crimes ; ceux qui sont l'effet du calcul et de la réflexion, et les crimes qui sont produits par l'impulsion subite d'une passion violente. Une graduation exacte des peines opérera un effet moins efficace pour la répression de cette dernière, sorte de crimes, parce que la passion ne voit que l'objet qui l'allume, et calcule peu les chances qu'elle court ; mais cette classe est la moins nombreuse.

Pour tous les autres, la graduation des peines produit un effet certain. Si une grande distance sépare la peine de tel crime, d'avec la peine de tel autre crime, le méchant qui de sang-froid médite une mauvaise action, s'arrêtera là où commence pour lui un grand danger. La loi franchit-elle tous les degrés de la peine, le méchant franchira aussi tous les degrés du crime. Il n'a point d'intérêt à s'arrêter ; nul calcul ne le retient. C'était une grande absurdité de nos lois de punir le voleur sur le grand chemin, le serviteur qui dérobait quelques effets à son maître, l'homme qui, en brisant des clôtures, s'introduisait dans les maisons, de la même peine que l'assassin. La loi elle-même les invitait au meurtre, puisque le meurtre n'aggravait pas la punition de leur crime, et pouvait en étouffer la preuve.

A cette juste graduation qui proportionne la gravité des peines à l'atrocité des crimes (1) il faut encore joindre des

---

1. C'est l'individualisation objective.

rapports exacts entre la nature du délit et la nature de la punition. Ainsi, les douleurs physiques puniront les attentats dont la férocité a été le principe ; un travail pénible sera imposé au coupable dont le crime a trouvé sa source dans la fainéantise ; l'infamie punira les actions qui n'ont été inspirées que par une âme abjecte et dégradée. Voilà quelles sont les conditions que doivent remplir des peines modérées et humaines pour être efficaces, en outre, elles doivent être les mêmes pour tous et l'on doit établir un epcine fixe pour chaque cas déterminé (1).

Mais les peines si elles doivent être efficaces pour punir les coupables doivent aussi être exemplaires donc les peines pour être répressives porteront encore trois caractères importants :

Le premier, d'être durables.

Le second, d'être publiques.

Le troisième d'être toujours rapprochées du lieu où le crime a éclaté. Je dis que les peines doivent être durables, et j'entends par cette expression qu'une suite prolongée de privations pénibles, en épargnant à l'humanité l'horreur des tortures, affecte beaucoup plus le coupable, qu'un instant passager de douleur trop souvent bravé par une sorte de courage et de philosophie. Les peines de cette nature sont encore plus efficaces pour l'exemple, car bientôt l'impression du spectacle d'un jour est effacée ; mais une punition lente et de longs travaux renouvellent sans cesse aux yeux du peuple, qui en est témoin, le souvenir de lois vengeresses, et fait revivre à tous les moments une terreur salutaire.

---

1. Le dernier de ces deux principes, l'égalité de la peine, constitue une application du grand principe de l'égalité civile qui se trouve à la base même de la Constitution, quant au second c'est l'application de la règle *nulla pœna sine lege.*

J'ajoute que les peines doivent être publiques, c'est-à-dire que souvent et à des temps marqués, la présence du peuple doit porter la honte sur le front du coupable, et la présence du coupable, dans l'état pénible où l'a réduit son crime doit porter dans l'âme du peuple une instruction utile.

Eh ! combien cette honte sera-t-elle pénétrante ! Combien cette instruction fera-t-elle de plus profondes impressions, si c'est près du lieu où le crime a été commis que le crime est expié !... Une peine qui n'est notifiée que par l'affiche d'un jugement produit peu d'effet. On sait que tel coupable subit tel châtiment à l'extrémité de l'Empire, on le sait ; mais on ne le voit pas ; on ne le sent pas ; on l'a bientôt oublié parce qu'on n'a fait que l'apprendre ; et cette répression-là seule est véritablement exemplaire, qui présente constamment toute la durée de la vengeance des lois, dans les mêmes lieux qui ont été remplis de l'horreur et du scandale du crime, et où des regards toujours connus réveillent sans cesse, dans l'âme du coupable, les sensations actives de l'opprobre et de l'ignominie.

Les peines qui réuniront tous les différents caractères que j'ai développés jusqu'ici rempliront un des principaux objets de toute institution pénale qui est celui de réprimer utilement et efficacement les crimes. C'est à ce seul objet que les législateurs ont borné leurs vues jusqu'à présent.

Mais, est-il impossible d'aller plus loin ? et ne saurait-on concevoir un système pénal qui opérât ce double effet, *et de punir le coupable et de le rendre meilleur?*

Voyons par quels caractères les peines pourraient atteindre ce but moral ?... La source la plus ordinaire des crimes, c'est le besoin enfant de l'oisiveté. *Le système des peines doit donc être assis principalement sur la base du travail:* mais son but est manqué, si faisant du travail le tourment même du condamné, il augmente encore son aversion naturelle. C'est sous un autre aspect que le travail doit lui être présenté.

Il faut qu'il y soit porté par le sentiment du besoin ; il faut que le travail devienne pour lui le passage à un état moins pénible ; il faut qu'il y trouve des adoucissements précisément dans la proportion du zèle avec lequel il s'y sera livré.

En lui offrant le travail sous ces formes consolatrices, vous pouvez lui en inspirer et l'habitude et l'amour ; et certes, vous l'aurez rendu meilleur, si vous l'avez rendu laborieux.

Nous avons encore pensé sous le même rapport de moralité qu'il était convenable *de rendre décroissante, par le temps la rigueur des peines ;* en sorte que toute leur intensité soit portée sur les premières années, et qu'un peu adoucies vers le milieu de leur durée, la dernière époque se termine par le degré le moins sévère de l'existence pénale.

Ce principe est humain ; car la première des consolations, c'est l'espérance qui montre dans l'avenir une diminution des maux qu'on souffre. Et de plus, il nous a semblé qu'il pouvait être utile de tempérer insensiblement l'être moral du condamné, et de pénétrer son âme d'affections plus douces et plus sociables avant l'instant où la fin de sa punition va le rendre à la société et à lui-même. Toutes ces nuances deviendraient superflues si le condamné était plongé pour jamais dans le lieu fatal d'expiation ; mais les peines peuvent être répressives et pourtant *temporaires ;* c'est un principe que nous nous proposerons encore de consacrer, et en conséquence d'abolir tout ce qui imprime aux peines un caractère de perpétuité, tout ce qui voue un coupable au désespoir... au désespoir, la plus barbare des punitions, et la

seule peut-être que la société n'ait pas le droit d'infliger ;
tout ce qui l'enchaîne irrévocablement au crime, en lui
ôtant les moyens de se livrer à une honnête industrie.

Appelons, par nos institutions, le repentir dans le cœur
du coupable ; qu'il puisse revivre à la vertu, en lui laissant
l'espérance de revivre à l'honneur ; qu'il puisse cesser d'être
méchant par l'intérêt que vous lui offrez d'être bon ; après
qu'une longue partie de sa vie passée dans les peines aura
acquitté le tribut qu'il doit à l'exemple, rendu à la société,
qu'il puisse encore recouvrer son estime par l'épreuve d'une
conduite sans reproche, et mériter un jour que la patrie
elle-même efface de dessus son front, jusqu'à la tache d'un
crime qu'il aura suffisamment expié » (1).

On le voit, les rédacteurs du Code de 1791 échafaudent
leur système pénal sur une conception abstraite et uniforme
du *criminel*. En bons disciples de Rousseau, ils s'imaginent
que le criminel est un être essentiellement bon (2), que la
société et l'existence ont perverti (il s'agit des crimes « par
calcul et par réflexion » et non des crimes « passionnels »)
la peine agira donc en s'adressant aux meilleurs ressorts de
la conscience humaine, à la honte, au remords et surtout à
l'espérance du pardon et d'une vie meilleure.

Pour obtenir ce résultat il ne fallait pas songer à remettre
en vigueur les peines usitées jusque-là en France, Le Pelletier de Saint-Fargeau examine dans son rapport (3) chacun
de ces châtiments et il démontre qu'aucun d'eux ne présente
les caractères que l'on doit exiger d'une bonne peine, ils ont en
outre de nombreux inconvénients. Nous étudierons ces ques-

1. *Arch. Parl.*, 1ʳᵉ série, T. 26, p. 321 à 323.
2. Ils admettent cependant qu'il y a des individus essentiellement pervers,
ce sont les récidivistes pour crime, aussi pour eux se montrent-ils impitoya-
bles (*infra*, *Déportation*).
3. *Arch. Parl.*, 1ʳᵉ série, t. 26, p. 323 et 325.

tions plus loin en examinant une à une les peines édictées par l'article 1er du Code de 1791, et nous n'indiquerons ici que les grandes lignes du système proposé par les comités. C'est encore Le Pelletier de Saint-Fargeau qui a pris soin de les tracer.

« Il existera deux sortes de peines, dit Le Pelletier de Saint-Fargeau :

Les peines afflictives ;

Les peines infamantes.

Les peines afflictives sont : le cachot, la gêne, la prison.

Les infamantes seront pour les hommes, la dégradation civique, pour les femmes le carcan.

Les peines du cachot, de la gêne et de la prison seront aussi infamantes.

En outre, chacune des peines afflictives devait être précédée de l'exposition du condamné dans la place publique (1).

Le cachot, la gêne et la prison ont pour principe commun d'exclure du système pénal toute espèce de coups et de tortures qui présentait à l'esprit cette repoussante image d'un homme frappant son semblable.

Ces trois peines ont pour élément commun, de faire sortir de privations pénibles tout l'effet de la punition (2).

Elles ont trois circonstances qui leur sont communes : la

1. *Arch. Parl.*, 1re série, T. XXVI, p. 329.

2. Conf. le système pénal établi par le Code Toscan, art. LV. « Peine pécuniaire ». Le fouet particulier à huis clos, la prison, pourvu qu'elle n'excède pas une année, bannissement de la potesterie et trois milles aux environs, bannissement du vicariat et cinq milles aux environs. Exil à Valterra et son territoire, exil dans la province intérieure, exil à Grosseto, exil de tout le grand duché le carcan avec et sans exil, le fouet en public, le fouet en public monté sur l'âne, l'*ergastolo* (prison) les travaux publics pour les hommes 3, 5, 7, 10, 15, 20 ans ou à vie toutes ces peines devaient être précédées de l'exposition publique à la porte du prétoire. (art. 4 IX).

privation de la liberté, l'infamie, l'admission du public une fois chaque mois dans les cachots, les lieux de gêne et la prison.

Enfin, dans toutes les trois, le travail est employé comme moyen d'amender les dispositions morales du condamné, d'adoucir la rigueur de ses privations pendant sa peine et de lui proposer une ressource pour l'époque de sa liberté.

Quant aux caractères qui les distinguent les uns des autres, le premier, c'est la durée.

La peine du cachot ne pourra être moindre de douze années; celle de la gêne, de quatre années; celle de la prison, de deux années. La première ne pourra s'étendre au delà de vingt-quatre années; la seconde au delà de quinze ans; la troisième au delà de six ans.

Vos comités ont pensé que ces peines devaient être graduées de telle manière que la plus longue durée de l'une excède par la moindre durée de celle qui lui est supérieure, afin qu'elles demeurent sans incertitude et sans équivoque dans cet ordre de gravité; d'abord le cachot, ensuite la gêne, et enfin la prison, autrement cet inconcevable problème aurait pu se présenter à résoudre; laquelle de ces peines est la plus sévère, de la gêne pendant vingt-quatre ans ou du cachot pendant douze ans; de la prison pendant douze ans, ou de la gêne pendant six années.

Indépendamment de l'étendue de la durée, le cachot est distingué des autres peines par ces circonstances; la privation de la lumière, les fers aux pieds et aux mains des condamnés, la solitude absolue, la consolation du travail réduite d'abord à deux jours par semaine puis élevée à trois (1).

La gêne est distinguée de la prison, outre la durée par

1. V. *infra.*

une ceinture et une chaîne de fer que porteront les condamnés, par la solitude absolue pendant cinq jours dans
la semaine, par la réunion à un travail commun deux jours
par semaine seulement.

La prison est distinguée des deux autres, sous ce rapport
que les condamnés ne porteront point de fers, qu'il leur
sera fourni un lit pour se coucher; tandis qu'au cachot et
à la gêne il ne sera donné aux condamnés que de la paille;
enfin que le travail commun sera fourni tous les jours. »

CHAPITRE III

La Peine de Mort

Le projet des comités, si libéral pourtant, fut cependant, nous l'avons dit, considérablement modifié au cours de la discussion. Il avait en effet le défaut de ne pas se conformer aux vœux des cahiers et de heurter l'opinion de la majorité des membres de l'Assemblée, opinion dont nous essayerons de connaître la cause. Ce fut surtout à propos de la peine de mort que cet antagonisme se manifesta.

I

Lorsque fut ouverte le 30 mai 1791 la discussion sur le projet de Code pénal, le rapporteur Le Pelletier de Saint-Fargeau insista pour que l'Assemblée s'occupât tout d'abord de cette grave question, à son avis la plus importante de toutes: « La peine de mort sera-t-elle conservée ou non » (1). Avant d'étudier la longue délibération qui suivit et pour comprendre l'importance attachée par l'Assemblée à un sujet si passionnant encore aujourd'hui, il est nécessaire de rappeler en peu de mots quel était à la fin du xviii° siècle, au point de vue qui nous occupe, l'état des institutions et des idées. Sous l'ancien régime, on le sait, la peine de mort était loin

1. *Arch. Parl.*, t. XXVI, p. 617 et s.

d'être le plus haut degré de l'échelle des peines, aussi était-elle véritablement prodiguée, on confondait sous ce même supplice les crimes les plus différents par leur nature, les plus atroces comme les plus légers, ainsi les ordonnances punissaient de mort le serviteur qui avait commis un vol au préjudice de son maître et l'individu qui avait tué une bête de somme ou détruit un instrument de travail (1). Les vieux auteurs, il est vrai, nous apprennent que ces textes n'étaient jamais appliqués, la rigueur de la loi entravait la répression, on préférait ne pas se plaindre. Dans les cas laissés à leur arbitraire, les juges enchérissaient encore parfois sur les ordonnances, tout fait qui leur paraissait odieux était puni de mort, ainsi les membres de la Tournelle du parlement de Normandie font part à d'Aguesseau de leur désir « de pouvoir traiter un accusé qui a abattu un chêne comme celui qui avait tué un homme, le chancelier heureusement se montra plus sensible « la peine des galères lui parut plus proportionnée à la mesure du crime et à l'intérêt de la société » (2).

Tant d'incohérence et d'excès, l'immoralité des exécutions capitales où l'on se pressait comme au spectacle, surtout les scandales occasionnés par la réhabilitation de plusieurs innocents injustement suppliciés excitèrent les critiques et les colères des philosophes et des sociologues. Ils ne se contentèrent pas d'attaquer les abus, ils se demandèrent si la peine de mort n'était pas illégitime et funeste et s'il ne fallait pas la supprimer.

« Beccaria (3) pense que la peine de mort n'est appuyée sur aucun droit », chacun de nous en effet n'est entré dans la société qu'en aliénant la plus petite portion possible de sa

1. V. Servan. *Discours...* t. II, p. 79 et s.
2. D'Aguesseau. *OEuvres*, t. IX, *Mat. crim.*, p. 179, lettre du 8 août 1730.
3. *Traité des délits et des peines*, § 28.

liberté, une aliénation ainsi réduite ne saurait comprendre ce bien sans égal, la vie. D'ailleurs, disposer de sa propre vie n'est pas permis à l'homme. En outre, quel intérêt la société aurait-elle à faire périr un de ses membres ? la peine de mort n'est-elle pas beaucoup moins intimidante que la privation de la liberté à perpétuité sous les regards de l'association tout entière. Il n'admet qu'une seule exception à ce principe : « ... Dans ces moments troublés où une nation cherche à redevenir libre on touche à la perte de sa liberté ; dans ces temps d'anarchie où les lois se taisent et sont remplacées par le désordre et la confusion, si un citoyen, quoique privé de sa liberté, peut encore par ses relations et son crédit porter quelque atteinte à la sûreté de son pays, si son existence peut produire une révolution dangereuse dans le gouvernement, il est sans doute nécessaire de l'en priver. » Voltaire admet au contraire que la société a le droit de vie et de mort sur ses membres mais il s'attache à démontrer qu'en exerçant la peine de mort la société sert bien mal ses propres intérêts ! « Vingt voleurs vigoureux, dit-il, condamnés à travailler aux ouvrages publics toute leur vie servent l'État par leur supplice, leur mort ne fait de bien qu'au bourreau que l'on paie pour tuer les hommes en public », lui aussi ne conserve la peine de mort que dans les cas où il s'agit de la sécurité du pays (1).

A l'encontre de ces deux opinions, l'auteur du *Contrat social* n'ose pas aller jusqu'à supprimer la peine de mort, il s'efforce au contraire de la justifier (2) : « C'est, dit-il, fidèle à la théorie qui lui fait supposer l'abandon anticipé par chacun de sa propre existence au cas où il commettrait un crime, pour n'être pas victime d'un assassin qu'on consent

---

1. *Commentaire du livre des délits et des peines,* § X.
2. *Contrat social,* liv. II, chap. V.

à mourir si on le devient », mais il ajoute plus loin : « Il n'y a pas de méchant qu'on ne peut rendre bon à quelque chose. On n'a droit de faire mourir, même pour l'exemple, que celui qu'on ne peut conserver sans danger. » Mably (1) légitime aussi la peine de mort en disant : « Dans l'état de nature j'ai droit de mort contre celui qui attente à ma vie et, en entrant en société, j'ai résigné ce droit au magistrat pourquoi n'en userait-il pas. » Ce châtiment cependant ne lui semble devoir être appliqué qu'au traître et à l'assassin.

En résumé à la fin du xviiⁱᵉ siècle deux théories se partageaient l'opinion des philosophes, la théorie abolitionniste qui, cependant, maintenait la peine de mort dans un seul cas, celui de lèse-nation, et la théorie qui, tout en considérant la peine de mort comme légitime en droit, restreignait son champ d'application à un petit nombre de crimes très graves. Au fond, le différend ne portait guère que sur cette question « métaphysique » : la société avait-elle ou non le droit de vie ou de mort sur ses membres ?

Si nous cherchons maintenant ce que pensait l'opinion publique, les cahiers nous apprennent que l'on ne voulait pas en général l'abolition de la peine de mort mais simplement sa restriction aux principaux crimes, le meurtre, l'empoisonnement, le vol sur les grands chemins et l'incendie (2).

Dépassant ici les vœux de leurs commettants, les rédacteurs du projet de Code pénal avaient supprimé la peine de mort et lui avaient substitué au plus haut degré de l'échelle des peines, un châtiment nouveau, le cachot. Le Pelletier de Saint-Fargeau nous expose longuement les motifs de cette décision dans son rapport sur le projet de Code pénal lu à l'As-

1. *De la législation ou principes des lois*, liv. III, chap. IV. V. également Marat. *Plan de législation criminelle*, note de la page 32
2. Desjardins, p. 52 et s.

semblée le **23 mai 1791** (1). Il ne s'arrête pas à la question de savoir si la société a le droit de faire périr l'un de ses membres. Un mot, en effet, lui paraît suffisant pour établir la légitimité de ce droit, la société ainsi que les individus, a la faculté d'assurer sa propre conservation par la mort de quiconque la met en péril. Mais, si le fond du droit est incontestable, de sa nécessité seule dérive la légitimité de son exercice; et de même qu'un particulier n'est dans le cas de légitime défense que lorsqu'il n'a que ce seul moyen de sauver sa vie, ainsi la société ne peut légitimement exercer le droit de vie et de mort que s'il est démontré impossible d'opposer au crime une peine suffisante pour le réprimer. Or, la peine de mort réduite à la simple privation de la vie et restreinte, comme le veut l'opinion publique, aux seuls crimes d'empoisonnement, d'assassinat, d'incendie et de lèse-nation au premier chef est tout à fait inefficace, de plus elle est immorale.

Nous ne suivrons pas Le Pelletier de Saint-Fargeau dans les longs développements qu'il accorde à ces deux idées, ces critiques nous les retrouverons plus tard en étudiant les discours des orateurs qui, au cours de la discussion, défendirent la thèse abolitionniste, la partie vraiment intéressante du rapport n'est pas là, celle au contraire où le rapporteur décrit la peine du cachot offre beaucoup plus d'intérêt (2).

« Pour ne point, dit-il, affaiblir le sentiment salutaire d'effroi que les peines doivent inspirer, il faut frapper l'esprit des hommes en renouvelant le système des peines. Il est donc convenable d'établir une maison de peines dans chaque ville où siège un tribunal criminel, afin que l'exemple soit toujours rapproché du lieu du délit. Avant d'y être conduit le

1. *Arch. parl.*, t. 26, p. 309.
   Arch. parl., t. 26, p. 326 et s.

condamné sera exposé pendant trois jours sur un échafaud dressé dans la place publique, il y sera attaché à un poteau ; il paraîtra chargé des mêmes fers qu'il doit porter pendant la durée de sa peine. Son nom, son crime, son jugement seront tracés sur un écriteau placé au-dessus de sa tête. Cet écriteau présentera également les détails de la punition qu'il doit subir. Elle consiste dans les privations multipliées des jouissances dont la nature a placé le désir dans le cœur de l'homme. Un des plus ardents, c'est d'être libre : la perte de la liberté sera le premier caractère de sa peine. La vue du ciel et de la lumière est une des plus douces jouissances : le condamné sera détenu dans un cachot obscur. La société et le commerce de ses semblables sont nécessaires à son bonheur : le condamné sera voué à une entière solitude. Son corps et ses membres porteront des fers. Du pain, de l'eau, de la paille fourniront pour sa nourriture et pour son pénible repos l'absolu nécessaire... On prétend que la peine de mort est seule capable d'effrayer le crime : l'état que nous venons de décrire serait pire que la mort la plus cruelle si rien n'en adoucissait la rigueur, n'oublions pas que toute peine doit être humaine, et portons quelques consolations dans ce cachot de douleur. Le premier et le principal adoucissement de cette peine c'est de la rendre temporaire, le mot *à jamais* est accablant : il est inséparable du sentiment de désespoir. Nous avons pensé que, pour l'efficacité de l'exemple, la durée de cette peine devait être longue ; mais que, pour qu'elle ne fût pas barbare, il fallait qu'elle eût un terme, nous vous proposons qu'elle ne puisse pas être moindre de douze années ni s'étendre au-delà de vingt-quatre. »

« Il ne suffit pas encore de faire luire de loin dans ce cachot obscur le rayon de l'espérance ; nous avons jugé qu'il était humain d'en rendre l'effet plus apparent et plus sensible par une progression d'adoucissements successifs. Le nombre d'années fixé pour sa durée se partagera en diverses époques. Chacune apportera quelques consolations avec elle... Lorsque la peine commence, il faut songer au moment présent et porter même sur cette première époque des tempéraments qui défendent et la raison et la santé du condamné. » Or, c'est dans le travail qu'il convient de chercher ces tempéraments, les comités proposent donc « de fixer à deux par semaine le nombre des jours où il sera permis au condamné de travailler pendant la première époque de la durée du cachot ; et à trois jours par semaine pendant la deuxième époque. Le travail n'aura rien de rebutant par sa nature ou par sa rigueur, il sera au choix du condamné, « aucune violence, aucune contrainte ne l'obligeront à s'y livrer », et « il lui sera permis le jour du travail de se procurer sur son produit une subsistance plus douce et plus abondante », ses chaînes lui seront ôtées ; il sortira de son cachot, il verra la lumière du jour, seulement les condamnés à la peine du cachot devront toujours travailler seuls parce qu'à la solitude absolue est attaché « un des caractères les plus pénibles et les plus efficaces de cette punition ». Cependant une seule fois par mois les peines du condamné ne seront pas solitaires. Les portes du cachot seront ouvertes, mais ce sera pour offrir au peuple une imposante leçon. Le peuple pourra voir le condamné chargé de ses fers au fond de son douloureux réduit ; et il lira tracés en gros caractères au-dessus de la porte du cachot le nom du coupable, le crime et le jugement.

Telle est la peine du cachot qui sera uniquement réservée pour les assassins, les incendiaires, les empoisonneurs, les criminels de lèse-nation au premier chef. « Ne sera-t-elle pas plus exemplaire que la simple mort, on ne visite pas un cachot sans un pénible recueillement. Et si un exemple frappant peut rendre sensible cette théorie, supposons qu'un ministre prévaricateur ait osé attenter à la Constitution et à la liberté, s'il est frappé du glaive, l'effet de son supplice sera passager ; que pendant vingt années, chaque mois, le peuple le voie dans les fers, il bénira la puissance protectrice des lois, et l'exemple vivra efficacement avec le coupable. » Cependant quelque attachés que soient les comités à la pureté du principe de l'abolition de la peine de mort ils font cependant une seule exception à ce principe (1). « C'est à l'occasion du chef de parti déclaré rebelle par un décret du Corps législatif. Ce citoyen doit cesser de vivre, moins pour expier son crime que pour la sûreté de l'État. Tant qu'il vivrait, il pourrait devenir l'occasion ou le prétexte de nouveaux troubles. Rome, dans le temps où la peine de mort était réservée aux esclaves, vit précipiter du haut de la roche Tarpéienne Manlius, Manlius dont le courage la délivra du joug des Gaulois et dont l'ambition aspirait à la tyrannie ». Ainsi, à la différence de ce que l'on fit en 1848, la peine de mort n'était conservée qu'en matière politique.

La discussion sur cette partie du projet du Code pénal commença, nous l'avons dit, le 30 mai 1791 et le vote n'eut lieu que le 1er juin ; dès la première séance cependant il fut facile de voir quelle était l'opinion de la majorité. Deux discours furent, en effet, prononcés ce jour-là, l'un par le député Prugnon (2), en faveur de la peine de mort, l'autre

1. *Arch. Parl.*, t. 26, p. 329.

2. Prugnon (Louis-Pierre-Joseph), Nancy, 1745-1828, avocat au parlement, député électeur au bailliage de Nancy, élu député à la Constituante par ce bailliage, fut nommé par la Restauration, le 24 août 1815, maître des requêtes en service extraordinaire. Son discours sur la peine de mort est incomplet au *Moniteur*. Celui qui est rapporté dans les *Arch. Parl.*, t. 26, p. 618 et suivantes est la reproduction du discours imprimé sur l'ordre de l'Assemblée.

est la fameuse diatribe de Robespierre. Or l'Assemblée vota l'impression du discours de Prugnon et n'accueillit que froidement celui de Robespierre.

De même que Le Pelletier de Saint-Fargeau, Prugnon n'examine pas le problème préliminaire de savoir si l'homme a pu transmettre à la société le droit qu'il n'a pas lui-même de disposer de sa propre vie. Il suppose que la société ne puisse priver de la vie un de ses membres sans être injuste, ceci adopté, voici, dit-il, mon raisonnement. « Garantissez-moi que la société pourra dormir sans cette injustice-là ? » La première attention du législateur doit être en effet de prévenir les crimes et il est garant envers la société de tous ceux qu'il n'a pu empêcher quand il le pouvait, il doit donc avoir deux buts : 1° « exprimer toute l'horreur qu'inspirent les grands crimes ; 2° effrayer par de grands exemples. « Oui, c'est l'exemple, et non l'homme puni qu'il faut voir dans le supplice ». Or, « il est une classe du peuple chez qui l'horreur pour le crime se mesure en grande partie sur l'effroi qu'inspire le supplice, son imagination a besoin d'être ébranlée, il faut quelque chose qui retentisse autour de son âme, qui la remue profondément, pour que l'idée du supplice soit inséparable de celle du crime »... « Avant de briser un ressort tel que celui de la terreur des peines, il faut bien savoir que mettre à sa place ; vous avez effacé l'infamie qui faisait partie de la peine, le criminel, s'il est père, ne léguera plus l'opprobre à ses enfants ; or, si vous supprimiez à la fois et la mort et la honte, quel frein vous resterait-il ? » « Le méchant ne craint pas Dieu, mais il en a peur ; tel est le sentiment qu'éprouve le scélérat à la vue de l'échafaud. Gardez-vous donc de désespérer de l'énergie de ce ressort, très malheureusement nécessaire. Que prétend-on, au reste, lui substituer ? Un supplice lent, un supplice de tous les jours? L'idée n'est pas neuve. Mais quelques années sont à peine écoulées, que le sentiment d'horreur qu'inspire le crime s'affaiblit, on ne voit plus que la peine et son éternelle action ; le criminel finit par intéresser et alors on est bien près d'accuser la loi. » Cette peine lente a d'autres inconvénients encore, des criminels emprisonnés peuvent s'échapper : « que deux seulement s'échappent dans une année, et voilà cent autres scélérats qui se livreront au crime, dans l'espoir d'échapper comme eux. » Quelle inégalité ne jetez-vous pas entre le pauvre et le riche. De tous les êtres un geôlier n'est pas le plus incorruptible ; il y a des choses que le riche trouve toujours à acheter... enfin, la communauté de vie pendant douze ou vingt-quatre ans corrompra certainement les détenus.

« On a épuisé tout pour que la tête d'un innocent ne puisse plus tomber. Si, à l'établissement des jurés, vous joignez l'abolition de la peine de mort : si vous ôtez à l'homme, c'est-à-dire à un être qui abuse de tout, le plus grand des freins, craignez que dans vingt ans la France ne soit plus qu'une forêt. La Toscane, me dira-t-on, en est-elle une ? et cependant la peine de mort y est abolie (1). Écoutons M. Dupaty dans ses lettres sur l'Italie :

Le grand duc voit passer, pour ainsi dire, une pensée mécontente au fond de l'âme, et l'arrête tout court et par un seul mot. On lui reproche d'avoir des espions, il répond : «je n'ai pas de troupes. »

L'impératrice de Russie Elisabeth fit serment en montant au trône de ne punir de mort aucun criminel, ce serment fut accompli. Si les crimes avaient diminué, pourquoi Catherine a-t-elle rétabli la peine de mort ?

---

1. V. Code pénal toscan, art. LI. La peine de mort était remplacée en Toscane par les travaux publics à perpétuité, art. LV.

L'orateur cite encore l'exemple de l'Amérique et de la Chine où la peine de mort existe et il dit : « Les fondateurs de ces empires ont bien vu que nécessairement il fallait gouverner par les sensations et par la crainte ceux que l'on ne pouvait gouverner par la raison. A cela s'unit une vérité non moins importante, c'est que la science du législateur ne consiste pas tant à porter des lois qu'à connaître celles qu'il ne faut pas faire. Or, dans quel moment abolissez-vous la peine de mort? dans un moment d'anarchie, où vous n'avez pas assez de toutes vos forces contre la multitude, à qui l'on a appris qu'elle pouvait tout ; où il faudrait multiplier les freins et les barrières contre elle, loin de les affaiblir ; dans un moment enfin où le sentiment de la religion est prêt à s'éteindre dans plusieurs classes de la société et où les mœurs en général ne sont pas d'une très grande pureté. »

Pour toutes ces raisons l'orateur demande l'application de la peine de mort sans torture aux assassinats, à l'empoisonnement, à l'incendiat, au crime de lèse-nation, enfin, à la fabrication de faux assignats, il se refuse à l'admettre pour le vol avec effraction.

Le discours que Robespierre prononça après celui de Prugnon nous semble devoir être rapporté ici à peu près intégralement car, sous une forme violente, il contient presque toutes les critiques que l'on adressait alors à la peine de mort. Malgré les murmures de l'Assemblée et une vive interruption de l'abbé Maury qui le prie d'aller débiter son opinion dans la forêt de Bondy (1), Robespierre ne craint pas de dire que « l'accusé que la société condamne n'est tout au plus pour elle qu'un ennemi vaincu et impuissant, il est devant elle plus faible qu'un enfant devant un homme fait ». « Aux

1. *Arch. parl.*, t. 26, p. 622 et s.

yeux de la société et de la justice, ces scènes de mort que
la société ordonne avec tant d'appareils ne sont autre chose
que de lâches assassinats, que des crimes solennels, commis
non par des individus, mais par des nations entières avec
des formes légales! Quelque cruelles, quelque extravagan-
tes que soient ces lois, ne vous en étonnez plus. Elles sont
l'ouvrage de quelques tyrans, ... elles furent écrites avec du
sang ». — « La peine de mort est nécessaire, disent les partisans de l'antique et barbare routine ; sans elle, il n'est
point de frein assez puissant pour le crime. Qui vous l'a dit ?
Avez-vous calculé tous les ressorts par lesquels les lois pénales peuvent agir sur la sensibilité humaine? Hélas ! avant
la mort combien de douleurs physiques et morales l'homme
ne peut-il pas endurer. Le désir de vivre cède à l'orgueil,
la plus impérieuse de toutes les passions qui maîtrisent le
cœur de l'homme ; la plus terrible de toutes les peines pour
l'homme social, c'est l'opprobre, c'est l'accablant témoignage de l'exécration publique... Le législateur qui préfère
la mort et les peines atroces aux moyens plus doux qui sont
en son pouvoir outrage la délicatesse publique, émousse le
sentiment moral chez le peuple qu'il gouverne... Enfin, il
use et affaiblit les ressorts du gouvernement, en les voulant
tendre avec plus de force. Le législateur qui établit cette
peine renonce à ce principe salutaire que le moyen le plus
efficace de réprimer les crimes est d'adapter les peines au
caractère des différentes passions qui les produisent et de les
punir pour ainsi dire par elles-mêmes. Il confond toutes les
idées, il trouble tous les rapports et contrarie ouvertement
le but des lois pénales. La peine de mort est nécessaire,
dites-vous ? Si cela est, pourquoi plusieurs peuples ont-ils
su s'en passer? par quelle fatalité ces peuples ont-ils été les
plus sages, les plus heureux, les plus libres ?... Écoutez

la voix de la justice et de la raison : elle nous crie que les jugements humains ne sont jamais assez certains pour que la société puisse donner la mort à un homme condamné par d'autres hommes sujets à l'erreur. Eussiez-vous imaginé l'ordre judiciaire le plus parfait, eussiez-vous trouvé les juges les plus intègres et les plus éclairés, il restera toujours quelque place à l'erreur et à la prévention. Pourquoi vous interdire les moyens de les réparer?... Le premier devoir du législateur est de former et de conserver les mœurs publiques, source de toute liberté, source de tout bonheur social ; lorsque, pour courir à un but particulier, il s'écarte de ce but général et essentiel, il commet la plus grossière et la plus funeste des erreurs. Il faut donc que la loi présente toujours aux peuples le modèle le plus pur de la justice et de la raison. Si, à la place de cette sévérité puissante, calme, modérée, qui doit les caractériser, elles mettent la colère, et la vengeance ; si elles font couler le sang humain qu'elles peuvent épargner et qu'elles n'ont pas le droit de répandre ; si elles étalent aux yeux du peuple des scènes cruelles et des cadavres meurtris par les tortures, alors elles altèrent dans le cœur des citoyens les idées du juste et de l'injuste ; elles font germer au sein de la société, des préjugés féroces qui en produisent d'autres à leur tour. L'homme n'est plus pour l'homme un objet si sacré, on a une idée moins grande de sa dignité quand l'autorité publique se joue de sa vie. L'idée du meurtre inspire bien moins d'effroi lorsque la loi même en donne l'exemple et le spectacle ; l'horreur du crime diminue dès qu'elle ne le punit plus que par un autre crime. Gardez-vous bien de confondre l'efficacité des peines avec l'excès de la sévérité : l'un est absolument opposé à l'autre. »

La discussion sur la peine de mort reprit le 31 mai, elle fut, ce jour-là, plus longue et plus vive. Le député Mougins

de Roquefort (1) prit le premier la parole, s'appuyant sur
la théorie de Mably, que nous connaissons, sur ce fait que
presque tous les peuples ont décerné la peine de mort et que
la plupart des philosophes les plus humains et les plus sensibles n'ont pas craint de la défendre, il demande à l'Assemblée de conserver ce châtiment, mais seulement pour l'homicide, expression qui comprend les parricides, les régicides,
les infanticides et autres délits qualifiés.

Il préfère en effet la peine de mort simple à la prison perpétuelle et aux travaux pénibles car « les travaux pénibles
sont le partage de l'indigence et l'on voudrait confondre le
criminel avec l'indigent. » De plus « l'objection, le mépris,
l'opprobre de ses semblables ne sont pas une peine pour le
scélérat » qui « ne craint plus rien excepté la mort » car « la
vie passera toujours parmi les hommes comme le plus grand
des biens. » L'Assemblée décréta l'impression de ce discours.
Petion (2) qui prit la parole aussitôt après expose au contraire des idées plus généreuses et qui semblent d'aujour-
d'hui. « Quel est, dit-il, le but essentiel des peines par rapport
aux individus ? De corriger l'homme et de le rendre meilleur. La loi ne punit pas pour le plaisir cruel de punir ; ce
serait une inhumanité, la loi ne se venge pas, parce qu'elle
est sans passion et au-dessus des passions. Si la loi condamne à des privations et à des souffrances c'est pour exciter le repentir dans l'âme des coupables ; c'est pour le ramener à la vertu et l'empêcher par le souvenir de ses maux de
retomber dans le vice... On traite, je le sais, cet espoir de
retour d'une vaine illusion ; on veut que celui qui est tombé

1. Mougins de Roquefort. Il y eut deux députés de ce nom à la Constituante,
tous deux députés de la sénéchaussée de Draguignan (Var), nous ignorons
quel fut l'auteur de ce discours qui est incomplet au *Moniteur*.

2. Son discours est incomplet au *Moniteur*.

dans le crime soit incapable de repentir et de devenir jamais homme de bien ; on se représente ces monstres de scélératesse qui déshonorent le genre humain ; on ne voit plus alors dans les coupables que des hommes d'une perversité profonde qui ne rêvent que forfaits, qui, échappés à leurs fers, sont tout prêts à commettre de nouveaux crimes; quelques exemples viennent fortifier cette opinion, et on justifie ainsi à sa conscience la barbarie de la loi. Mais, de bonne foi, avons-nous jamais rien tenté pour ramener un coupable à la vertu ? Nos prisons sont-elles des asiles propres à améliorer les hommes ? Ne sont-elles pas au contraire des repaires de corruption ? Quels sont les gardiens de ces sombres demeures ? Comment sont-elles surveillées ? Avons-nous jamais fait luire le moindre rayon d'espérance au repentir, présenté la plus légère récompense à une bonne action, offert du travail à l'oisiveté ? Enfin qu'avons-nous fait ?... et cependant nous décidons sur-le-champ que celui qui s'est rendu coupable ne peut ni se corriger ni devenir meilleur; nous l'effaçons de la liste des hommes. Il est plus simple, sans doute, et plus expéditif surtout de faire périr un homme que d'entreprendre sa guérison; mais la nature et la raison se révoltent de cet acte barbare. Les Américains et les Anglais ont déjà fait dans ce genre des essais bien consolants pour l'humanité... Quel est le but essentiel des peines par rapport à la société ? D'intimider par l'exemple les hommes qui seraient tentés de se livrer au crime... Or, la raison, l'expérience de tous les siècles et de tous les peuples prouvent que la cruauté des peines n'a jamais rendu les délits plus rares. Ce n'est pas l'effroi du supplice qui arrête la main sacrilège de l'assassin... La certitude d'une peine légère épargnerait à l'humanité plus de forfaits que la potence, les roues et les bourreaux. Et qu'est-ce que la mort pour ceux à qui la vie est une charge, pour ceux qui ne tiennent à rien sur terre, qui ne possèdent rien ?... Rappelez-vous ce mot effrayant de Cartouche, ce mot qui est dans le cœur de presque tous les scélérats ! *Un mauvais quart d'heure est bien vite passé*. Par quelle inconséquence un peuple qui enseigne à ses guerriers le mépris de la vie, qui flétrit du sceau de l'ignominie ceux qui n'affrontent pas le trépas, met-il la mort au rang des peines, et la représente-t-il comme la plus affreuse de toutes ?... »

Ces paroles n'eurent pas le don de modifier l'opinion de l'Assemblée elles ne furent même pas applaudies, du moins le compte rendu ne nous le dit pas. Au contraire, le discours de Brillat-Savarin se termina au milieu des applaudissements. Pour démontrer la légitimité de la peine de mort, il nous expose la théorie de Rousseau. « Pour mieux sentir, dit ensuite l'orateur, l'insuffisance de la loi qu'on vous propose. Il faut la supposer adoptée et la mettre en action. Je suppose donc, Messieurs, qu'un scélérat se glisse parmi vous, que là il choisisse sa victime, qu'il l'égorge à vos yeux, que se retournant froidement il vous dise : ce n'est pas la peine de m'interroger j'avoue tout, j'ai tué cet homme de dessein prémédité, qu'on me conduise au cachot. A l'indignation qui s'emparerait de vous, au frémissement dont vous ne seriez pas les maîtres, vous sentiriez l'insuffisance de la loi et vous regretteriez de l'avoir portée », la société en effet est composée de trois classes d'hommes : la première de

1. Brillat-Savarin (Anthelme Jean) Belley 1755, Paris 1826, était avocat à Belley quand il fut élu, le 27 mars 1789, député du tiers aux États généraux par le bailliage du Bugey et Valromey et siégea dans cette assemblée parmi les modérés, il devint en 1793 président du tribunal civil de l'Ain. Devenu suspect de fédéralisme il se retira en Suisse, puis à New-York ; revint en France après le 9 thermidor, et le 11 germinal an VIII il devint juge au tribunal de cassation où il siégea jusqu'à sa mort.

ceux qui naissent bons et vertueux ; la seconde de ceux qui naissent scélérats ; la troisième et la plus nombreuse, celle de ceux qui apportent en naissant des dispositions équivoques, et que les circonstances ou l'éducation détermine au vice ou à la vertu. Les peines ne sont pas pour les deux premières classes d'hommes, les uns n'en ont pas besoin, les autres ont le féroce courage de les supporter. Elles ne sont donc vraiment applicables qu'à la troisième, et c'est pour ceux-ci que je parle. Otez pour ceux-ci la peine de mort, et alors l'imagination la plus faible s'attache sans horreur, je pourrais même dire avec tranquillité, à l'idée de la peine qui y supplée. Quelques années passées dans une parfaite inaction mêlées de quelques jours de douceur et de consolation voilà ce que calcule l'homme qui médite de devenir criminel...

Le second inconvénient, c'est que la peine du cachot, telle qu'elle est proposée, tend à rendre à la société des membres infects ; c'est une vérité démontrée pour tous ceux qui connaissent le cœur de l'homme : rien n'est plus rare qu'une conversion sincère. Celui qui de sang-froid a égorgé son semblable, celui qui a résisté à cette voix impérieuse qui lui criait : tu ne tueras pas, doit demeurer toujours suspect à la société qu'il a souillée de son crime, et le législateur ne pourrait le rendre à la vie sociale, sans consentir à se charger, sous sa responsabilité, de tout le mal qui pourrait se commettre. Souvent mon devoir m'a appelé dans ces asiles où le crime attend son châtiment... dans ces prisons (1) les hommes devenaient-ils meilleurs ? Au contraire ils y tiennent entre eux une espèce d'école du crime... Le législateur peut-il ensuite rendre à la société de pareils hommes sans se rendre responsable des crimes qu'ils commettent ?... »

1. Sur les prisons dans l'ancien régime. V. *infra*, p. 104.

Après tous ces discours le débat paraissant terminé, « un grand nombre de membres demandent à aller aux voix » mais le président Boissy d'Anglas leur répond : « L'Assemblée n'est pas encore complète il est impossible d'enlever une délibération pareille. » Alors malgré quelques difficultés l'Assemblée accepte d'entendre Duport qui demande à parler au nom des comités.

Le long discours de Duport fut le dernier et le plus grand effort tenté par les partisans de l'abolition de la peine de mort pour faire triompher leur théorie. Cependant il ne nous retiendra que fort peu de temps, c'est en effet la synthèse de tous les discours précédemment prononcés en faveur du projet. L'orateur reprend et développe toutes les critiques adressées à la peine de mort et tous les arguments en faveur de la peine du cachot. Nous ne donnerons que ce court extrait qui nous paraît vraiment original :

« Cherchons donc ailleurs des moyens de réprimer les crimes. Je ne cesserai de le répéter, cette vérité qu'on semble mépriser parce qu'elle est trop simple ; le premier de ces moyens est le plus efficace, c'est la justice, la douceur des lois et la probité du gouvernement. Le second est dans ces institutions locales établies pour prévenir chez les hommes le désespoir ou l'extrême pauvreté, source ordinaire des crimes. Je ne crains pas de le dire, tout cet appareil de peines, ces lois, ces tribunaux, tous ces remèdes qui s'appliquent aux effets, ne sont rien près de ceux qui vont à la source du mal. Fournissez aux hommes du travail, et des secours à ceux qui ne peuvent travailler, vous aurez détruit les principales causes, les occasions les plus ordinaires, je dirais presque l'excuse de tous les crimes. Vous avez regardé avec raison l'établissement du Code pénal comme un de vos principaux devoirs ; mais j'ose vous déclarer que les trois quarts de ce Code sont

dans le travail que votre comité de mendicité doit vous présenter ».

Les paroles de Duport furent très fréquemment accueillies par des murmures et l'orateur dut même quitter un instant la tribune. L'Assemblée cependant vota l'impression
de ce discours mais il dut y avoir deux tours de scrutin, au
premier tour l'impression fut rejetée mais ce vote fut annulé,
plusieurs membres de l'Assemblée ayant affirmé n'avoir
pas entendu la motion proposée.

Si l'Assemblée ordonna ce surcroît de publicité, ce fut sans
doute pour rendre hommage au grand talent d'orateur de
Duport et, peut-être aussi, pour bien montrer qu'elle n'était
pas insensible aux idées généreuses. Mais, ce ne fut certes
pas parce que Duport avait réussi à modifier l'opinion de
la majorité en faveur du système proposé par les comités.
Le procès de la peine de mort était terminé, et la partie
était perdue définitivement pour les abolitionnistes, ils le
sentaient d'ailleurs si bien, que le lendemain, quand la discussion fut reprise, aucun d'eux ne demanda la parole. Après
un discours sans grand intérêt du député Mercier en faveur
de la peine de mort la discussion fut fermée et le maintien
de ce châtiment fut décrété. Remarquons cependant, ceci a
son importance, que lorsqu'il fallut formuler la question à
poser à l'Assemblée, Merlin proposa de la rédiger ainsi :
« Les législateurs statueront ainsi qu'ils jugeront convenable, sur l'abolition ou la conservation de la peine de mort, et
jusque-là cette peine ne pourra être prononcée que contre
les criminels de lèse-nation, les assassins, les empoisonneurs,
les incendiaires et les contrefacteurs des espèces ou obliga-
tions monétaires de l'État. » (1) Mais, Le Pelletier de Saint-

1. *Arch. Parl.*, t. 26, p. 685.

Fargeau fit remarquer que, posée de la sorte, la question était complexe et qu'elle soulevait d'abord cette question « la conservation de la peine de mort sera-t-elle décrétée comme article constitutionnel », aussitôt de nombreux *non non* s'élevèrent (1).

De l'important débat que nous venons d'étudier il paraît que l'on doive tirer les conclusions suivantes. En premier lieu il semble que l'Assemblée n'ait pas été, en principe, hostile à la thèse abolitionniste. Sans doute, il y avait bien, parmi ses membres ; des partisans convaincus et irréductibles, de la peine de mort, mais il ne paraît pas qu'ils fussent en majorité ; ce qui le démontre clairement, c'est que cette même majorité qui décréta le maintien de la peine de mort, vota l'impression du discours de Duport, c'est surtout qu'elle ne voulut pas décréter cette conservation comme un article constitutionnel. D'ailleurs, de ceux même, qui prirent soin de défendre ce châtiment à la tribune, les uns, comme Prugnon, paraissent en condamner le principe, « garantissez-moi, dit-il, que la société pourra dormir sans cette injustice-là » (2) ; d'autres, comme Mougins de Roquefort, tiennent à ne point passer pour des barbares, ils veulent que l'on sache qu'ils sont des hommes sensibles et éclairés, et qu'en proposant une opinion qui semble contrarier les droits de l'humanité, ils font violence à leurs caractères pour n'écouter que l'utilité publique (3). Tous enfin, comme Mercier, semblent compter avec les comités sur un avenir heureux et prochain où l'on pourra définitivement abolir la peine de mort. Mais, ce sont pour la plupart, d'anciens hommes de lois, des avocats comme Prugnon, et Mougins de Roquefort,

1. *Arch. Parl. Ibid.*
2. V. *supra*, p. 62.
3. *Arch. Parl.*, t. 26, p. 367.

ou des magistrats comme Brillat-Savarin ; ils préfèrent cette peine à celle du cachot parce qu'ils connaissent les prisons, qu'ils savent que rien n'est plus facile que de s'en échapper et que les prisonniers, loin de s'y amender, en sortent plus dangereux encore.

Certes, on pourrait facilement remédier à tous ces inconvénients, en construisant des prisons neuves, solides et sûres. Mais, outre que cela devait coûter fort cher, il y avait à craindre d'autres dangers que Barère sut très bien mettre en lumière dans un discours qu'il prononça le 1er juin et que nous aurons l'occasion de retrouver (1). « Que voyons-nous, dit-il, dans l'état actuel de la France ? Parlons sans prétention et sans excès. Vos anciennes formes judiciaires vont disparaître ; vos jurés ne sont pas établis; l'esprit de cette institution ne peut se former dans un instant ; les établissements analogues demandent des opérations lentes ; les prisons pénales ne peuvent être construites subitement ; enfin, aucun des instruments nouveaux du Code pénal proposé ne sont faits. Votre réforme de la peine de mort, prononcée aujourd'hui par la loi, peut donc amener les crimes par le changement subit des peines, ou faire espérer l'impunité, par le défaut d'établissements relatifs à ce changement, établissements qui, dans un royaume aussi peuplé, devront être immenses. »

Cette crainte que l'abolition de la peine de mort n'entraîne dans la période d'essai des institutions nouvelles une recrudescence de la criminalité, si forte qu'elle soit n'est pas cependant, croyons-nous, la principale raison du maintien de ce châtiment.

Nous avons constaté plus haut, avec quel soin *tous* les partisans de la peine de mort insistent sur cette idée, que la

1. V. *infra*, p. 75.

France traverse une période d'anarchie et de trouble causée par la révolution. « Il y a, disent-ils, dans le royaume, des brigands étrangers que la licence et des malveillants y ont attirés (1) ». En outre par suite de la désorganisation de la vie nationale « il existe une foule immense sans travail », l'esprit public est très surexcité, la lutte est engagée contre l'Assemblée par les partisans de l'ancien régime, le souvenir des premiers événements révolutionnaires est loin d'être effacé, on craint de les voir se reproduire. Enfin, un crime récemment commis à Versailles (2) paraît avoir fait une vive impression sur l'Assemblée. Dans ces circonstances elle comprend que le pouvoir doit être fortement armé pour maintenir l'ordre, et puisque la peine de mort possède quelque efficacité, il vaut mieux la garder que de faire l'essai périlleux d'un châtiment plus humain sans doute, mais dont on ignore la valeur.

Le vote du 1ᵉʳ juin 1791 est donc un vote de circonstances. Il en a toujours été de même en France. Chaque fois que les Assemblées ont eu à statuer sur la question de la peine de mort, les abolitionnistes ont réuni toutes les sympathies mais on a toujours cru que l'état du pays ne permettait pas d'accomplir une réforme si grosse de conséquences.

II

L'Assemblée ayant décrété le maintien de la peine de mort, une question restait à résoudre, ce châtiment serait-il réduit à la simple privation de la vie, ou bien conserverait-on les supplices?

Jusqu'alors, en effet, la peine de mort n'était pas dans la

1. Discours de Barère le 1ᵉʳ juin 1791. *Arch. parl.*, T. 26, p. 686.
2. *Ibid.*

plupart des cas le supplice rapide que nous connaissons aujourd'hui, il fallait intimider, et comme la mort seule, sans souffrances, n'était pas suffisante pour arrêter certains criminels les plus redoutables, on avait imaginé de leur infliger avant de les faire périr des mutilations et des tortures cruelles. On sait trop ce qu'étaient la roue, le feu, l'écartellement, etc., pour que nous nous attardions à les décrire (1).

Disons seulement que l'opinion s'était révoltée contre tant de cruauté. La plupart des publicistes réprouvent les supplices qui ne servent qu'à rendre le châtiment plus horrible et sont tout à fait inutiles pour arrêter la criminalité (2). Le plus grand nombre des cahiers souhaitent également que « la peine de mort soit exécutée d'une seule manière, la moins douloureuse (3) ». Quant au clergé, il émet le vœu qu'on accorde la communion aux condamnés à mort lorsqu'ils demanderont cette grâce, que le cadavre reçoive la sépulture ordinaire et qu'il ne soit fait dans l'acte de décès aucune mention du genre de mort.

Cependant il se trouve encore des gens pour réclamer le maintien des supplices. Ce ne sont point certes des partisans irréductibles de l'ancien état de choses, mais, au contraire, des hommes qui avaient embrassé les idées nouvelles Le régicide paraît à Brissot un crime si odieux qu'il « se refuse à calculer les peines dues à ces forfaits » et « s'il arrivait qu'un forcené... Ah ! ma voix ne s'est élevée que pour la défense de l'humanité, que ce monstre soit impitoyablement arraché du milieu des hommes : que livré à tout ce que la justice humaine a de plus effrayant et de plus terrible, l'affreuse image de son supplice aille dans tous les

---

1. V. *Supplices de Damiens* dans les *Causes célèbres*.
2. Desjardins, p. 54.
3.   *id.*, p. 55 et s.

âges épouvanter les frénétiques qui seraient tentés de l'imiter (1). »

De même, quand, au nom des comités, Le Pelletier de Saint-Fargeau proposa à l'Assemblée de décréter que la peine de mort serait réduite à la simple privation de la vie sans torture (2), Garat aîné (3) demanda que l'on fît une exception à cette règle pour le parricide, crime monstrueux dont on ne voit que trop d'exemples et dont le peuple ne paraît pas comprendre toute l'horreur, puisqu'on l'a vu « s'émouvoir dans les derniers temps à Versailles pour arracher au supplice un criminel qui avait commis un crime affreux de parricide ». Il faut donc un châtiment plus dur que la seule mort et l'orateur propose l'ablation de « la main impie qui aurait tranché les jours à l'auteur des siens ». C'est à ce propos que Barère prit la parole.

Pour lui, « ce n'est pas dans une moment d'orage que l'on doit juger l'événement de Versailles ». Certes la peine de mort est nécessaire dans l'état actuel du pays. Il faut la réserver « pour les assassins, les contrefacteurs d'assignats, les incendiaires, les empoisonneurs, les ennemis de la patrie, les ministres prévaricateurs ». « J'aurais bien désiré, ajoute-t-il, que le faux témoin dans les crimes capitaux fût puni de mort; car c'est un vil assassin. Mais du moins, à l'exemple de Solon, vous ne nommerez pas le parricide, rendons cet hommage à la nature. »

Le Pelletier de Saint-Fargeau ayant fait remarquer à l'As-

1. Brissot. *Les moyens d'adoucir la rigueur des lois pénales en France,* p. 55, on trouve également quelques cahiers qui demandent pour certains crimes une peine plus terrible que la peine ordinaire. V. Desjardins.

2. Séance du 1ᵉʳ juin 1791. *Arch. Parl.,* t. 26, p. 685 et s.

3. Garat (Dominique) Ustaritz (Basses-Pyrénées), 1735, même lieu 1799, avocat au parlement le 22 avril 1789 député du tiers aux états-généraux par le bailliage de Labour vota le plus souvent avec le parti constitutionnel.

semblée qu'il est de principe que la peine doit être grave, non seulement en raison de l'atrocité des crimes, mais en raison de leur fréquence, et qu'il existe heureusement pour réprimer le parricide deux obstacles, la loi et le sentiment de la nature, l'amendement de Garat auquel d'Aubergeon-Murinais avait proposé d'ajouter les empoisonneurs et les incendiaires fut rejeté. Mais, sur la proposition des comités, l'Assemblée décréta le principe suivant. « Sans aggraver en aucun cas les tourments, il y aura dans l'appareil du supplice des gradations analogues aux différents genres de crimes et proportionnées à leur intensité », et les comités furent chargés de déterminer le genre et le mode de ces gradations.

Notons, à ce propos, que Custine avait combattu ce principe. « L'Assemblée, avait-il dit, a conservé la peine de mort par la seule considération qu'un homme nuisible doit être soustrait à la société, je demande donc, non seulement que cette peine ne soit point accompagnée de tortures, mais qu'elle ne soit point aggravée par cet appareil effrayant qui la rend plus terrible à celui qui doit l'éprouver et que les exécutions se fassent à huis clos. Le législateur ne doit point aller au delà de ce qui est nécessaire pour la conservation de la société (1). » Ces paroles furent accueillies par des murmures, et Le Pellelier de Saint-Fargeau s'éleva contre cette proposition qui heurtait le principe que, pour être efficace par l'exemple, la peine ne doit pas être secrète. Il faut même qu'elle ait une très grande publicité, mais laissons ici la

---

1. L'amendement de Custine est bien différent du projet actuel de supprimer la publicité des exécutions capitales. Ce que l'on veut aujourd'hui, c'est mettre un terme aux scènes scandaleuses qu'occasionnent ces sortes de spectacles, Custine au contraire ne voyait dans la publicité de l'exécution qu'une aggravation du châtiment.

parole au député Dufau (1). Si l'on veut que la peine de mort réduite à la simple privation de la vie soit efficace : « Faites, dit-il, que la punition du coupable présente un spectacle imposant : liez au supplice l'appareil le plus lugubre et le plus touchant ; que ce jour terrible soit pour la patrie un jour de deuil ; que la douleur générale se peigne partout en grands caractères.

Imaginez les formes les plus compatibles avec une tendre sensibilité... Que le magistrat couvert du crêpe funèbre annonce au peuple l'attentat et la triste nécessité d'une vengeance légale. Que les différentes scènes de cette tragédie frappent tous les sens, remuent toutes les affections douces et honnêtes ; qu'elles inspirent le plus salutaire respect pour la vie des hommes ; qu'elles arrachent au méchant les larmes de repentir ; qu'elles appellent enfin les réflexions les plus morales et tous les sentiments civiques. »

Les comités ne crurent pas devoir entourer les exécutions capitales d'un appareil aussi grandiose et aussi lugubre qui vraisemblablement n'eût pas abouti au merveilleux résultat qu'entrevoyait Dufau. Le 3 juin (2) Le Pelletier de Saint-Fargeau soumit à l'approbation de l'Assemblée les dispositions suivantes qui formeront les articles 2, 3 et 4 du Code pénal (3) :

Art. 2. — La peine de mort consistera dans la simple privation de la vie, sans qu'il puisse jamais être exercé aucune torture envers les condamnés.

1. Médecin élu le 8 décembre 1789, député de la sénéchaussée de Dax, son mandat terminé, il devint le procureur syndic de la commune de Mont-de-Marsan.

2. *Arch. parl.*, t. 26, p. 719 et s.

3. Plus tard on modifia ces textes, et l'on ajouta certaines aggravations dans la forme du supplice pour les crimes d'assassinat, d'incendie et de prison (la chemise rouge) et pour le parricide (le voile noir). V. *Appendice*. Code pénal, art. 4.

Art. 3. — Tout condamné à mort aura la tête tranchée.

Art. 4. — L'exécution se fera sur la place publique de la ville où le juré d'accusation aura été convoqué.

L'Assemblée vota sans difficulté l'article 2 et l'article 4. Quant à l'article 3 il souleva une courte mais assez vive discussion.

Déjà la Constituante avait eu à s'occuper de cette question du mode d'exécution à mort. Le 1ᵉʳ décembre 1789, le député Guillotin (1) l'avait entretenue, dans un travail sur le Code pénal, d'une machine à décapiter avec laquelle, disait-il. « Je vous fais sauter la tête en un clin d'œil et vous ne souffrez pas ». L'Assemblée vota l'ajournement de ce projet. Le 21 octobre 1790 Guillotin revint à la charge et en même temps qu'il faisait voter par l'Assemblée le principe de l'égalité et de la personnalité des peines (2) il voulut faire décréter que le criminel serait décapité par l'effet d'un simple mécanisme. De nouveau l'Assemblée passa outre.

Le 3 juin 1791, quand fut voté le principe de la décapitation, Guillotin ne prit pas la parole, peut-être n'assistait-il pas à la séance, quoi qu'il en soit, il ne paraît pas que sa proposition antérieure ait eu quelque influence sur la décision prise par le comité de proposer la décapitation. Le Pelletier de Saint-Fargeau nous dit, en effet, que le comité a cherché le genre de mort qui faisait le moins souffrir le condamné ». Il se trouvait partagé entre celui de la potence et celui de la décollation, la peine de la potence lui a paru être plus longue et par conséquent plus cruelle.

Une autre considération, ajoute-t-il, a encore déterminé

1. Guillotin (Joseph-Ignace) médecin distingué né à Saintes en 1798 mort en 1814, député de Paris à la Constituante.
2. V. *supra*, p. 15.

l'avis de votre comité, c'est que vous avez déjà énoncé votre vœu d'éloigner de la famille des condamnés toute espèce de tache ou d'infamie résultant des crimes d'un de ses membres. Or, en présence des préjugés actuels de l'opinion, le genre de supplice que nous vous proposons est celui qui dispose le plus les esprits à accueillir le principe qui est dans vos cœurs. Mais les partisans de la pendaison, et entre autres Chabroud, se hâtèrent d'objecter que la décapitation exigeait beaucoup d'adresse, qu'elle pouvait exposer le condamné à des souffrances cruelles, et qu'enfin, l'effusion du sang est le plus horrible des spectacles à présenter au peuple. Pour répondre à ces critiques, Le Pelletier de Saint-Fargeau aurait pu dire qu'au moyen d'un mécanisme tous ces inconvénients étaient évités, il ne le fit pas. Tout d'abord il maintint le projet des comités puis après que ce projet eut obtenu la priorité il changea d'opinion et proposa « pour abréger cette triste discussion », une idée que venait de lui communiquer un ami de l'humanité et qui était de nature à concilier les deux opinions : « On évite, dit-il, à la fois l'effusion du sang qui proviendra de la décollation et les horreurs qui sont attachées à la potence en faisant attacher le condamné à un poteau et en l'étranglant avec un tourniquet ». C'est le garrot et nous sommes loin de l'invention de Guillotin ! L'Assemblée n'accueillit ce genre de supplice que par des murmures, il en fut de même d'ailleurs, quand aussitôt après Chabroud déclara que d'autres membres de l'Assemblée (il s'agit peut-être de Guillotin) avaient à proposer un autre genre de supplice « qui n'a ni l'horreur, ni l'appareil de la décollation ou de la potence. »

Ce qui paraît au contraire avoir emporté l'opinion de l'Assemblée en faveur de la décollation, ce sont les paroles suivantes de La Rochefoucauld-Liancourt qui terminèrent le débat et qui furent accueillies avec des applaudissements.

« Dans cette malheureuse et bien pénible discussion, dit-il, il est peut-être une considération qui vous fera pencher en faveur de l'avis du comité : c'est la nécessité de faire disparaître de la société un supplice qui a été si illégalement employé et qui a si malheureusement servi pendant la Révolution aux vengeances du peuple et à l'assouvissement de la rage. »

La machine de Guillotin ne fut définitivement adoptée que le 20 mars 1792 (1). Jusque-là aucun mode d'exécution n'avait été fixé et les sentences de mort n'avaient pu être exécutées, aussi le 9 mars 1792 le président de l'Assemblée législative, Aubert Dubayet, donna lecture d'une lettre des administrateurs composant le directoire du département de Paris que lui adresse Duport, ministre de la Justice, et qui expose que le « tribunal criminel étant dans le cas de faire exécuter un jugement de mort et la loi n'ayant pas déterminé le mode d'exécution du supplice de la décollation, il n'était pas possible d'en établir un autre que celui a été employé par le passé; mais l'exécuteur de la justice lui a témoigné la crainte de ne pas remplir le vœu de la loi. Ce vœu est de ne faire souffrir au condamné que la mort simple. L'exécuteur, faute d'expérience, craint de faire de la décollation un supplice affreux ; et c'est ce que nous sommes dans le cas d'appréhender... » Cette lettre fut renvoyée au comité de législation qui après avoir consulté le docteur Louis secrétaire perpétuel de l'Académie de chirurgie (2) fit voter le 20 mars 1792 le décret suivant :

1. V. pour cette séance et celle du 3 mars, *Arch. Parl.*, t. 39.

2. Le rapport sur cette question fut présenté à l'Assemblée dans la séance du 13 mars 1792 par Carlier, il est sans intérêt, le rapporteur se bornant à renvoyer à la consultation de Louis, donnée à Paris le 7 mars 1792.

« L'Assemblée nationale, après avoir décrété l'urgence, décrète que l'article 3 du titre I du Code pénal sera exécuté suivant la manière indiquée et le mode adopté par la consultation signée du secrétaire perpétuel de l'Académie de chirurgie, laquelle demeure annexée au présent décret ; en conséquence, autorise le pouvoir exécutif à faire les dépenses nécessaires pour parvenir à ce mode d'exécution, de manière qu'il soit uniforme dans tout le royaume. »

Le 25 avril 1792 la Guillotine, ou plutôt la Louisette comme on l'appela d'abord (1), était inaugurée en place de grève pour l'exécution d'un voleur et assassin nommé Nicolas-Jacques Pelletier.

1. Du nom du chirurgien Louis. V. sur la Guillotine, Maxime du Camp. *Paris*, T. III, Chereau, *Guillotin et la Guillotine*, Paris 1871. G. Lenôtre, *La Guillotine et les exécutions des arrêts criminels pendant la Révolution*, Paris, 1893. Seligman. *La Justice en France pendant la Révolution*, chap. X, p. 435.

CHAPITRE IV

Les Travaux publics

I

Sous l'ancien régime la peine la plus grave après la mort simple était celle des galères (1). On sait en quoi consistait ce châtiment, c'étaient les travaux forcés actuels, seulement, au lieu d'être envoyés dans les colonies, les forçats étaient réunis dans les ports de guerre où l'administration de la marine les employait à ramer sur des vaisseaux semblables aux antiques trirèmes qu'on appelait des galères. A l'origine ce fut un châtiment très dur, les forçats enchaînés sur leur banc, mal nourris, mal vêtus, privés de repos, avaient à supporter des fatigues énormes. Cependant, à l'époque où nous sommes, la peine des galères telle que nous venons de la décrire n'existait plus, le nom seul avait été conservé. A la fin du xviiie siècle, en effet, les forçats depuis longtemps ne ramaient plus sur les galères du roi, car les progrès de la navigation à voile avaient fait abandonner définitivement ces sortes de vaisseaux qui, sous Louis XIV déjà, n'étaient plus guère usités que dans la Méditerranée. Cette révolution nautique, en rendant les chiourmes inutiles, avait eu pour résultat d'améliorer notablement le sort des condamnés. L'administration de la marine les avait, en effet, installés dans les ports, où, quoiqu'ils fussent enchaînés et employés

1. V. Alhoy. *Les Bagnes.*

aux plus rudes besognes, ils n'avaient plus à supporter les fatigues et les privations de toutes sortes qu'entraînait autrefois le service des galères. La peine était donc devenue plus douce, et cet adoucissement, joint aux grands services que les forçats rendaient à la marine, explique peut-être pourquoi les philosophes et les criminalistes du xviiie siècle ne se préoccupent guère de la condition des forçats, et pourquoi l'opinion publique elle aussi se montre assez indifférente à leur égard. Dans quelques cahiers cependant, nous trouvons exprimées les idées que devait consacrer le Code pénal de 1791. Le tiers de Montpellier notamment, demande « que les condamnés aux galères soient appliqués aux travaux utiles au public et que leur sort soit adouci par un traitement humain et charitable de la part de ceux qui les commandent dans leurs travaux et les soignent dans leurs maladies. » Autrement dit, on voudrait enlever les forçats à l'administration des ports et les utiliser comme nous le faisons aujourd'hui dans les colonies, pour défricher le sol, dessécher les marais, travailler dans les mines, construire les routes, etc., pour les employer, en un mot, aux travaux publics les plus pénibles d'intérêt général ou régional. D'ailleurs, c'est ce que dit expressément le tiers de Corse (1) qui demande « la conversion de la peine des galères en un travail public au profit de la province. »

Telle ne fut point cependant l'opinion du comité qui adopta comme peines afflictives, le cachot, la gêne et la prison. A son avis, en effet, la peine des galères et celle des travaux publics sont loin d'offrir toutes les garanties d'exemplarité et d'efficacité que l'on est en droit d'attendre d'une bonne peine, parce que toutes deux reposent sur ce principe faux, le travail forcé. Ainsi, Le Pelletier de Saint-Fargeau nous

1. V. Desjardins, p. 63.

dit à propos des galères (1) : « Il existe un vice radical dans ce mode de punir les condamnés : leurs douleurs sont absolument perdues pour l'exemple. C'est dans un petit nombre de villes maritimes que les condamnés de tout l'empire sont conduits : il faut habiter Brest ou Toulon pour savoir quel est le sort d'un galérien et encore de quel spectacle sont témoins ceux qui considèrent de près cet établissement. Il s'y voit des abus intolérables, des hommes frappés d'une condamnation semblable et pourtant tout différemment traités ; les uns excédés de coups, de travail et de rigueur ; les autres ménagés, soignés, comblés de tous les adoucissements que comporte leur état ; et cela selon la faveur ou la haine, la préférence ou la prévention, l'indulgence ou la sévérité d'un gardien, d'un conducteur ou d'un commandant ; peut-être aussi un peu selon l'industrie ou l'oisiveté, la bonne ou la mauvaise conduite du forçat ; mais qui toujours, n'ont pour juge que le caprice d'un seul homme. »

La peine des travaux publics (2) présente les mêmes défauts, et Le Pelletier de Saint-Fargeau fait en outre observer que « dans une maison bien exactement fermée, il est fort aisé de garder un grand nombre d'hommes et une force publique assez modique peut y suffire. Pour contenir au dehors des malfaiteurs occupés à des travaux publics et les empêcher de s'échapper il faudrait presque autant de gardiens que de condamnés à garder... on ne pourrait épargner les frais de garde qu'en multipliant les rigueurs personnelles et en met-

1. *Arch. Parl.*, t. 26, p. 324.
2. *Arch. Parl.*, t. 26, p. 330. Le Code toscan avait remplacé la peine de mort par celle des travaux publics à vie cette peine était très dure, les condamnés portaient aux pieds un anneau rond en fer, la double chaîne, et un habit de forme et de couleur propre à les distinguer des autres, ils étaient pieds nus et on les employait aux travaux les plus rudes, ils portaient sur le dos un écriteau où étaient écrits ces mots « Dernier supplice ».

tant aux pieds du condamné un boulet pesant attaché à une chaîne de fer ; mais ce serait aggraver la peine. Enfin, si l'on veut que, sa peine terminée, le coupable puisse prendre place dans la société, non seulement, il faut le châtier, mais il faut surtout le régénérer et lui donner le moyen de gagner honnêtement sa vie. C'est-à-dire lui inspirer le goût du travail. Or, en réservant aux condamnés les besognes les plus rebutantes, en l'y obligeant par la force, on lui présente le travail sous sa forme la plus hideuse et loin de lui en donner l'amour on lui en inspire, au contraire, le dégoût et l'horreur. N'est-il pas plus utile et plus moral de pousser le condamné au travail par son propre besoin et par l'attrait de son intérêt ? » Cependant une objection se pose, puisque toutes les peines proposées par les comités doivent s'exécuter à l'intérieur d'une prison, quel travail vraiment utile et pour le prisonnier et pour l'État peut-on établir dans l'intérieur d'une maison, et surtout dans un cachot ? Rien cependant n'est plus facile, des faits sont là pour le prouver, mais laissons la parole à Le Pelletier de Saint-Fargeau : « Dans l'une des parties de la maison de Bicêtre, appelée *cabanum*, nous dit-il, les prisonniers étaient enfermés chacun séparément dans de petites cases placées à différents étages au-dessus les unes des autres. Un malheureux y était conduit et il n'avait en arrivant aucune aptitude, ni industrie particulière. Au bout de huit jours, il était instruit et travaillait utilement. Sans autre communication que par des paniers descendus avec des cordes, le nouveau venu recevait des anciens une instruction, des modèles, de la matière. Après quelques essais, il parvenait à réussir et il sortait de ses mains des travaux délicats et très bien finis. L'ouvrage achevé se descendait par la même voie. D'autres prisonniers moins resserrés le recevaient, le vendaient au public, et bientôt les paniers re-

montaient avec le prix de l'ouvrage et de nouveaux matériaux pour un nouveau travail. » Voilà qui paraît bien étrange
et nous avons quelque peine à croire Le Pelletier de Saint-
Fargeau quand il affirme que tout se passait « avec un ordre
et une fidélité bien remarquables entre de tels fabricants et
de tels courtiers ». D'ailleurs ce système de va et vient doit
présenter bien des inconvénients que l'orateur ne prévoit pas
et certes, nous n'oserions en proposer l'installation dans nos
prisons cellulaires.

Le 2 juin 1791 l'Assemblée Constituante eut à se prononcer
entre les deux opinions que nous venons d'exposer ; le rapporteur, en effet, posa la question suivante : « Les condamnés à des peines afflictives seront-ils employés à des travaux
publics ou seront-ils enfermés dans des maisons particulières ? » (1)

La discussion fut courte mais elle dévia souvent, car certains orateurs proposèrent à l'Assemblée un troisième système, le maintien des galères. Sans doute il n'était pas dans
l'intention des comités d'abolir cette peine immédiatement. Le
Pelletier de Saint-Fargeau répondant, au début de la séance,
à une observation du député Malès dit, en effet, « que les
condamnés qui sont à présent sur les galères subiront leur
peine jusqu'à ce que le temps soit expiré. » Mais Malouet (2)
voit dans cette vieille institution tant d'avantages qu'il demande à l'Assemblée de la conserver tout en l'améliorant. Il

1. *Arch. Parl.*, t. 26, p. 710 et s.

2. Malouet (Pierre, Victor baron de), né à Riom le 11 février 1740 mort à
Paris le 7 septembre 1814, entra dans l'administration au département de la
marine et des colonies, intendant de la marine à Toulon en 1780 il fut élu
député du tiers aux États généraux par la sénéchaussée de Riom, il fit partie du comité de la marine en l'an XI, il fut chargé d'outiller le port d'Anvers
et Louis XVIII le nomma ministre de la marine. Nous avons donc ici l'opinion d'un marin qui veut empêcher qu'on prive les ports des services que
leur rendent les forçats.

ne cherche point à en défendre le principe il démontre seulement, « que les travaux des ports reçoivent des secours évidents de cette réunion de condamnés. 6000 forçats sont distribués dans les ports de Brest, Toulon et Rochefort. Ces 6000 forçats coûtent à l'État 1.600.000 livres. D'après les calculs faits il y a, à peu près, un million de gagné par le travail de ces hommes et cependant, leurs vêtements, leur nourriture et ce qu'ils peuvent ajouter par leur travail même à leur nourriture, les mettent absolument hors de l'état des hommes qui souffrent physiquement : ils sont très empressés à demander eux-mêmes à être compris dans les distributions de corvée »... enfin, « malgré quelques accidents, résultant du séjour des forçats dans les ports, l'utilité qu'on en tire pour les travaux les plus fatigants est telle que l'administration des ports est intervenue plus d'une fois lorsqu'il a été question de changer la peine des galères. » Cependant, fait remarquer le député Delavigne (1), cette peine ne peut plus être conservée, car le régime des galères est incompatible avec la délibération prise la veille même et par laquelle l'Assemblée abolit la marque et conserve le principe de la réintégration du coupable dans la société. En effet, ajoute Ménard de la Groye (2) : « Je soutiens qu'un homme pervers qui peut se coaliser devient nécessairement plus pervers encore; que ce n'est point aux galères, que ce n'est point dans les prisons, que ce n'est point dans les lieux où les scélérats sont seuls ou ensemble, que jamais ils ne peu-

1. Delavigne (Jacques), Mantes (Seine-et-Oise) 1743, Paris 1824, avocat suppléant du tiers aux États généraux pour la ville de Paris ne fut appelé à siéger que le 1er février 1791, en remplacement de M. Poignat décédé.

2. Ménard de la Groye. Le Mans 1742, Angers 1813, conseiller du roi, juge magistral au siège de la sénéchaussée du Mans, élu député du tiers par cette sénéchaussée, siégea en l'an VII aux Cinq-Cents, fut plus tard baron de l'Empire.

vent se corriger; le moyen unique de les corriger c'est de les ı enfermer seul à seul. » La discussion s'égarait, Le Pelletier de Saint-Fargeau prit la parole pour en finir avec les partisɛns des galères. « Le comité, dit-il, ne se propose pas de dissɔudre les ateliers qui sont employés dans les ports: dissolutiɔn qui pourrait dans ce moment opérer un grand danger pour la chose publique. Il s'agit de savoir, si quant à l'avenir, il est absolument utile à la chose publique de fixer dans les ports les travaux des galériens, s'il est de l'intérêt public d'envoyer à l'extrémité de la France, les condamnés de tous les départements de la France, c'est-à-dire d'éloigner l'exemple du lieu où le délit a éclaté. »

Alors la délibération sur les travaux publics commença. « Au lieu des mots travaux publics qui ont été employés par le rapporteur, je propose, dit Rabaud-Saint-Étienne (1), que l'on se serve de l'expression: « travaux forcés » par opposition aux travaux libres qui appartiennent exclusivement aux hommes libres ». Tel est aussi l'avis de Demeunier (2) qui demande de poser ainsi la question : « Conservera-t-on oui ou non les travaux forcés comme base de Code pénal ? » Mais, lui objecte alors Le Pelletier de Saint-Fargeau, c'est changer absolument toute l'opinion de votre comité, or si vous voulez changer ce système, il faut au moins le discuter. C'est ce que fit Brillat-Savarin. « Je suis étonné, dit-il, que

1. Rabaud-Saint Étienne (Jean-Paul), Nimes 1743, Paris 1793, était avocat en même temps que pasteur.

2. Demeunier (Jean-Nicolas, comte) Nozeroy (Jura) 1751, Paris 1814, était censeur royal et secrétaire du comté de Provence, quand il fut élu député du tiers, aux états généraux par la ville de Paris, son mandat terminé il devint administrateur de cette ville jusqu'à ce que Petion en devînt maire, il partit alors pour les États-Unis et ne rentra en France qu'en l'an IV. Il fut ensuite président du tribunal membre du Sénat conservateur, membre de la légion d'honneur et comte d'Empire. A la Constituante il fut rapporeur du projet de décret sur la police municipale et correctionnelle.

sur une question aussi intéressante personne ne se soit donné la peine d'examiner ce que le comité vous propose de substituer aux travaux publics. Je trouve que son opinion aura non seulement les inconvénients des galères telles qu'elles existent, mais encore des inconvénients particuliers. Premier inconvénient : la dépense de construction des maisons de force dans quatre-vingt-trois départements ; second inconvénient, la corruption, car tout le monde sait que les hommes détenus dans ce qu'on appelle les maisons de force s'inoculent leurs vices. Ensuite, voici les inconvénients particuliers à l'opinion du comité : le premier, c'est que vous accoutumerez à l'oisiveté les criminels qui sont dans les maisons de force ; il y a des criminels qui aiment mieux vivre de pain et d'eau que de travailler ; c'est leur caractère commun. Ces travaux, dit-on, serviront d'exemple : eh bien ! messieurs, de deux choses l'une : ou le peuple qui les ira voir les soulagera par ses largesses, alors la peine cesse avec l'exemple ; ou il ne les soulagera pas, alors le peuple est méchant parce qu'il s'accoutume à voir souffrir ses semblables, et l'exemple est nul tandis que les ports vous présentent des travaux qui demandent un très grand nombre de bras, tandis qu'il vous reste des landes immenses à défricher, tandis que vous avez des canaux à ouvrir et des marais à dessécher. Envoyez là vos condamnés et ils seront utiles à la société ; ils deviendront meilleurs car ils contracteront l'habitude du travail. » Duport cependant ne croit pas à cette amélioration et il le démontre facilement en reprenant toutes les idées émises par Le Pelletier de Saint-Fargeau et que nous connaissons. Malgré son intervention l'Assemblée fut de l'avis de Brillat-Savarin, elle décréta « qu'il y aurait des travaux forcés auxquels les condamnés à des peines afflictives seront employés, dans le cas et de la manière déterminés par la loi. »

Le 3 juin 1791, l'Assemblée vota les articles 5 à 9 (1) qui consacrent le principe et fixent le mode d'exécution de la peine nouvelle qu'on appela d'abord *La Chaîne*, puis définitivement *Les Fers* (2), parce que les condamnés traînaient un boulet attaché par une chaîne de fer. Seul l'article 7 (8 du Code) souleva quelques observations. Le comité l'avait ainsi rédigé : « La peine de la chaîne ne pourra excéder vingt années », mais quelques députés firent observer qu'il valait mieux déclarer que la peine serait temporaire et ne pas fixer de maximum afin de pouvoir proportionner la peine aux délits auxquels elle devait s'appliquer. Le Pelletier de Saint-Fargeau admit cette considération et l'article 7 fut ainsi modifié : « La peine de la chaîne ne pourra en aucun cas être perpétuelle. »

Maintenant que nous connaissons les motifs pour lesquels les galères furent abolies, voyons en quoi consistait la peine des fers et quelle fut son histoire. L'article 6 du Code pénal de 1791 énumère les différents travaux auxquels pourront être employés les forçats, « les condamnés à la peine des fers, dit-il, seront employés à des travaux forcés au profit de l'État, soit dans l'intérieur des maisons de force, soit dans les ports et arsenaux, soit pour l'extraction des mines, soit pour le desséchement des marais, soit enfin pour tous autres ouvrages pénibles, qui, sur la demande des départements, pourront être déterminés par le Corps législatif. » Au premier abord, cet article paraît concilier les différents sys-

---

1. *Arch. Parl.*, t. 26, p. 721, ce numérotage fut modifié par suite de l'intercallation de la disposition relative à l'exécution des assassins, etc., art. 4 du code.

2. Nous n'avons pu trouver trace des raisons de ce changement d'appellation ; à notre avis il provient peut-être de ce qu'on voulut éviter la similitude de dénomination avec « la Chaîne » mode de transport des condamnés aux galères.

tèmes que nous avons vu exposer lors de la délibération et laisser à l'administration le soin d'employer les condamnés soit dans une maison de force, soit dans les ports ou arsenaux, soit à d'autres travaux pénibles selon les besoins du moment. En réalité il n'en est pas ainsi et la rédaction de cet article est confuse. Dans l'intention du comité, les condamnés aux fers devront, au point de vue de l'exécution du châtiment, être rangés dans trois catégories différentes, suivant les crimes qu'ils auront commis, de telle sorte qu'en fait l'article 6 contient trois peines différentes : *les galères de terre, le cachot, le travail dans une maison de force,* c'est ce que Le Pelletier prit soin d'exposer à l'Assemblée avant de lui soumettre les articles concernant la peine des fers. « ... Vous avez été frappés (1), dit-il, de cette idée, qu'il y aurait un grand danger de priver les ports et les arsenaux des travaux des condamnés ; dans ce moment-ci une grande partie des condamnés employés à ces travaux qui portent improprement le nom de galères, sont absolument nécessaires. Vous avez pensé en outre, Messieurs, qu'il pouvait être utile d'employer les condamnés, non seulement aux travaux des ports et des arsenaux, mais encore à ceux des mines, au desséchement des marais, etc...

C'est d'après ce principe que vos comités vous proposent une peine afflictive, une peine correspondante à celle des galères, qui sera à proprement parler les galères de terre, qui, privisoirement et dans ce moment-ci, maintiendra les condamnés aux travaux auxquels ils sont employés, et qui laissera au département et au Corps législatif la latitude nécessaire pour former des dépôts de condamnés dans les lieux où leur présence sera nécessaire pour

1. *Arch. Parl.*, t. 26, p. 719.

des travaux durs et pénibles ; mais pour des travaux utiles.

... « Voilà donc, Messieurs, le premier ordre de peines ; ce sont les travaux forcés conformes au principe que vous avez décrété hier ; les condamnés porteront la chaîne. Mais, Messieurs, il est une autre espèce de criminels qu'il serait dangereux de joindre à d'autres, employés à des travaux communs et utiles. Ce sont, par exemple, ceux qui se sont rendus coupables du crime de lèse-nation, mais dont la gravité du délit ne sera pas au premier chef et ne leur fera pas encourir la peine de mort. Alors il pourrait y avoir un grand inconvénient à livrer ces criminels d'État aux travaux publics. Vos comités ont pensé qu'il fallait une peine particulière, non seulement pour ces criminels, mais encore pour ceux qui à raison de leurs crimes, qui ne les conduiraient pas à la peine de mort, ne devraient pas être joints à la troupe des autres condamnés aux travaux publics, parmi lesquels ils pourraient répandre leurs vices, ils ont pensé qu'ils devraient être enfermés dans un lieu obscur où ils soient privés de toute communication avec leurs semblables. » — « Enfin, Messieurs, il est d'autres crimes moins graves tels que ceux pour lesquels dans l'ordre actuel, il était d'usage d'appliquer la peine du bannissement : tout le monde est d'avis qu'il faut supprimer la peine du bannissement, et lui en substituer une autre. Condamner ceux qui seraient susceptibles de la peine du bannissement, aux galères de terre, ce serait aggraver leur peine ; c'est pour ces circonstances que les comités vous proposent un troisième ordre de peines, c'est de les renfermer dans des maisons où il leur sera offert des travaux volontaires ; voilà donc les trois ordres de peines que vos comités vous proposent... Ces condamnés seront traités comme les condamnés à la gêne sur le produit de leur travail, un tiers sera prélevé

au profit de l'État, un tiers leur sera remis au moment de
leur sortie de la maison et un tiers leur permettra de se procurer une meilleure nourriture. »

Telle est l'économie de la peine des fers qui en réalité
comprend trois châtiments distincts. Cependant, rien sans
doute ne put être organisé sérieusement, on dut continuer
« provisoirement » d'envoyer les condamnés aux fers travailler dans les ports.

Le 6 octobre 1792, par conséquent exactement une année
après la promulgation du Code pénal, le secrétaire de la Convention, Guadet, donna lecture à l'Assemblée de la lettre suivante du ministre de la Marine :

Paris, le 5 octobre 1792, l'an I de la République,

Monsieur le président,

J'ai l'honneur de rendre compte à la Convention nationale qu'en exécution des lois précédemment rendues ou non
abrogées, j'avais ordonné les préparatifs nécessaires dans
les départements pour la translation des condamnés à la
peine des fers aux lieux par où devait passer la chaîne chargée de les conduire au bagne de Brest. L'engorgement des
prisons de Rouen, Caen et autres villes ne m'avait pas permis d'apporter le moindre retard à leur évacuation : cependant la loi du 3 septembre me laisse dans l'incertitude.
Puis-je continuer par la voie de la chaîne la translation
des condamnés à la peine des fers dans le port de Brest?
Cette loi abolit la peine des galères, par effet rétroactif, en
la commuant en celle des fers. Déjà quelques observations
me sont parvenues des départements : je prie la Convention
nationale de remarquer combien il est urgent qu'elle prenne

une détermination quelconque au sujet des condamnés à la
peine des fers, qui se trouvent rassemblés en différents ports
afin que je puisse suspendre ou accélérer le départ de la
chaîne pour Brest : j'insiste d'autant plus sur cet objet qu'en
aggravant par des voyages et des cumulations inutiles la rigueur des lois envers ces infortunés, je manquerais à mon
devoir et cependant je ne puis rien statuer ultérieurement
sur leur translation définitive que la Convention nationale
n'ait prononcé (1).

Signé : Monge.

De cette lettre, il semble résulter que le ministre de la
Marine avait, comme par le passé, pris ses mesures pour que
les individus condamnés aux fers et qui devaient provisoirement être utilisés dans les ports, fussent conduits au moyen de
la chaîne au port de Brest, mais les galères ayant été abolies
d'abord par le Code pénal et définitivement par la loi du
9 septembre 1792 qui commue la peine des galères en celle
des fers pour tous les condamnés aux galères à perpétuité
ou à temps, qui n'auront pas subi leur peine pendant le temps
fixé par leur jugement, ou pendant un temps égal au plus
long terme fixé par le Code pénal ; une question très importante se posa, celle de l'organisation de la nouvelle peine
des fers. Les condamnés allaient-ils dépendre encore du département de la marine ? Le ministre devait-il comme par le
passé employer la chaîne pour transférer les condamnés
dans les ports ? Devait-on laisser ces derniers là où ils se
trouvaient ou les utiliser ailleurs ? Toutes questions qu'une
loi seule pouvait résoudre. En attendant, la Convention devait statuer provisoirement et d'urgence. Pour cela elle

1. *Arch. Parl.*, t. 42, p. 525.

rétablit « provisoirement » les galères ; elle adopta sans discussion le décret suivant proposé par Defermon : « La Convention nationale décrète que la peine des fers sera provisoirement remplacée par celle des galères ; que les condamnés seront à cet effet transférés à la manière accoutumée,
dans les ports, et que le temps de leur peine comptera du
jour qu'ils auront été exposés aux regards du public en exécution de leur jugement. » Ce provisoire dura jusqu'à la
promulgation du Code pénal de 1810 qui abolit les fers pour
les raisons suivantes. Les hommes seuls pouvaient être condamnés aux fers, les femmes, nous le verrons, étaient enfermées dans des maisons de force et astreintes au travail pour
le compte de l'État, ainsi le second degré de l'échelle des
peines était pour les hommes, les fers et la réclusion pour
les femmes, cette différence choqua le législateur de 1810,
et il remplaça la peine des fers par celle des travaux forcés
qui peut être appliquée aux deux sexes, en donnant à chacun l'espèce de travail qui peut lui convenir. Ainsi les femmes ne pourront être employées à des travaux que dans
une maison de force ; les hommes pourront être employés
à toute espèce de travaux pénibles, avec les précautions suf-
fisantes pour prévenir leur révolte ou leur évasion. Le nouveau code ne fait plus la distinction indiquée par Le Pelletier de Saint-Fargeau il n'établit plus qu'un châtiment unique
analogue à celui que Le Pelletier qualifiait de « galères de
terre. »

Si la peine des fers ne fonctionna jamais pour les crimes
de droit commun elle fut appliquée jusqu'en 1857 aux condamnés pour délits militaires ; et dans l'exposé des motifs
du Code de justice militaire pour l'année de terre présenté
le 9 juin 1857. Le rapporteur prend soin de nous donner
quelques détails sur la façon dont elle fut exécutée pendant

la Révolution. Cette peine, analogue aux travaux forcés à temps, avait remplacé les galères de l'ancien droit, et était appliquée par les lois des 12 mai 1793 et du 21 brumaire an V aux crimes contre la discipline. Avant l'an VII les condamnés aux fers étaient tous envoyés indistinctement dans les bagnes de Brest, de Rochefort, de Toulon et de Lorient, lorsqu'un arrêté du Directoire exécutif, du 12 thermidor de ladite année, modifia cette disposition et établit des bagnes spéciaux au Havre et à Nice pour les militaires condamnés à raison d'insubordination seulement. Plus tard le bagne de Lorient leur fut spécialement affecté ; on séparait ainsi les condamnés militaires des forçats, avec lesquels ils étaient confondus d'abord, on adoucissait la peine dans son mode d'exécution mais on lui laissait son caractère infamant, c'est pourquoi l'arrêté du 19 vendémiaire an XII fit un pas de plus et supprima la peine des fers en matière de désertion et y substitua pour les sous-officiers et les soldats seulement les peines du boulet et des travaux publics. Les condamnés au boulet étaient employés dans les grandes places de guerre à des travaux spéciaux, ils traînaient un boulet de huit attaché à une chaîne de fer de deux mètres et demi de longueur (1). Cette peine comme celle des fers fut définitivement abolie par le Code de justice militaire de 1857 qui voulut « restreindre le plus possible, le nombre des peines qui ont un caractère infamant (2), et qui, par cela même, vont le plus souvent au-delà de ce qu'exige la nature des crimes et des délits militaires. ».

1. Sur le régime des condamnés au boulet, V. art. 46 et 47 ou décret de l'an XII.

2. La Cour de cassation avait attribué à ces châtiments le caractère des peines afflictives et infamantes après quelques hésitations cependant. V. not. en sens contraire. Cass., 12 juin 1830. (S. et P. chr.)

II

Du moment que l'Assemblée Constituante admettait le principe des travaux forcés il était nécessaire d'établir à côté de la peine des fers telle qu'on la comprenait, un châtiment de même ordre mais différent pour les femmes, on ne pouvait songer, en effet, à leur faire exécuter des travaux pénibles comme la construction des routes ou le desséchement des marais et à leur river au pied une chaîne de fer et un boulet. Aussi, créa-t-on pour elles une peine spéciale : « La réclusion dans une maison de force ». Déjà sous l'ancien régime les femmes n'étaient point envoyées aux galères mais à l'hôpital (1) le législateur de 1791 reprend le même système. Dans les cas, dit l'article 9, où la loi prononce la peine des fers pour un certain nombre d'années, si c'est une femme ou une fille qui est convaincue de s'être rendue coupable desdits crimes, ladite femme ou fille sera condamnée pour le même nombre d'années, à la peine de la réclusion dans une maison de force, là elles seront employées dans l'enceinte de la maison à des travaux forcés, au profit de l'État. Le genre de ces travaux sera déterminé par les corps administratifs. Ajoutons pour terminer ce point que la peine de la réclusion dans une maison de force de même que les fers ne devait en aucun cas être perpétuelle et qu'un

1. V. Jousse. De même le Code toscan remplaçait pour les femmes, la peine des travaux forcés par celle de la prison (*ergastolo*) à vie, les détenues devaient être rasées et obligées aux travaux auxquels elle pourraient être propres, elles seront habillées différemment des autres et auront un écriteau, cousu à leur habit, où seront écrits ces mots : *dernier supplice*.

décret devait fixer, dans quel nombre et dans quels lieux seraient formés les établisements desdites maisons. Ce décret comme tous ceux qui devaient intervenir concernant le régime pénitentiaire ne fut jamais promulgué.

CHAPITRE V

La gêne et la détention

Les articles 14 à 20 qui furent adoptés sans discussion (1)
sont consacrés à la peine de la gêne. C'est un châtiment
nouveau car il n'y a rien d'analogue dans la liste, si longue
pourtant, des peines appliquées sous l'ancien régime. Voici
en quoi consiste la gêne : c'est l'emprisonnement solitaire en
un lieu éclairé, le condamné n'est chargé d'aucun lien, mais
il doit être constamment seul, il ne doit avoir, dit l'article 14,
aucune communication avec les autres condamnés ou avec
les personnes du dehors. Par là, le châtiment édicté par le
code de 1791 diffère de la réclusion actuellement usitée et
qui se subit en commun, il en diffère en outre en ce que le
condamné à la gêne, n'est pas obligé de travailler. « Aucune
violence dit Le Pelletier de Saint-Fargeau (2) ne le contraindra
d'être laborieux. Vos comités ont pensé plus efficace et plus
moral de l'y porter en le faisant jouir du produit de son industrie. Une partie sera employée pour améliorer sa nourriture, toujours réduite au pain et à l'eau s'il ne gagne pas
une plus douce subsistance. Une partie sera conservée pour
lui être remise au moment où il recouvrera sa liberté après
la peine accomplie. Un tiers seulement sera prélevé pour la

1. Séance du 3 juin 1791. *Arch. Parl.*, t. XXVI, p. 723.
2. Rapport, *ibid.*, p. 329.

masse commune de la dépense de la maison. Le fonds réservé pour l'instant de la sortie des condamnés a paru à vos comités une mesure utile : ainsi le besoin et la nécessité ne le pousseront pas à un nouveau crime à l'instant même où son premier crime vient d'être expié. » Ainsi le condamné à la gêne pourra travailler dans sa cellule. Le produit de son travail sera reporté selon des principes actuellement encore en vigueur, de plus il choisira lui-même le travail qui lui plaira parmi les travaux qui seront autorisés par les administrateurs des maisons de force, cette restriction au libre choix des condamnés fut introduite dans l'article 15 à la suite d'une observation de Tuaut de la Bouverie (1) qui fit remarquer « qu'il était impossible de laisser le travail au choix du prisonnier, autrement, il choisirait des ouvrages qui exigent des instruments de fer ou qui exigent du chanvre ou du lin, avec le secours desquels il fabriquerait des cordes et il se sauverait. Tel que nous venons de l'exposer, le régime de la gêne diffère sensiblement de ce qui avait été tout d'abord proposé à l'Assemblée par les comités. D'après eux, le condamné à la gêne, quoiqu'il fût enfermé seul, devait cependant porter une ceinture de fer autour du corps et être attaché avec une chaîne, mais à la différence des condamnés à la peine du cachot il ne devait point porter de fers aux pieds ni aux mains : cinq jours par semaine, ajoute Le Pelletier de Saint-Fargeau (2), il travaillera seul ; mais cette solitude ne devant pas être aussi absolue ni aussi rigoureuse que celle des condamnés au cachot, deux jours par semaine il pourra se réunir avec les autres condamnés, uniquement pendant le travail et pour un travail commun. Ces deux jours-là, pendant le travail, sa chaîne lui sera ôtée. Enfin, pour que

1. Rapport *Ibid.*. p. 723.
2. *Arch. Parl.*, t. XXVI, p. 329.

son châtiment pût servir d'exemple, une fois chaque mois le peuple pourra entrer dans le lieu de la gêne, et les condamnés seront exposés à ses regards avec leurs chaînes. Leur nom, leur crime, leur jugement seront également inscrits au-dessus de la porte du lieu de leur détention. Cette peine sera au plus de quinze ans et au moins de quatre. Elle sera toujours terminée par un an de prison, laquelle année fera partie des quinze ans de la condamnation ou du moindre nombre d'années fixé pour sa durée. Ce projet ne fut même pas mis en discussion, les comités remanièrent les articles concernant la gêne et le régime qu'ils proposèrent et qui fut adopté sans amendement est celui que nous avons examiné tout d'abord.

Comment fonctionna-t-il? nous ne le savons pas, la Constituante avait voté la création de prisons qui devaient être aménagées de façon à permettre l'application des divers systèmes pénitentiaires qu'elle avait adoptés, mais les différents gouvernements qui suivirent, occupés d'autres soins, n'eurent ni le loisir ni le moyen de réaliser ce vœu. On continua donc à se servir des prisons de l'ancien régime et les condamnés à la peine de la gêne durent être enfermés dans des cachots. Le Code pénal de 1810 supprima la gêne. « Cette peine, disent les rapporteurs (1), était prononcée quelquefois pour vingt ans, nous, avouerons ajoutent-ils, que nous n'avons pas reconnu dans cette occasion les sentiments philanthropiques de l'Assemblée Constituante. Quel est donc le sort d'un homme enfermé pour vingt ans, sans espoir de communication ni à l'intérieur ni à l'extérieur? n'est-il pas plongé vivant dans son tombeau ? Quelle peut être d'ailleurs l'utilité de cette peine ? On ne peut pas dire qu'elle est établie

1. Séance au Corps législatif du 1er février 1810.

pour l'exemple, puisque le condamné, soustrait à tous les yeux, est mort, pour ainsi dire à la société : d'ailleurs il est presque impossible qu'une disposition qui introduit une séquestration aussi sévère soit jamais exécutée. » Ces raisons nous paraissent être les véritables critiques que l'on puisse adresser à la gêne. Telle qu'elle avait été organisée définitivement, cette peine était beaucoup trop sévère et à ce point de vue le projet primitif exposé par Le Pelletier de Saint-Fargeau, quoique contenant quelques excès, était de beaucoup préférable.

De même que la gêne, la détention, la moins grave des peines afflictives, est un châtiment nouveau. En effet, sous l'ancienne monarchie, l'emprisonnement n'était pas appliqué aux condamnés de droit commun et quelques juridictions spéciales avaient seules le droit de le prononcer. A cette époque les prisons servaient seulement à retenir « l'accusé qui avait mérité qu'on décernât contre lui un décret de prise de corps et le débiteur contre lequel il avait été rendu un jugement qui le condamnait à payer une somme quelconque, à quoi il n'avait pas satisfait (1). » En un mot dans l'ancienne France l'emprisonnement, pour les criminels de droit commun, ressemblait à notre détention préventive et les prisons n'étaient que des lieux de garde (2). C'est à ce point de vue que se placent également les rédacteurs des cahiers. Tous s'inquiètent de l'état lamentable des géôles, tous demandent l'amélioration du sort des prisonniers, mais aucun ne songe à l'amélioration du coupable, aucun ne veut faire de

1. Guyot. *Rép.* vᵒ Prison.

2. Jousse t. I, p. 81. V. sur tous ces points Desjardins *Les cahiers...* p. 439 et s. La question des prisons était une de celles qui passionnaient le plus ceux qui à la fin du xviiiᵉ siècle s'occupaient de droit pénal. V. sur ce sujet, A. Rivière, article dans la *Revue des prisons*, 1891, p. 652.

l'incarcération une peine. Sans doute, quelques-uns nous disent que les prêtres devront visiter les prisonniers et leur porter les consolations de la religion mais c'est pour éviter la démoralisation qui accompagne toujours l'oisiveté, d'autres demandent que l'on établisse des ateliers dans les prisons, mais ce n'est pas pour donner au détenu un métier qui lui permettra de gagner plus tard sa vie honnêtement, c'est disent-ils, pour occuper ceux qui sont détenus au lieu de les laisser dévorer par l'ennui qui suit toujours l'oisiveté.

Donc ici encore l'œuvre des comités et de l'Assemblée Constituante est originale. S'inspirant des idées de Howards et de ceux qui au xviii° siècle s'étaient occupés de ces questions ils posèrent des principes qui sont encore vrais aujourd'hui, puisque nos maisons centrales sont à peu près la réalisation de ce que voulurent les Constituants. Les articles 20 à 28 du Code pénal de 1791 réglementent le mode d'exécution de la détention. Les condamnés, nous disent-ils, seront enfermés dans l'enceinte d'une maison, les femmes et les hommes séparément; comme subsistance on ne leur donnera que du pain et de l'eau, s'ils ne peuvent se contenter de cette nourriture, ils devront travailler, le produit de leur travail sera réparti conformément aux règles que nous avons étudiées à propos de la gêne. Les détenus, de même que les condamnés à la gêne, pourront choisir le travail qu'ils préfèrent parmi ceux qui seront autorisés par l'administration. Ils pourront en outre à leur gré travailler seuls (1) ou en commun, sauf, ajoute l'article 22, « les réclusions momentanées qui pourront être ordonnées par ceux qui ont la police de la maison. » Mesure d'ordre qui parut nécessaire à l'Assemblée pour empêcher les condamnés rassemblés dans le même lieu de

---

1. Ce sont les principes qui sont aujourd'hui appliqués par la loi du 5 juin 1875, art. 3.

comploter la mort de leur gardien (1). Les prisonniers ne devaient d'ailleurs se réunir que pendant la durée du travail. En effet, nous dit Le Pelletier de Saint-Fargeau, on placera « les prisonniers dans des réduits séparés, au lieu de les entasser dans les salles communes, comme ils le sont aujourd'hui dans la plupart des maisons de force. Ce moyen plus salubre rendra aussi plus facile la police des prisons et la garde des condamnés. Il ne sera pas dispendieux d'établir par quelques cloisons ces petites cases séparées. » C'est le système auburnien tel qu'il est pratiqué aujourd'hui dans quelques-unes de nos maisons centrales. En outre, pour assurer l'exemplarité du châtiment les comités voulaient que le jour où le peuple serait admis dans la maison, les condamnés fussent exposés aux regards du public dans leur prison particulière et que sur leur porte fût placée l'inscription indicatrice du nom du condamné, du crime et du jugement. Sauf cette dernière partie, la proposition des comités fut adoptée et l'on décida en outre « qu'un décret particulier fixerait dans quel nombre et dans quels lieux seraient formés les établissements des dites maisons de détention » (art. 27).

Malheureusement il en fut ici comme pour la gêne (2), pendant toute la période révolutionnaire on n'eut pas le temps de faire des réformes et les condamnés à la détention furent enfermés dans les anciennes prisons. On sait ce qu'elles valaient et nous ne nous arrêterons pas à rapporter les doléances des agents du gouvernement qui visitèrent alors les prisons départementales.

1. Séance du 9 juin 1791, *Arch. Parl.*, t. 26, p. 723.
2. V. Les travaux préparatoires du Code d'instruction criminelle de 1808, séance du 6 décembre 1808. V. pour l'état des prisons pendant la Révolution, aux archives nationales, séries, AD. III 51-52 et la série FI⁰. III qui contient les rapports décadaires des agents du gouvernement dans les départements, rapports qui renferment des renseignements intéressants sur l'état des prisons.

CHAPITRE VI

La déportation

Au dernier degré de l'échelle des peines afflictives nous trouvons la déportation qui, disons-le de suite, n'est pas à proprement parler une peine mais un moyen de débarrasser le pays des éléments les plus dangereux pour sa sécurité, les récidivistes pour crimes. Sous l'ancien régime la récidive, nous le verrons (1), ne donnait lieu qu'à une aggravation de peine arbitrée par le juge de telle sorte que, leur peine terminée, les récidivistes pouvaient demeurer en France et y commettre de nouveaux crimes. Il est vrai qu'on avait donné aux juges le moyen de reconnaître les individus qui avaient déjà subi une peine et par conséquent d'arbitrer le châtiment selon la gravité de la récidive. Ce moyen c'était *la Marque.*

« Cette peine, nous dit Jousse (2), est presque toujours jointe à celle du fouet ou à celle des galères et ne se prononce presque jamais seule. Elle a été introduite afin qu'on puisse reconnaître à cette marque ceux qui ont subi l'un ou l'autre de ces supplices et qu'on les punisse plus sévèrement en cas de récidive. » Ce châtiment consistait, on le sait, à tracer sur l'épaule du condamné une lettre au fer rouge. C'était

1. V. *infra.*
2. Jousse, t. I, p. 57.

alors le seul moyen connu de reconnaître les récidivistes,
aussi la question de la marque préoccupa-t-elle sérieusement les rédacteurs du Code. Ils l'abolirent mais non sans hésitations. « Nous avons, dit Le Pelletier de Saint-Fargeau (1),
hésité quelque temps à vous proposer d'en abroger l'usage ;
mais voici quels sont les motifs qui nous ont déterminés. Il
nous a paru qu'une empreinte corporelle indélébile était incompatible avec le système des peines temporaires, puisqu'elle perpétue, après l'époque fixée pour le terme de la
punition, une flétrissure qui n'est pas une des circonstances
les moins insupportables du châtiment. Cette empreinte
quoique non apparente peut si souvent et si facilement se
trahir, qu'elle écartera presque toujours le malheureux qui
la porte d'un état honnête et dès lors des moyens légitimes
de subsister.

Demeurât-elle constamment invisible et inconnue, la
conscience de son opprobre poursuivra partout le condamné ; dégradé et flétri à jamais dans son être physique,
comment son âme pourra-t-elle soulever le poids de la honte,
et dans l'espoir de mériter l'estime des hommes, contem-
pler la récompense d'une conduite pure et sans reproche ? »
Enfin, les comités ont confiance dans le « nouvel ordre de
nos institutions » où il sera bien moins facile au méchant de
se perdre et de se confondre dans la foule. « La trace de
son existence ne peut guère s'effacer ; des registres exactement tenus dans chaque municipalité présenteront le dénom-
brement de tous les membres qui composent la grande famille. Il faudra que chacun ait un nom, un état, des moyens
de subsistance ou des besoins notoires. » L'état de vagabond
et d'inconnu si fréquent autrefois deviendra plus rare et

1. *Arch. Parl*, t. 26, p. 324.

avertira suffisamment la police de prendre des mesures répressives contre des hommes justement suspects à la société. »

L'Assemblée accepta ces raisons et dans la séance du
1er juin 1791 (1) elle vota le principe que la réintégration
dans l'état de citoyen pourrait avoir lieu et qu'aucune marque indélébile ne serait imprimée sur la personne du condamné. Cependant il fallait songer à prendre des mesures
pour reconnaître les récidivistes. Il y avait là une lacune
dans le projet et dans la séance du 4 juin 1791 (2), lors de
la discussion des articles sur la récidive, le député Bouche (3)
fit remarquer avec raison que dans l'état actuel de la législation, « un homme se rendra coupable par exemple dans
le département du Var, du crime qui méritera la peine de
la récidive, il ira ensuite dans le département du Morbihan
commettre le même crime, voilà certainement une récidive,
mais où les preuves de la récidive se trouveront-elles? Il
s'ensuivra de là que cet homme sera puni une seconde
fois comme s'il n'était coupable que pour la première. »
L'Assemblée comprit la justesse de cette observation et
chargea son comité de Constitution de lui proposer, sans
délai, ses vues sur les moyens de reconnaître les coupables
qui auraient récidivé. Nous n'avons trouvé trace nulle part
d'aucune proposition du Comité à ce sujet.

Le souci du relèvement du coupable qui, nous venons de
le voir, entraîna l'abolition de la marque, fut également la
cause principale de l'admission de la déportation au nombre
des peines. Un individu qui a commis une première fois un

1. *Arch. Parl.*, t. 26, p. 690.
2. *Ibid.*, p. 740.
3. Bouche, il y eut à l'Assemblée Constituante deux députés de ce nom
qui sans doute étaient les deux frères, nous ignorons lequel est l'auteur de
cette motion.

délit et qui a subi sa peine dans des conditions telles qu'il a désormais tous les éléments nécessaires pour se reclasser est certainement un criminel incorrigible s'il vient à commettre de nouveaux crimes. Son exemple ne peut que nuire aux autres, il faut que la société s'en sépare à jamais. Déjà contre certains criminels, l'ancien droit avait employé une peine appelée *le bannissement* qui repose sur le même principe. Ce châtiment pouvait être prononcé soit pour toujours, soit pour trois, cinq, six ou neuf années suivant les circonstances et la qualité du crime ; il répond assez, disent les vieux auteurs, « à la relégation qui était en usage chez les Romains (1). » Malheureusement cette peine était mal organisée de telle sorte qu'au lieu d'être efficace elle se trouvait être une des sources les plus abondantes de la récidive. En effet, « elle ne s'ordonne jamais, nous dit encore Jousse, que hors la juridiction du juge qui la prononce ». C'est-à-dire qu'un individu condamné au bannissement par un parlement devait quitter le ressort et ne pas y rentrer pendant toute la durée de sa peine. Il pouvait aller partout ailleurs sans être soumis à aucune surveillance. De là des inconvénients graves qui avaient fait de cette peine un véritable fléau et que font ressortir les publicistes du xviiiᵉ siècle, Voltaire, et Mably (2) notamment et surtout Boucher d'Argis (3). « Cette peine, nous disent-ils, n'est point assez sévère pour servir d'exemple surtout à ceux qui sont sans fortune et souvent sans domicile. Bien plus, c'est une punition illusoire que les condamnés ne ressentent pas et à laquelle plusieurs savent se soustraire en disparaissant au sein des grandes

1. Jousse. T. I, p. 65, en réalité le bannissement ressemble beaucoup plus à notre interdiction de séjour actuelle qu'à la relégation ou à la déportation.
2. Voltaire. *Dictionnaire philosophique*, v. *Bannissement*. Mably. *De la législation...*, livre III, chap. IV.
3. *Observations...*, p. 169 et s.

villes. D'ailleurs l'émigration d'un coupable peut-elle le rendre meilleur? » Il ne fait que porter ses penchants vicieux et, ses détestables habitudes dans une province voisine et, quand même la sentence du bannissement aurait ce merveilleux effet de le ramener au bien, où trouvera-t-il confiance et asile une fois qu'on saura qui il est, et il est impossible qu'on ne le sache pas? Il est réduit au vagabondage qui l'entraînera aux plus grands crimes. Ces critiques étaient certainement justifiées par les faits, c'était parmi les bannis que se recrutaient surtout les vagabonds et les inconnus si nombreux alors et qui terrorisaient les villes et surtout les campagnes; aussi, les cahiers demandent-ils la suppression d'une peine « par laquelle un village, une ville, une province font entre eux l'échange de leurs malfaiteurs (1) ». Le législateur de 1791 ne pouvait songer à rétablir contre les récidivistes ce châtiment si universellement réprouvé (2), il fallait chercher autre chose. Depuis longtemps, les Anglais pratiquaient un autre système qui avait pour effet de débarrasser radicalement le pays de tous les éléments dangereux. On transportait aux colonies tous les individus frappés d'un emprisonnement de plus de trois ans (bill de 1718).

De 1718 à 1776, on les avait envoyés aux Antilles et dans les colonies de l'Amérique du Nord, depuis 1788 la transportation avait lieu en Australie (3). En France on avait également fait dans ce sens quelques tentatives, à différentes reprises au xviie siècle, des convois de condamnés avaient été envoyés au Canada et en Louisiane, enfin, en 1763, sur l'ordre de Choiseul, 1.500 vagabonds et mendiants avaient été

---

1. Autun, *tiers*, art. 35.
2. V. *supra*.
3. V. de Blosseville. *La colonisation pénale de l'Angleterre en Australie.* Paris, 1859.)

transportés en Guyane sur les bords du Kourou où ils étaient presque tous morts, depuis lors les projets de colonisation pénale n'avaient plus eu de suites, mais l'idée avait été reprise par les publicistes, notamment par les partisans de l'abolition de la peine de mort qui voyaient là un excellent moyen de remplacer cette peine. « Rarement, dit Voltaire (1), les voleurs sont punis de mort en Angleterre ; on les transporte dans les colonies », il en est de même en Russie et l'ami de Catherine II ne manque point d'ajouter qu'il arrive presque toujours que les coupables relégués en Sibérie y deviennent gens de bien, ce qu'il eût été fort embarrassé de prouver.

Ainsi, telle qu'on la comprenait alors, la transportation aux colonies ressemblait beaucoup à ce que nous appelons aujourd'hui la relégation, qu'à la transportation au sens actuel du mot. C'était une mesure éliminatrice. La déportation établie par le Code de 1791 présente également ce caractère. Le Pelletier de Saint-Fargeau dit en effet dans son rapport (2) : « Il est encore une autre peine dont l'établissement est demandé par plusieurs personnes instruites et que vous n'avez pas trouvée dans notre plan ; je veux dire la déportation. Nous avons pensé que toute peine éloignée du lieu du délit manquait du caractère principal d'une peine utile ; celui de rendre l'exemple présent et durable. Il nous a paru d'ailleurs que la déportation était une peine qui pourrait n'être pas efficacement répressive pour la classe la plus nombreuse des malfaiteurs. Mais voici de quelle manière la déportation nous semble pouvoir être utilement pratiquée. C'est pour le cas de la récidive. Quiconque aura été repris de justice criminellement, et condamné pour la seconde fois subira la peine

---

1. *Commentaire des livres des délits et des peines*. X.
2. *Arch. parl.*, t. 26, p. 330.

portée par la loi contre son délit ; mais lorsqu'il aura été satisfait à l'exemple, il sera conduit au lieu fixé pour la déportation. Par là, vous remplirez le double objet et de punir la récidive, et de délivrer la société d'un malfaiteur incorrigible. » Ces principes sont consacrés par l'article 1er du titre II du Code pénal concernant la récidive que nous étudierons plus loin. Voyons maintenant comment on voulait que ces idées fussent appliquées et si l'on en fit l'expérience.

Quoique la loi du 22 vendémiaire an IV relative aux mendiants et vagabonds emploie indifféremment les expressions transportation et déportation, il ne faut pas confondre le châtiment édicté par cette loi avec celui du Code pénal. La transportation de la loi de vendémiaire ne diffère que fort peu de le transportation actuelle. C'est une peine spéciale aux vagabonds et aux mendiants récidivistes, elle ne peut être moindre de huit années et s'exécute dans les colonies où les transportés sont astreints au travail sous la surveillance de la force armée.

Un conseil d'administration, ajoute la loi, sera établi dans la colonie et chargé de faire exécuter les ordonnances et règlements pour la discipline, l'ordre du travail, la culture, la recette etc... Le 11 brumaire an II, la Convention décréta qu'un établissement pour 400 individus serait aménagé dans la partie sud-est de l'île de Madagascar au lieu ci-devant dit Fort Dauphin qui se nommera de ce jour le Fort la loi. Ce décret ne concerne point la déportation qui, non seulement, nous le verrons, ne fut jamais appliquée, mais qui même ne fut jamais réglementée. Le Code pénal, en effet, mentionne seulement cette peine et laisse à des lois spéciales, qui ne furent jamais promulguées, le soin de fixer les détails de son exécution. Quant au lieu où devront être conduits les déportés, « il sera, dit l'article 30 du Code de

1791, déterminé incessamment par un décret particulier. »
Voici la raison de ce laconisme. Lorsque, dans la séance du
9 juin 1791, le rapporteur eut donné lecture de l'article 28
du projet, ainsi conçu : « La peine de la déportation aura
lieu dans le cas et dans les formes qui seront déterminées
ci-après », Malouet émit l'opinion suivante : « Puisque l'Assemblée est, dit-il, dans l'intention de mettre la déportation
au nombre des peines, je lui demande de décréter que la
déportation ne pourra avoir lieu que dans les îles désertes.
L'exemple de l'Angleterre nous prouve le danger de trans-
porter dans les colonies ; chez les Anglais, la déportation se
fait dans les colonies du continent ; les habitants de ces
colonies s'en sont plaints plusieurs fois et en ont été très
incommodés, nos colonies seraient effrayées d'une pareille
population. » Le Pelletier de Saint-Fargeau lui répondit : « La
réflexion du préopinant n'a pas échappé aux comités et ils
en ont senti toute la justesse. Le comité de mendicité a,
comme le comité de jurisprudence, des vues sur ce mode de
déportation. En conséquence, les deux comités ont été trouver le ministre de la Marine pour conférer avec lui ; il est
dans l'intention des comités et du ministre, non pas de
souiller nos colonies, mais de former sur les terres diverses
de la côte d'Afrique un établissement séparé, uniquement
destiné à recevoir et les mendiants de la classe la plus dangereuse et en même temps les condamnés à la peine de la
déportation (1). »

Peut-être s'agissait-il déjà de Madagascar ? En tous cas
il est certain que jamais cette peine ne fut appliquée. En
effet, une loi du 23 floréal an X la supprime et déclare que :
« Tout individu qui aura été repris de justice pour un crime

1. *Arch. Parl.*, t. 26, p. 769 et s.

qualifié tel par les lois actuellement subsistantes, et qui
sera convaincu d'avoir, postérieurement à sa première condamnation, commis un seul crime emportant la peine afflictive, sera condamné à la peine prononcée par la loi contre
le dit crime, et en outre, à être flétri publiquement, sur
l'épaule gauche de la lettre R. » (art. I) (1). C'était donc le
rétablissement de la marque pour les récidivistes pour crimes et le rapporteur de la loi, Berlier, nous en donne les raisons.

« Quand l'Assemblée Constituante, dit-il, cette Assemblée
qui fit de si grandes choses, abolit la marque pour les condamnés, elle voulut épargner la flétrissure perpétuelle à des
individus qu'elle présumait susceptibles de se corriger, et
même de se faire réhabiliter par le magistrat. Mais elle
avait, en même temps, dans la prévoyance des récidives, établi la déportation, qui, en retranchant de fait et à perpétuité
le coupable de la société, semblait rendre inutiles toutes précautions ultérieures. Ces vues eussent été remplies si l'on eût
préalablement organisé la déportation ; mais depuis onze
ans que cette peine est inscrite dans nos lois, son exécution
n'a pas encore été réglée et la difficulté qu'il y avait à s'occuper d'une telle opération, au milieu surtout des obstacles
de la guerre (2), fait que cette institution est encore sans

1. Mentionnons ici plusieurs arrêts de Cassation qui ont annulé des décisions rendues par des Cours d'appel qui avaient jugé « que la peine de la
déportation pour récidive n'était pas suspendue et qu'elle devait être cumu-
lée avec la flétrissure édictée par la loi du 22 floréal an X », c'était faire une
fausse application de cette loi qui abolit la déportation parce qu'on ne peut
l'exécuter, et lui substitue la flétrissure, V. Cass., 22 pluviôse an XI (B. 86 S.
et P. chr.) et 18 floréal an XI (B. 134 S. et P. chr.)

2. Cette loi est du 23 floréal an XI (13 mai 1802) la paix avec l'Angleterre
venait d'être signée à Amiens le 25 mars 1802, l'Angleterre nous avait rendu
nos colonies rien ne s'opposait donc plus à ce qu'on organisât la déportation ;
on ne le fit pas par raison d'économie peut-être. Quoi qu'il en soit, ce sys-

organisation aujourd'hui. « Cette déportation, ajoute-t-il plus loin, se résout de fait en détention ».

Ainsi, contre les récidivistes pour crime les législateurs de 1791 avaient voulu employer la déportation, ils avaient trouvé la véritable solution du problème, celle à laquelle bien des années après nous avons dû revenir pour arrêter le fléau de la récidive de tout ordre.

Ils avaient, en effet, fort bien compris que pour des criminels endurcis comme le sont les récidivistes aucune peine n'est efficace, la société ne peut être tranquille qu'en les éliminant.

Pour en finir avec la déportation il nous faut dire quelques mots d'une peine que les lois révolutionnaires postérieures au Code pénal organisèrent et qui, elle aussi, s'appelle la déportation. Cette peine, analogue à notre déportation simple, diffère de la transportation des vagabonds et des mendiants ainsi que de la déportation des récidivistes en ce qu'elle a le caractère d'une peine politique. Elle est, en effet, instituée par l'article 9 du titre II du décret du 10 mars 1793, qui créa à Paris un tribunal criminel extraordinaire (tribunal révolutionnaire) chargé de connaître des crimes et des délits politiques. Ce fut, avec la guillotine, le moyen dont la Convention se servit pour se débarrasser de ses ennemis, elle l'employa surtout contre les prêtres insermentés et les individus dénoncés pour incivisme par « six citoyens dans le canton (1) ». Cette déportation différait encore des deux autres,

tème fut étendu par la loi du 12-22 mai 1806 et par le Code pénal de 1810 art. 20 sous prétexte que la flétrissure faisait une vive impression sur les hommes grossiers (Locré. *Code pénal*). La flétrissure ne disparut de notre législation qu'en 1832 (loi du 28 avr. 1832 art. 12).

1. V. not. Décret du 2 avril 1793 contre les prêtres insermentés. Décret du 7 juin 1793 modifiant l'art. 6 du Tit. II du décret du 10 mars 1793. Décret du 17 septembre 1793, qui applique aux déportés les décrets relatifs aux émigrés. Décret du 5 frimaire an II qui porte que la déportation ne pourra plus être prononcée « que pour la vie entière de celui qui y sera condamné. »

en ce que les déportés n'étaient pas envoyés au même lieu. L'article 7 du décret du 11 brumaire an II qui fixe à Madagascar le lieu de déportation des mendiants et vagabonds porte : « Il n'est point dérogé par le présent décret à celui qui détermine le lieu de déportation des prêtres ». Ce lieu était, on le sait, la Guyane. Des trois déportations c'est la seule qui fut appliquée.

CHAPITRE VII

L'exposition publique

Nous avons vu que primitivement, les comités voulaient donner au peuple accès dans les lieux où s'exécutaient les peines afflictives, lieux qui devaient être rapprochés de l'endroit où le crime avait éclaté. De cette façon le châtiment des condamnés au cachot, à la gêne et à la prison aurait pu servir d'exemple à ceux qui auraient été tentés de les imiter. En outre, ces peines emportant infamie (1), cette exhibition aux yeux de la foule était le côté infamant du châtiment. Mais le maintien de la peine de mort, l'adoption de celle des fers, qui s'exécutait loin du lieu où elle avait été prononcée, et peut-être aussi, l'hostilité de l'Assemblée, les obligèrent à modifier, sur ce point leur projet. Pour faire sentir à la fois au peuple et au condamné lui-même toute l'ignominie du crime, il ne resta plus que l'exposition publique qui est l'ancienne peine infamante du Pilori modernisée.

Selon l'article 28 qui fut voté sans discussion, « quiconque aura été condamné à l'une des peines, des fers, de la réclusion dans la maison de force, de la gêne, de la détention, avant de subir sa peine, sera préalablement conduit sur la place publique de la ville où le jury d'accusation aura

1. Rapport de Le Pelletier de Saint-Fargeau. *Arch. parl.*, t. XXVI, p. 329.

été convoqué (1). Il y sera attaché à un poteau placé sur un
échafaud, et il y demeurera exposé aux regards du peuple ;
pendant six heures, s'il est condamné à la peine des fers ou
de la réclusion dans la maison de force, pendant quatre heures s'il est condamné à la détention. Au-dessus de sa tête sur
un écriteau seront inscrits en gros caractères ses noms, sa
profession, son domicile, la cause de sa condamnation, et
le jugement rendu contre lui. »

Comment fut appliqué ce texte ? Nous l'ignorons. Peut-être
même rien ne fut-il organisé ? Quoiqu'il en soit, à partir de
l'an IV l'exposition n'eut plus lieu que dans un seul endroit
du département car l'article 445 du Code des délits et des
peines dit que l'exécution de la condamnation se fera sur
une des places publiques de la commune où le tribunal criminel tient ses séances. En décidant ainsi, l'auteur de ce
Code allait à l'encontre des idées des Constituants et faussait
l'institution.

En 1791, en effet, on avait fort bien compris que, pour être
efficace, c'est-à-dire pour laisser dans l'esprit du condamné
et de la foule une impression forte et durable de honte et de
flétrissure, il fallait que le coupable fût exposé près du lieu
où il avait commis son crime, là où le plus souvent il était
connu, mais, laissons ici la parole à Bexon : « Cette exposition, dit-il, pourrait être utile à la correction des condamnés, si elle était le terme de leur peine ; mais elle ne fait
que précéder le châtiment que la loi leur a infligé ; d'ailleurs, ce n'est pour eux qu'un acte auquel la plupart sont
insensibles, ou contre lequel ils s'irritent, et qui, dans tous

1. Au chef-lieu de chaque district. V. loi des 16-29 septembre 1791. *De la
justice criminelle et des jurés*. Tit. I et 10, et Esmein. *Histoire de la procédure criminelle*, p. 421. Comp. Code toscan, art. LIX. « L'exposition du coupable à la porte du prétoire doit préciser l'exécution des peines ».

les cas, s'oublie pendant la durée de leur peine. Pour la flétrissure qu'elle imprime dans l'opinion, à la personne du condamné, et pour l'exemple qu'elle peut offrir, cette exposition peut être plus utile.

Mais j'observerai que tout le fruit en est nécessairement perdu par la manière dont cette exposition a lieu. Elle ne se fait que dans le chef-lieu de chaque département dans la commune où siège le tribunal criminel (1), et toujours à la même place, ce sont donc les mêmes personnes à peu près qui ont constamment ce tableau pénible et douloureux sous les yeux, si elles sont sensibles et vertueuses ; ou celles sur lesquelles ce spectacle de la flétrissure du criminel est bien inutile par la perversité de leur cœur, et devient d'ailleurs moins puissant par l'habitude d'en être témoins. Il faudrait donc, pour remplir l'objet de cette exposition, qu'elle se fît alternativement dans différents quartiers, dans diverses places des grandes communes, dans plusieurs endroits de chaque département, par exemple, pour ceux-ci, comme le disaient nos premières lois criminelles, en 1791, pour chaque condamné dans le lieu où le jury d'accusation aurait été convoqué, parce que l'exemple serait plus frappant, la peine plus honteuse, et que cette exposition ferait plus d'impression et sur le peuple et sur les condamnés. Et dans les grandes communes, telles que Paris et autres, dans l'arrondissement de l'officier de police judiciaire qui aurait commencé et instruit la procédure du condamné (2).

Le Code pénal de 1810 (3) conserva l'exposition publique

1. V. art. 264, C. délits et des peines, et art. 244, de la Constitution de l'an III.

2. Bexon. *Parallèle,* p. 78.

3. En 1852 on ajouta à cet article les deux paragraphes suivants: « En cas de condamnation aux travaux forcés à temps ou à la réclusion, la Cour d'as-

pour les condamnés aux travaux forcés à perpétuité ou à temps et à la réclusion, il la supprima pour l'emprisonnement qu'il transforma en une peine correctionnelle. Comme auparavant, ou continua d'exposer les condamnés sur la place publique du lieu où la condamnation avait été prononcée, c'est-à-dire au chef-lieu du département puisqu'il s'agit d'affaires soumises au jury. La durée de l'exposition fut réduite à une heure, quel que fût le degré de la peine. Les travaux préparatoires ne nous donnent pas les raisons de ce changement. Peut-être les rédacteurs du Code avaient-ils compris que ces sortes d'exhibitions, si elles pouvaient être utiles à quelques-uns, étaient pour la plupart des hommes un spectacle immoral et inutile. Enfin, le 12 avril 1848, les membres du gouvernement provisoire décrétèrent l'abolition de cette peine.

« Considérant que la peine de l'exposition publique dégrade la dignité humaine, flétrit à jamais le condamné et lui ôte, par le sentiment de son infamie, la possibilité de la réhabilitation ;

« Considérant que cette peine est empreinte d'une odieuse inégalité, en ce qu'elle touche à peine le criminel endurci, tandis qu'elle frappe d'une atteinte irréparable le condamné repentant ;

« Considérant enfin que le spectacle des expositions publiques éteint le sentiment de la pitié et familiarise avec la vue du crime. »

---

sises pourra ordonner par son arrêt que le condamné, s'il n'est pas en état de récidive, ne subira pas l'exposition publique. » « Néanmoins l'exposition publique ne sera jamais prononcée à l'égard des mineurs de dix-huit ans et des septuagénaires. »

CHAPITRE VIII

Les peines infamantes.

Les peines infamantes, c'est-à-dire « celles qui affligent seulement l'accusé dans son honneur et sa réputation et qui le rendent infâme » étaient fort nombreuses sous l'ancien régime. Les vieux auteurs citent notamment, l'amende honorable, le blâme, le bannissement, l'amende, la dégradation de noblesse, la privation d'office, etc. Il y en avait même de ridicules comme celle que l'on prononçait en outre du fouet, contre certaines femmes de mauvaise vie et qui consistait à les promener par les rues « à cheval sur un âne avec un chapeau de paille ». Ce qui choque dans ce système, c'est le trop grand nombre des peines « qu'on avait variées et multipliées sous tant de formes que l'honneur semblait susceptible de se diviser en fraction et qu'un criminaliste éclairé pouvait seul distinguer si telle condamnation emportait infamie et jusqu'à quel point elle déshonorait le condamné. » Pour remédier à cette multiplicité des peines infamantes, certains cahiers demandent qu'on réduise la note d'infamie, comme la peine de mort, à un petit nombre de cas. D'autres vont plus loin et pensent: « que l'on aura égard à ce que la perte de l'honneur est peu de chose pour quiconque n'a pas rougi de commettre une action honteuse afin que cette perte ne trouve pas lieu d'une peine pécuniaire, à laquelle beaucoup d'individus seraient plus sensibles, et

qu'elle ne soit point infligée à une classe de citoyens qu'elle
ne punirait pas. » Mais, ce que demandent surtout les cahiers,
c'est l'abolition de la dégradation de noblesse qui est désho-
norante pour le tiers état, « car c'est en quelque sorte insul-
ter un ordre qui renferme tant d'honnêtes gens que d'y relé-
guer un homme convaincu de crime. » (1)

Suppression de la multiplicité des peines infamantes et
égalité de tous devant ce châtiment, telles sont donc les réformes que souhaite l'opinion publique. Pour les réaliser,
certains cahiers proposent d'établir une peine qui ne donne
pas lieu aux mêmes objections puisqu'elle fait perdre un
titre commun à tous et précieux pour tous (2). Ce châtiment,
qu'adoptèrent les comités et l'Assemblée, c'est la dégradation
civique. Il s'exécute différemment, nous le verrons, suivant
qu'il s'agit d'un homme, d'une femme ou d'un étranger,
mais avant d'exposer son mode d'exécution il nous faut indiquer son caractère. A ce propos, Le Pelletier de Saint-Fargeau nous dit (3) : « Déclarer qu'un tel a commis tel crime,
c'est le couvrir d'infamie, de l'infamie qui sort moins encore
du jugement que de la mauvaise action. Cette déclaration
doit avoir la plus grande publicité, pour que la société soit
avertie de se tenir en garde contre le coupable, pour que
l'exemple ait un éclat salutaire, pour que la honte du con-»
damné soit d'autant plus pénible qu'elle est plus notoire. Il
faut que le condamné paraisse devant le peuple dans un état
humiliant, c'est-à-dire qu'il faut que le peuple le voie pendant quelques heures tout chargé de l'opprobre de son crime.
L'homme ainsi dégradé, ajoute-t-il, est indigne d'être citoyen
français ; il sera déclaré déchu de tous ses droits. Cette peine

---

1. Saint-Gratien, *Des lois fondamentales*, art. 24. Desjardins, p. 69.
2. Desjardins, *ibid*.
3. *Arch. Parl.*, t. 26 p. 331.

appartient surtout aux pays libres, où l'honneur d'être citoyen est compté pour quelque chose. »

Pour ces raisons, la dégradation civique qui ressemble
beaucoup à l'ancienne peine du pilori fut entourée de solen-
nités destinées à frapper l'imagination de la foule et à lui
montrer toute la valeur de cette qualité de citoyen dont le
condamné était déclaré déchu. Le coupable était donc conduit sur la place publique du lieu où siégeait le tribunal qui
avait prononcé la sentence. Le greffier lui adressait à haute
voix les paroles suivantes : « Votre pays vous a trouvé convaincu d'une action infâme ! la loi et le tribunal vous
dégradent de la qualité de citoyen français. » Après quoi,
on l'attachait au carcan, il restait ainsi exposé aux yeux de
la foule pendant deux heures, avec au-dessus de sa tête un
écriteau qui portait, écrits en gros caractères, ses noms, son
domicile, sa profession, le crime qu'il a commis et le jugement rendu contre lui.

Pour les femmes, les filles, les étrangers et les repris de
justice, le châtiment était le même mais il prenait alors le
nom de « carcan » car il ne s'agissait pas de dégrader un
individu de sa qualité de citoyen français. La formule prononcée par le greffier différait aussi, il disait simplement :
« Le pays vous a trouvé convaincu d'une action infâme ».
Les articles 32 et 33 que nous venons d'étudier furent modifiés par la loi du 31 août 1792 qui porte que les femmes
condamnées à la peine du carcan et qui seront trouvées
enceintes au moment de la condamnation ne seront point
exposées en public mais qu'elles garderont prison pendant
un mois à compter du jour de leur jugement, qui sera imprimé, affiché et attaché à un poteau planté à cet effet sur
la place publique.

Le Code de 1791 n'indique pas comme celui de 1810, les

incapacités et les déchéances qu'encourent les condamnés à
la dégradation civique, cependant les travaux préparatoires
de ce dernier code nous apprennent qu'il n'a rien été innové
à cet égard et que la dégradation civique consiste toujours
dans la destitution et l'exclusion du condamné de toutes
fonctions ou emplois publics et dans la perte du droit d'être
juré, expert, témoin, etc. (1). C'est à peu près la seule res-
semblance qui subsiste entre la dégradation civique telle
que l'avait établie le Code de 1791 et la peine prononcée
par l'article 34 du Code de 1810 qui supprime l'exposition
publique et la formule prononcée par le greffier. Ce Code
conserva la peine du carcan, mais il en fit une peine spéciale applicable aux hommes comme aux femmes, de plus,
il supprima la formule édictée par le Code de 1791 et rédui-
sit à une heure la durée de l'exposition. La réforme de
1832 abolit définitivement cette peine.

1. Séance du Corps législatif du 1er février 1810.

CHAPITRE IX

Des effets des condamnations.

I

Le titre IV du livre premier du Code de 1791 est consacré aux effets des condamnations. Il fut voté presque sans discussion dans la séance du 6 juin 1791 (1). Ici encore, nous nous trouvons en présence d'une des grandes réformes de la Constituante en matière pénale.

Si nous lisons les auteurs qui ont écrit sur l'ordonnance de 1670, ils nous disent que la condamnation à mort, aux galères à perpétuité, ou au bannissement perpétuel, et hors du Royaume emporte confiscation de biens où elle a lieu et par rapport aux pays où elle n'a pas lieu, le juge doit prononcer une amende modique, au profit du roi ou du seigneur (2). Quant aux autres condamnations tantôt on les prononçait seules, tantôt elles emportaient l'amende ou certaines déchéances spéciales comme par exemple dans le cas de lèse-majesté et duel, la dégradation de noblesse (3).

La confiscation était au xviii° siècle une des pénalités les plus décriées. Sans doute personne ne conteste qu'il soit légitime de frapper un coupable dans sa fortune mais il

1. *Arch. Parl.*, t. 27, p. 4.
2. Rousseau de Lacombe, p. 586.
3. Muyard de Vouglans, p. 77.

paraît inique de lui enlever cette fortune tout entière. Montesquieu (1) et Voltaire (2) notamment lui adressent de vives critiques « ce n'est pas assez, dit l'auteur du *Diction-naire philosophique*, de faire mourir un homme pour ses fautes, il faut encore faire mourir de faim ses enfants ».

Les cahiers sont unanimes pour en demander l'abolition et ils ne trouvent pas d'expressions assez fortes pour flétrire, « ce monument de l'ancienne barbarie, reste de l'avarice féodale (3). » L'Assemblée Constituante supprima la confiscation en même temps qu'elle proclamait l'égalité et la personnalité des peines par le décret du 30 janvier 1790.

A la place des multiples déchéances qu'entraînaient les condamnations dans l'ancien droit, à la place de la confiscation, le législateur de 1791 institua un régime tout à fait nouveau et beaucoup plus humain. Tout d'abord toutes les peines édictées par l'article 1er, la mort exceptée, entraînaient pour les condamnés, la déchéance de tous les droits attachés à la qualité de citoyens actifs, l'électorat et l'éligibilité, et les rendaient incapables de les acquérir sauf par l'effet de la réhabilitation qui, si elle laissait subsister la condamnation elle-même, en effaçait du moins, nous le verrons plus loin, tous les effets.

En outre, pour les condamnés à l'une des peines des fers, de la réclusion dans la maison de force, de la gêne ou de la détention, la condamnation entraînait indépendamment de la déchéance politique la perte, pendant toute la durée de la peine, de l'exercice des droits civils (4). Ils

1. *Esprit des Lois*, liv. V, chap. XV.

2. *Dict. phil.*, vº *Confiscation* ; *Comment. du livre des délits et des peines*, chap. XXI : et *Prix de la Justice*, XXVII.

3. Langres. *Les trois ordres*. Desjardins, p. 70.

4. Le texte de l'article 2, porte « quiconque... etc., ne pourra, pendant la durée de la peine, exercer par lui-même aucun droit civil.

étaient pendant ce temps en état d'interdiction légale, et il leur était nommé un curateur (1) pour gérer et administrer leurs biens, le curateur était nommé (art. 3) dans les formes ordinaires et accoutumées pour la nomination des curateurs aux interdits. Les biens du condamné devaient lui être remis après qu'il aurait subi sa peine, et le curateur devait lui rendre compte de son administration et de l'emploi de ses revenus.

Toutes ces dispositions étaient excellentes, car pendant qu'il était en prison ou aux travaux publics le condamné se trouvait dans l'impossibilité matérielle d'exercer ses droits civils. Remarquons en outre que le Code de 1791 est beaucoup plus explicite et plus complet sur ce point que celui de 1810, l'article 29 de ce code ne reproduit que d'une façon imparfaite les dispositions que nous venons d'étudier, il oublie notamment de dire de quels droits civils sera privé le condamné, de là une source de discussions.

Cette *interdiction légale*, comme on ne tarda pas à appeler ce système, avait en outre dans la pensée des Constituants un autre but, celui d'empêcher le condamné de se procurer de l'argent pour corrompre ses geôliers ou pour obtenir des adoucissements à ses peines ; ils voulaient, nous l'avons vu, que le travail du condamné fût le seul moyen d'adoucir son sort. Aussi, prirent-ils toutes les précautions nécessaires pour qu'il ne puisse se procurer de l'argent. « Pendant la durée de sa peine, dit l'article 5, il ne pourra lui être remis aucune portion de ses revenus, mais il pourra être prélevé

---

1. On le nomme curateur parce qu'on était encore sous l'empire des traditions du droit romain et de notre ancienne jurisprudence civile, d'après lesquelles les interdits pour démence ou autres causes recevaient non pas un tuteur mais un curateur. V. Ortolan, t. II, n° 1555. Le Code pénal de 1810 reproduit cette expression, qui ne cadre plus avec le système du Code Napoléon qui institue la tutelle des interdits.

sur ses biens les sommes nécessaires pour élever et doter ses enfants ou pour fournir des aliments à sa femme et à ses enfants, à son père ou à sa mère, s'ils sont dans le besoin. Mais, pour qu'on soit bien sûr que c'est à cette seule fin que ces sommes sont prélevées et aussi pour que les biens du condamné ne puissent être dilapidés à la faveur de ce prétexte, l'article 6 dispose que ces sommes ne pourront être prélevées sur ses biens qu'en vertu d'un jugement rendu à la requête des demandeurs, sur l'avis des parents et du curateur et sur les conclusions du commissaire du pouvoir exécutif.

Enfin, les conducteurs des condamnés, les commissaires et gardiens de maisons où ils seront enfermés doivent veiller à ce qu'ils ne reçoivent pendant toute la durée de leur peine aucun don, argent, secours, vivres ou aumônes, parce qu'il ne peut leur être accordé de soulagement qu'en considération et sur le produit de leur travail. Ils sont responsables de leur négligence, à exécuter cet article, sous peine de destitution.

Telle est l'origine, et tels sont les motifs de l'interdiction légale que le code de 1810 et les différentes lois qui l'ont modifié ont conservée sans la modifier.

Quant à la déchéance de l'article 1er, elle fut modifiée par l'article 28 du Code de 1810 qui lui substitua certaines déchéances spéciales, celles d'être jurés, experts, témoins, etc. La loi du 28 avril 1832 les remplaça par la dégradation civique.

II

Dans l'ancien droit, toute condamnation à mort par contumace, aux galères, au bannissement à perpétuité et à la détention en maison de force, c'est-à-dire toute condamnation à une peine perpétuelle, emportait la mort civile à laquelle certaines coutumes ajoutaient même la confiscation des biens du condamné. Cette déchéance ne fut abolie dans nos lois qu'en 1854. Avant d'aborder la question de savoir si le Code de 1791 conserva la mort civile, il nous faut dire en peu de mots en quoi consistait cette déchéance.

« La mort civile, nous dit Jousse (1), est celle qui, sans priver de la vie naturelle, fait perdre tous les droits attachés à la qualité de citoyen. » Ordinairement, elle avait pour effet de priver ceux qui y étaient condamnés de tous les droits établis par les dispositions du droit civil. Ils ne pouvaient agir en justice, être héritiers ni recueillir aucune succession, ils étaient incapables de recevoir aucun legs, si ce n'est pour aliments, ils ne pouvaient disposer par testament ni faire ni recevoir aucune donation ou substitution entre vifs. Enfin, par la mort civile, tous les biens du condamné passaient au fisc, ou aux héritiers de ce condamné, dans les pays où la confiscation n'avait pas lieu. La mort civile ne privait cependant point le condamné des facultés qui dépendent des droits des gens : comme de pouvoir passer des contrats de vente, achat, louage et échange, exiger les arrérages de ses rentes, etc., à plus forte raison, elle ne les privait point des facultés qui sont fondées sur le droit naturel, comme de pouvoir contracter mariage. Mais ces sortes de mariages ne pouvaient avoir aucun effet civil, les enfants qui en étaient issus ne pouvaient succéder à leurs père et mère, toutefois on reconnaissait généralement au père, quoique mort civilement, le droit de puissance paternelle sur ces enfants. Dès la promulgation du Code de 1791, la question de savoir si la mort civile existait encore se posa à propos des seules peines

1. Jousse, t. II, p. 535.

perpétuelles conservées par les Constituants, la condamnation à mort par contumace et la déportation. Certainement
il était dans l'intention des comités d'établir en ces matières, non pas peut-être la mort civile telle qu'elle existait dans
l'ancien droit, mais quelque chose d'analogue. Dans la séance
du 4 juin 1791, comme l'Assemblée discutait le titre de la
récidive, Duport (1) demanda d'instituer la déportation même
pour les récidivistes condamnés une première fois à la dégradation civique ou au carcan. Le Pelletier de Saint-Fargeau lui
répondit: « Il s'agit de savoir actuellement si le condamné,
qui est repris de justice et qui mérite une peine infamante,
c'est-à-dire la peine de la dégradation civique, sera déporté ;
c'est-à-dire s'il éprouvera *une espèce de mort civile*, ou bien
si sa punition sera aggravée. Pour entendre la question, il
faut savoir à quel crime s'applique la dégradation civique:
elle s'applique à un très petit nombre de cas. Elle ne s'applique point aux violences, elle ne s'applique point au vol,
elle s'applique à quelques actions de bassesse. L'homme qui
viole le secret d'une lettre, par exemple, fait une infamie, et
en conséquence, il est dans le cas de la dégradation civique.
Or, voulez-vous, Messieurs, que cet homme qui a commis
ce délit, qui s'est flétri dans la société, *lui voulez-vous imprimer la mort civile*, voulez-vous l'arracher à son pays ?
Voici un autre cas, c'est celui qui insulte, d'une manière
grave, un fonctionnaire public. Or, un homme, dans un
moment d'emportement, aura manqué d'une manière grave
à un fonctionnaire public, vous devez lui imprimer une note
d'infamie ; mais devez-vous encore une fois lui imprimer pour
cela la mort civile ? »

Il résulte donc de ces paroles que les comités voulaient

1. *Arch. parl.*, t. XXVI, p. 739.

conserver la mort civile pour les déportés, mais cette déchéance ne devait pas être perpétuelle, ils voulaient l'organiser de telle sorte qu'elle fût pour le condamné un stimulant au travail et à la bonne conduite. En effet, Le Pelletier nous dit à propos des « suites de la déportation ». « Il paraîtrait que les effets de la condamnation doivent être la mort civile ; car le coupable qui est porté hors de sa patrie, doit en être éloigné pour le reste de ses jours. Cependant, lorsque vous déterminerez le règlement qui fixera l'état des malfaiteurs qui auront été déportés, il sera possible de leur accorder quelque adoucissement, *une sorte d'existence*, à raison de leur travail et de leur bonne conduite dans le lieu où ils doivent être déportés. Voici donc, comme complément du titre sur les effets des condamnations, l'article que le comité vous propose de décréter : « Art. 8. — Les effets résultant de la déportation seront déterminés lors du règlement qui sera fait pour la formation de l'établissement destiné à recevoir les malfaiteurs qui auront été déportés. »

Ce règlement, on le sait, ne fut jamais promulgué. Mais le 17 septembre 1793, la Convention ayant décrété que les dispositions de lois relatives aux émigrés seraient de tout point applicables aux déportés, la loi du 28 mars 1793 qui déclare les émigrés bannis à perpétuité du territoire français et morts civilement, fut appliquée aux déportés. Mais le décret du 17 septembre 1793 vise-t-il exclusivement les déportés politiques, ou doit-on, au contraire, l'étendre aux récidivistes condamnés à la déportation ? Telle est la question qui se posa dès la promulgation du décret dont nous venons de parler. Pour la résoudre, il faut se rappeler les événements qui eurent lieu à cette époque. La Convention venait de voter la loi du 17 septembre 1793 (1), qui ordonne

1. V. pour ce débat le *Moniteur* du 18 septembre.

d'emprisonner tous les gens suspects, lorsque Barère, au nom du Comité de Salut public, fit lecture d'une lettre du procureur syndic du district de Meaux : « Elle annonce, dit le *Moniteur*, que les malveillants, en répandant que les Bataves allaient tout mettre à feu et à sang ont donné l'alerte aux habitants de ce district ; ils sont allés en armes aux lieux divers où l'on croyait les désastres commencés, mais tout était calme et tranquille ; et les Bataves se rendaient paisiblement à Melun. Alors on a fait arrêter celui qui avait été de commune en commune faire sonner le tocsin, les 4.000 hommes que cette fausse alarme avait fait lever sont rentrés dans leurs foyers après avoir fait fouiller les bois. » Après avoir lu cette lettre, l'orateur demande à l'Assemblée de punir les « anciens esclaves des rois » qui ont recours à tous les moyens qui peuvent troubler l'intérieur de la République et qui depuis deux mois ne cessent de troubler les départements par les fausses nouvelles qu'ils répandent. « La Guyane, dit-il, ou autre terre lointaine ou infertile, réclame depuis longtemps une population qui lui ressemble ; la déportation, cette loi la plus juste, cette mesure la plus décisive en révolution ; la déportation est le glaive de Damoclès, suspendu sur la tête de tous les royalistes et de tous les antirépublicains. »

Malgré l'opinion de Collot d'Herbois qui pense « qu'il ne faut rien déporter, qu'il faut détruire tous les conspirateurs, et les ensevelir dans la terre de la liberté », l'Assemblée adopta le projet du comité et décréta que toute personne qui répandra de fausses nouvelles ou excitera la terreur dans les campagnes, tendant à soulever les citoyens, ou à causer des mouvements et des troubles sera traduite au tribunal extraordinaire et punie comme contre-révolutionnaire, c'est-à-dire, envoyée à la Guyane. Puis, Collot d'Herbois ayant fait remarquer que les prêtres déportés touchaient encore leur traitement, Bourdon de l'Oise proposa à l'Assemblée de décréter le principe que les déportés seront en tout et partout traités comme les émigrés.

Il est bien évident, qu'en décrétant en fin de séance le principe proposé par Bourdon de l'Oise, la Convention n'avait en vue que les déportés politiques, Bourdon de l'Oise avait tout simplement généralisé ce que Collot d'Herbois demandait pour les prêtres seulement. Quoi qu'il en soit, cette opinion ne prévalut pas et les récidivistes condamnés à la déportation furent soumis au décret du 17 septembre 1793. « Et qu'on ne dise pas, nous dit Merlin (1), que la loi du 17 septembre 1793 n'avait en vue que les personnes déportées par l'effet des mesures politiques ; cette loi ne faisait aucune distinction, elle parlait de tous les déportés indéfiniment, elle était donc applicable aux déportés par jugement comme aux autres, c'est même ce que reconnaissait dans son préambule la loi déjà citée du 5 frimaire, an II ; l'accusateur public du département du Nord demandait si, par l'effet de l'assimilation des déportés aux émigrés, on devait regarder les jugements qui, en exécution des lois des 10 mars et 7 juin 1793 (2), avaient prononcé des déportations temporaires, comme emportant la confiscation des biens et la loi, *considérant que cette assimilation ne peut concerner que les déportés à vie* déclara qu'il n'y avait pas lieu à délibérer sur cette demande. Il est bien évident que la réponse eût été affirmative, s'il se fût agi de jugements qui eussent prononcé la déportation pour la vie entière des condamnés. »

1. *Répertoire*, v° *Déportation*.

2. Cette dernière loi institue un tribunal révolutionnaire et modifie l'article 3 de la loi du 16 mars.

DEUXIÈME PARTIE

THÉORIES GÉNÉRALES

CHAPITRE PREMIER

De l'influence de l'âge des condamnés sur la nature et la durée des peines

Toute cette partie du Code pénal de 1791 est une œuvre véritablement originale, on ne retrouve rien de tel dans notre ancien droit. Ce système, on le sait, divise la vie en trois périodes. Dans la première qui va jusqu'à l'âge de seize ans accomplis, l'individu a pu commettre volontairement et sciemment le fait incriminé, mais il a pu aussi n'être que l'agent inconscient des actes qu'il accomplit. Son discernement est donc douteux, ce sera aux jurés de décider si le mineur de seize ans a agi avec ou sans discernement. Dans cette dernière hypothèse il sera acquitté du crime, mais le tribunal pourra, suivant les circonstances, ordonner que le coupable sera rendu à ses parents, ou qu'il sera conduit dans une maison de correction pour y être élevé et détenu pendant tel nombre d'années que le jugement déterminera, et qui toutefois ne pourra excéder l'époque à laquelle il aura atteint l'âge de vingt ans. Si au contraire le jury déclare qu'il a agi avec discernement, la peine encourue sera diminuée dans certaines proportions (1), en outre il ne subira pas l'exposition publique sauf pour le cas où on aura commué la peine de mort en celle de vingt ans de détention dans une maison de correction.

Dans la seconde période de la vie, l'homme est pleinement responsable et il doit subir sa peine intégralement.

Enfin à partir de soixante-quinze ans, le condamné ne peut plus être déporté. S'il a encouru une peine autre que la déportation, elle sera diminuée conformément à l'article 6, à l'âge de quatre-vingts ans tout condamné doit être mis en liberté par jugement du tribunal criminel rendu sur sa requête car, nous dit Bexon, « quand un bras affaibli repousse inutilement la faulx du temps qui s'avance avec rapidité, devons-nous encore le charger de fers, et rendre par des tourments la vieillesse plus malheureuse aux approches de la mort? »

Ce système, sauf quelques légères retouches, a subsisté jusqu'à nos jours. Notre dessein n'est pas d'entrer dans le détail des critiques qu'avait soulevées la minorité de seize ans, ce serait sortir du sujet de cette étude. Il nous paraît plus intéressant d'analyser la courte délibération qui eut lieu sur ce titre du Code, le 6 juin 1791, et de montrer ensuite quelles critiques on formulait contre ce système avant 1810 : pour cela nous nous adresserons à Bexon.

Quand il s'agit de voter l'article 1er qui donne aux jurés le pouvoir de décider si le mineur de seize ans a ou non agit avec discernement, Garat aîné protesta, car, dit-il, « ou la preuve résultera de l'instruction du procès, ou non. Si elle en résulte, cette hypothèse rentre dans les hypothèses géné-

1. V. art. Tit. 9, V. C. P., 1791.

rales où les jurés auraient à décider de la moralité de l'action, et si elle est excusable ou non. Y a-t-il dans l'action un défaut de discernement? Alors la preuve vous l'abandonnerez aux jurés. Et où rechercheront-ils la preuve du discernement? Dans l'âme du coupable reconnu, elle est fermée à leurs yeux. Quoi de plus arbitraire, quoi de moins raisonnable. Je demande que cet article soit écarté par la question préalable.

M. Legrand (1). — Le préopinant oublie absolument que l'institution des jurés n'est autre chose qu'un tribunal de conscience : le préopinant veut toujours oublier que les jurés jugent, non par la masse calculée des preuves, mais par leur conscience, si l'accusé est coupable ou non : le préopinant veut toujours oublier que le juré peut dire que tel coupable est excusable, d'après cela, il y a paxité de raison à ce que, dans le cas proposé par votre article le juré décide si tel coupable peut être excusé par le défaut de discernement.

Le Pelletier de Saint-Fargeau. — C'est de l'ensemble du fait, c'est de la manière dont l'enfant se défend, que les jurés peuvent véritablement répondre en conscience sur cette question : l'accusé a-t-il ou non commis le crime avec discernement?

Malouet. — Vous oubliez, Messieurs, que les jurés n'auront de renseignements sur la moralité de l'action qu'au moment de l'interrogatoire. Ainsi, il dépendra de la volonté ou de l'astuce d'un jeune homme de seize ans, de paraître dépourvu de discernement; et alors, pour peu que ses conseils l'aident à jouer le rôle d'un imbécile ou d'un homme dépourvu de discernement, les jurés seront obligés de déclarer sur leur honneur... *(sic)* Si, cependant, quinze ans, onze mois et vingt-neuf jours avant de paraître devant les

1. *Arch. Parl.*. t. XXVII, p. 4 et s.

jurés, il était dans toute la force du terme un très mauvais sujet, je ne conçois pas que vous proposiez de prononcer son absolution. Je n'entends pas le principe d'après lequel vous proposez un tel article : je demande pourquoi vous n'avez pas adopté, pour l'instruction du juré, l'enquête préalable sur la vie et mœurs de l'accusé, je conclus donc comme M. Garat, à la question préalable sur l'article et cependant, je trouverai très raisonnable de modifier les peines, en raison de la jeunesse de l'accusé... »

Voyant que ses paroles avaient été interprétées dans un sens qu'il n'avait pas voulu leur donner, Le Pelletier de Saint-Fargeau répondit : « Il me semble que le préopinant n'a pas saisi la rédaction de l'article. Certainement le comité aurait commis une grande faute s'il avait dit que les jurés, d'après les réponses de l'enfant, pourront l'absoudre ; mais il a dit : les jurés décideront, non pas seulement sur les réponses de l'enfant, mais sur le fait, mais sur la procédure, mais sur ce que diront les témoins sur la manière dont le fait s'est passé, si l'enfant a du discernement *oui* ou *non*. Voici un fait dont malheureusement j'ai été juge, un enfant âgé de onze ans, fils d'un boucher, étant en querelle avec sa sœur, elle lui donna un soufflet ; les deux enfants, dans ce moment-là, étaient sur le bord d'un ruisseau à garder un troupeau. Le jeune homme de onze ans dissimule, quitte sa sœur sans apparence de dépit. Il s'en va à la boutique de son père, prend un couteau de boucher revient trouver sa sœur et lui dit : Regarde un poisson qui joue dans l'eau. Dans l'instant où sa sœur se baisse, il lui enfonce dans la poitrine le couteau. Il retire le couteau jette sa sœur la tête la première dans l'eau, avec le plus grand sang-froid, lave son couteau et s'en retourne tranquillement dans la maison de son père.

Il est certain que, quand bien même l'enfant aurait joué l'imbécillité la plus marquée, les témoins qui auraient rendu compte aux jurés de ces circonstances atroces, n'auraient pas pu laisser de doute aux jurés sur cette triste certitude que l'enfant avait commis avec discernement un grand crime. C'est donc, dans ces circonstances du fait, mais non pas uniquement dans les réponses de l'enfant qu'il faut chercher si le crime a été commis avec discernement. » Telles furent les raisons qui convainquirent l'Assemblée et entraînèrent le vote des articles que nous étudions.

Les arguments donnés par Le Pelletier sont bons quoique dans la plupart des cas la question de savoir si l'enfant a agi avec ou sans discernement ne se pose pas d'une façon aussi claire que dans l'exemple qu'il donne ; l'expérience allait bientôt le montrer et cette partie du Code pénal ne tarda pas à soulever de justes critiques. A ce propos, en effet, Bexon fit paraître sous le titre de *Tribunal de correction paternelle* un article dans le numéro du 30 prairial an IV de son *Journal* (1). Dans la session actuelle du tribunal criminel de la Seine, dit-il, on a vu quatre enfants au-dessous de seize ans qui ont été présentés au jury de jugement et accusés de vol, tous ont été déclarés convaincus. Pour l'un il a été décidé qu'il avait commis le crime avec discernement. L'article 22 du titre 2, 2ᵉ section, IIᵉ partie du Code pénal prononçant la peine de quatre années de détention il a été condamné à être enfermé dans une maison de correction, pendant le même nombre d'années conformément à la disposition du titre V de la Iʳᵉ partie du même code. Pour le deuxième il a été déclaré qu'il avait commis le crime sans discernement et il a été condamné à rester enfermé dans une

1. *Journal de la justice civile*, etc... n° 8 (du 20 au 30 prairial an IV).

maison de correction pendant deux ans, le troisième qui avait également agi sans discernement a été réclamé par un citoyen « estimable ». Le quatrième enfin a été acquitté comme n'ayant pas eu l'intention de voler, et il a été remis en liberté. De là une grande disparité dans le sort des divers accusés. Tout d'abord ils ont été, alors qu'ils n'étaient que prévenus, confondus dans les prisons avec les autres accusés de tout âge déjà corrompus ce qui est les exposer aux pires dangers et certainement les pervertir. Qu'importe alors qu'on prononce qu'ils ont commis le crime sans discernement, ils ne seront peut-être plus susceptibles d'être corrigés et s'ils restent dans les prisons ou si on les rejette dans la société ils deviendront un fléau pour elle. « Cette question de savoir si un enfant a fait une mauvaise action avec ou sans discernement tient d'ailleurs à des connaissances sur le développement de ses facultés intellectuelles ; sur ses qualités morales même physiques sur ses habitudes, ses penchants, l'instruction, les exemples qu'il a pu recevoir : comment veut-on que des hommes qui ne l'ont jamais vu, ne le connaissent pas, prononcent sur des questions aussi délicates... » Pour remédier à cette insuffisance de la loi, Bexon propose d'établir un tribunal de correction paternelle qui sera composé de quatre parents avec pour président le juge de paix et qui connaîtra des crimes et délits commis par un enfant au-dessous de quatorze ans qui n'intéressent pas la sûreté publique. Si l'enfant n'a point de parents, le tribunal sera composé des personnes chez qui demeure l'enfant.

Plus 'ard, craignant que cette idée d'un tribunal de correction paternelle ne soit qu'une chimère (1), Bexon l'abandonna et proposa de modifier la loi de la façon suivante :

1. *Parallèle*, p. 114.

Dans le cas prévu par l'article 2 où l'enfant devra être conduit dans une maison de correction pour y être élevé et détenu pendant tel nombre d'années que le jugement déterminera et qui, toutefois, ne pourra excéder l'âge où le condamné aura atteint l'âge de vingt ans. « Cette peine laissée ainsi à l'arbitrage du juge pourrait devenir beaucoup plus longue que celle qu'il aurait pu encourir, si le jury eût décidé contre lui la question de discernement, et que celle qui pour le même délit aurait pu être prononcée contre tout autre accusé.

Je suppose un délit dont la peine soit de quatre années de fers ou de détention; qu'un enfant de douze ans s'en rende coupable; la question du discernement décidée contre lui ne le ferait condamner qu'à être enfermé dans une maison de correction pendant quatre ans. Que cette question du discernement soit décidée en sa faveur, le tribunal pourra l'y condamner pour huit ans, c'est-à-dire de douze ans à vingt ans »... « Ne pourrait-on pas exprimer, au contraire, que dans ce cas, l'enfant condamné sera enfermé dans une maison de correction pendant un temps qui ne pourra excéder deux ans, je suppose, qui ne pourra être moindre de tant de mois. »

C'est une application particulière de la règle du maximum et du minimum dont Bexon se montre grand partisan.

Le Code de 1810 ne tint pas compte de ces critiques pourtant justifiées, et dans ses articles 66 et suivants il reproduisit à peu près exactement les textes du Code de 1791. En revanche, sur les deux points suivants que signale Bexon, il combla les lacunes de ce code.

Dans l'ancien droit, la folie était une cause d'excuse pour la plupart des crimes, sauf pour les crimes de lèse-majesté.

Pour le parricide, l'auteur n'en était point puni s'il était démontré qu'il avait agi en état de démence. Seulement, il devait être donné en garde à un de ses parents pour le tenir serré et prendre garde qu'il ne fasse plus de mal à l'avenir, pour le cas seulement où il n'aurait point de parents et où ses parents ne pourraient le tenir serré, il devait être enfermé dans une prison. Si cependant, le furieux avait des intervalles lucides, on devait rechercher si le crime avait été commis pendant un de ces intervalles, et le juge devait examiner toutes les circonstances de la cause pour savoir s'il fallait punir (1). On se fiait donc à l'arbitraire du juge.

Sur ce point, le Code de 1791 ne contient rien et il faut arriver jusqu'au code de 1810 pour trouver un texte à ce sujet ; c'est là évidemment une grosse lacune, cependant, il semble bien qu'en pratique on ne poursuivait pas les fous, ou tout au moins qu'on les acquittaient, car dans un arrêt du 20 fructidor an XII, rendu en matière de suppression de titre, Merlin parle de l'absolution des individus en démence, comme d'une chose naturelle et qui ne fait de difficultés pour personne. De même en l'an VIII, Bexon demande qu'on inscrive dans la loi le principe qu'il n'y a ni crime ni délit quand l'individu était en état de démence au moment de l'action, mais il a bien soin d'ajouter : « Je sais que dans la sensibilité du cœur humain et surtout des Français, la pensée de l'indulgence pour l'enfance, de la compassion pour l'être privé de raison, n'a pas besoin d'être commandée »... Telle est peut-être la raison du silence de la loi en cette matière.

Bexon demande encore que le Code de 1791 soit complété sur les deux points suivants. Pour qu'un acte soit punissable il faut qu'il ait été volontaire car l'acte involontaire ne

1. Rousseau de Lacombe, p. 92 et 114.

renferme ni mérite ni démérite, or outre l'enfance, l'imbécillité et l'aliénation d'esprit, il y a encore deux cas où la volonté ne se joint pas à l'acte et où par conséquent il est injuste de punir : 1° « Lorsque la raison ne peut pas gouverner l'action par l'ignorance du danger de l'action que l'on commet et de sa culpabilité, j'ajouterai à cela l'ivresse et la misère ; mais en même temps je convaincrai, j'espère, que je suis persuadé que la première est une faute, la seconde une excuse difficile à admettre. Lecteurs ne m'improuvez pas d'avance. 2° Lorsque l'action est formée par une violence extérieure : car où la nécessité commande, il n'y a point de volonté (1). » Sur ce point le code de 1810 a complété heureusement celui de 1791. Il eût été intéressant de savoir comment ici la pratique corrigeait l'insuffisance de la loi, nous n'avons point trouvé de décisions à ce sujet. Peut-être que dans les cas de contrainte on acquittait.

1. *Parallèle*, p. 111. Les seuls cas où le Code de 1791 reconnaissait qu'il n'y avait point eu de crime étaient le cas où le crime avait été commis par ordre de la loi et le cas de légitime défense. V. art. 3 à 7, II° partie, tit. II, 1re section.

CHAPITRE II

De la prescription en matière criminelle

Après s'être occupé de déterminer quelle sera sur la durée des peines et leur mode d'exécution, ainsi que l'influence de l'âge des condamnés sur la peine, le législateur de 1791 pose les règles de la prescription en matière criminelle. Cette question fait, en effet, l'objet du titre VI, I⁺ᵉ partie, qui contient trois articles relatifs, les deux premiers à la prescription de l'action publique, le dernier à celle de la peine.

Dans l'ancien droit, la prescription existait déjà. « La prescription empêche aussi l'accusation, disent les anciens auteurs (1). Or, tout crime se prescrit par vingt ans à compter du jour qu'il a été commis. Cette règle est empruntée aux lois romaines (2). Les raisons qui l'ont fait admettre en France sont que celui qui a porté si longtemps son crime et l'inquiétude d'être poursuivi, est réputé assez puni : que pendant ce long temps les preuves qu'un accusé pourrait avoir de son innocence, seraient dépéries ; qu'au contraire un accusateur peut se servir de ce temps pour pratiquer des preuves ; qu'enfin, on penche toujours à présumer l'innocence, et qu'on regarde comme favorable tout ce qui va à la décharge. »

1. V. not. Rousseau de la Combe, p. 301.
2. *Leg. Querela 12, Cod. ad legem Corneliam. De falsis legibus. De requirend. vel absent. damn.*

Cette prescription de vingt ans, ne s'appliquait pas à tous les crimes. Certains, comme les crimes de lèse-majesté et d'apostasie ne s'effaçaient par aucune prescription (1). D'autres faits, au contraire, avaient une prescription plus courte, c'est ainsi, par exemple, qu'elle était de cinq ans contre l'adultère sans inceste et de un an contre les injures verbales. La prescription de vingt ans avait pour point de départ le jour où le crime avait été commis, elle courait même contre les mineurs et s'appliquait aux intérêts civils que pouvaient entraîner le crime (2). Certaines circonstances cependant interrompaient le délai de prescription. Il ne suffisait pas pour cela qu'il y ait eu pendant le délai de vingt ans, une information décrétée et un décret non exécuté, il fallait qu'il y ait eu un jugement de condamnation, dans ce cas, la prescription durait trente ans, « parce que les condamnations portées par les jugements définitifs, forment une obligation contre la partie condamnée, et que de cette obligation il naît une action personnelle qui dure trente ans. » Dans ce cas la prescription ne s'appliquait plus à l'action contre le crime mais à la peine. Cette règle trouvait surtout son application en matière de contumace et dans cette hypothèse, la prescription commençait du jour de l'exécution par effigie. De même en cas d'évasion, le point de départ de la prescription trentenaire comptait non du jour de l'évasion mais du jour où la sentence avait été rendue (3).

Tel était l'état de l'ancien droit en matière de prescription. Le législateur de 1791 tout d'abord ne se préoccupe point de cette question, le projet du Code pénal ne contient, en effet, aucune disposition relative à la prescription des crimes, et les

1. V. Rousseau de la Combe, p. 92 et 307.
2. *Ibid.*, p. 303.
3. V. sur tous ces points, Rousseau de la Combe, p. 305 et s.

trois articles qui constituent le titre VI furent ajoutés au dernier moment et votés par l'Assemblée sans discussion dans la séance du 19 septembre 1791 (1). Cette lacune ne peut s'expliquer que par un oubli du législateur dont le travail fut trop rapide, cet oubli ne paraît pas avoir été volontaire car dans ce dernier cas, les comités n'auraient pas abandonné leur projet sans le défendre, il y aurait eu discussion, or nous n'en trouvons pas trace (2).

Le système de prescription établi par le Code de 1791 peut s'analyser de la façon suivante. L'action publique pour raison d'un crime ne peut plus être intentée après trois années révolues, lorsque dans cet intervalle il n'aura été fait aucune poursuite (3). Quand, au contraire, il aura été commencé des poursuites à raison d'un crime, nul ne pourra être poursuivi pour raison dudit crime après six années révolues, lorsque dans cet intervalle aucun jury d'accusation n'aura déclaré qu'il y a lieu à accusation contre lui; soit qu'il ait été ou non impliqué dans des poursuites qui auront été faites. Le point de départ de la prescription de l'action publique comptait du jour où l'existence du crime aura été connue ou légalement constatée. Il n'était point question de

1. *Arch. Parl.*, t. XXXI, p. 89.

2. On a prétendu que Beccaria s'était montré l'adversaire de la prescription. (V. Garraud, *Précis*, 8ᵉ édit., p. 563, et Vidal, *Précis*, 2ᵉ édit., p. 792.) Ce n'est pas tout à fait exact, au § XXX (*du procès et de la prescription*) il se refuse à admettre la prescription, seulement « en faveur de ces scélérats qui ont évité par la fuite la punition de ces crimes atroces dont le souvenir subsiste longtemps... » il l'admet au contraire pour tous les autres faits parce que le temps diminue beaucoup la nécessité de l'exemple. Les grands crimes dont il parle paraissent commencer à l'homicide.

3. On a coutume de dire que la prescription du Code de 1791 est basée sur la négligence du ministère public à poursuivre. (V. Vidal, *ibid.*, p. 741) il semblerait plutôt que les comités se soient inpirés ici du chapitre de Beccaria précité, où l'auteur demande que « la validité des preuves une fois reconnue et l'existence du délit bien constaté, il est juste d'accorder à l'accusé un temps convenable pour se défendre, mais il faut que ce temps soit court... »

la prescription de l'action civile. Quant à la peine elle ne se prescrivait plus par trente ans comme dans l'ancien droit mais par vingt ans, à compter du jour où le jugement a été rendu. Ces dispositions furent reprises presque textuellement par le Code des délits et des peines, articles 9, 10 et 480.

Ainsi donc pendant la Révolution, la prescription de l'action publique était la même pour tous les crimes prévus par le Code. Au bout de trois ans si aucune poursuite n'était intervenue, l'action publique était éteinte, si au contraire des poursuites avaient été commencées le délai était prorogé à six ans. Dans les deux cas, ce délai commençait à compter, nous l'avons vu, du jour où le crime avait été connu ou légalement constaté ce qui d'après la jurisprudence « ne peut s'entendre que d'une connaissance parvenue à la justice par quelque acte judiciaire, que si la connaissance de quelques individus avait dû suffire pour faire courir la prescription la loi n'aurait pas ajouté ces mots : légalement constaté, qui, dans ce cas auraient été absolument inutiles et sans objet (1). » Ce point de départ différent de celui qui était admis dans l'ancien droit et que nous avons adopté définitivement depuis 1810, ne peut s'expliquer que par le peu de durée de la prescription. Si le délai de trois ans eût commencé à courir du jour où le crime avait été commis, de nombreux crimes eussent échappé aisément à toute poursuite car il y en a beaucoup qui ne parviennent à la connaissance de la justice que plus de trois ans après qu'ils ont été perpétrés.

Après que le crime avait été connu, si pendant le délai de

---

1. Cass., 21 nivose, an XIII, S. et P. chr. La rédaction du Code des délits et des peines diffère sur ce point de celle du Code pénal, il exige la réunion des deux conditions, le délit doit avoir été connu et légalement constaté Article 9. V. pour l'interprétation de ce texte : Cass., 22 vendémiaire an XI et 9 mai 1807. S. et P. chr.

trois ans des poursuites avaient été entreprises, l'action publique durait six années, après quoi nul ne pouvait être
poursuivi « lorsque, dans cet intervalle, aucun jury d'accusation n'aura déclaré qu'il y a lieu à accusation contre lui,
soit qu'il ait été ou non impliqué dans des poursuites qui
auront été faites ». Ainsi la prescription de trois ans était
interrompue par un commencement de poursuite et le délai
porté à six ans. Par commencement de poursuite il faut entendre des actes d'instruction ; ainsi, à propos de l'article 10
du Code de brumaire qui reproduit à peu près les termes
de l'article 2 titre VI du Code pénal, la jurisprudence a décidé que « l'information faite par un juge de paix qui avait
entendu des témoins trois jours après le procès-verbal de
constatation du délit » était une poursuite de nature à inter-
rompre la prescription (1). Sous l'empire de ce même Code, le
Tribunal de cassation décida également, que pour interrom-
pre la prescription, il n'était pas nécessaire que les poursuites
soient contradictoires, il suffisait qu'il y eût contumace (2).

Après avoir ainsi posé les règles de la prescription de
l'action publique, le Code de 1791 indique, dans l'article 3 du
même titre, la durée de la prescription de la peine ; dans
l'ancien droit, nous l'avons vu, cette prescription était de
trente ans, le législateur de 1791 la réduit à vingt ans à
compter du jour où le jugement aura été rendu, il ne dit
pas si elle pourra être interrompue.

La théorie de la prescription dans le Code de 1791 est on
le voit très incomplète, la plus grosse lacune est l'oubli de
la prescription de l'action civile qui dans l'ancien droit

1. Cass , 16 fructidor, an X, S. et P. chr.
2. Cass., 7 frimaire, an VIII, S. et P. chr. Par contre, l'attestation du
magistrat qu'une procédure commencée avait été égarée n'interrompait pas
la prescription. Cass., 25 nov. 1808, S. et P. chr.

s'éteignait avec l'action publique, le Code de brumaire an IV combla cette lacune en décidant que, pour les délits, l'action civile s'éteindrait comme l'action publique au bout de trois ans (art. 9). Dans le Code de 1810, la théorie de la prescription est beaucoup plus complète; il revint pour les crimes aux idées de l'ancien droit sauf pour la durée de la prescription, qui fut fixée à dix ans (1).

1. V. Discours de Réal, orateur du gouvernement, dans la séance du 6 octobre 1808, au Corps législatif.

CHAPITRE III

La Réhabilitation

De tout temps, les rois de France avaient eu le privilège de faire grâce de leurs peines à ceux qui avaient encouru des châtiments. Ils pouvaient également, quand ils avaient satisfait à la loi, les rétablir dans leurs biens et bonne renommée. Pour cela ils leur accordaient ce qu'on appelait d'un terme général des « Lettres de grâce ».

L'ordonnance de 1670 distinguait deux sortes de ces lettres, les unes appelées *Lettres de Justice* (lettres de rémission et de pardon) pouvaient êtres obtenues dans les chancelleries des Parlements et ne s'accordaient que dans les cas où il y avait eu homicide involontaire, état de nécessité ou légitime défense de la vie ou bien encore dans les hypothèses qui n'entraînaient pas la mort. Les autres, *Lettres de grâce* proprement dites, comprenaient les lettres d'abolition, d'ester à droit, de rappel de ban ou galères, de commutation de peine, de réhabilitation du condamné et de revision du procès, et ne pouvaient être scellées qu'en la grande chancellerie. Toutes devaient être entérinées (1).

En outre, dans certaines occasions de réjouissance, sacre des rois, entrées solennelles, on avait coutume d'accorder grâce à tous les criminels détenus dans les prisons.

---

1. Sur tous ces points, V. Jousse, t. II, tit. XX, p. 375 et s.

Comme, outre les lettres de justice, nous aurons plus loin l'occasion de retrouver les lettres d'abolition, de réhabilitation et de commutation de peine, il est nécessaire que nous donnions dès maintenant quelques détails sur chacune d'elles.

Les lettres d'abolition ressemblaient à notre amnistie actuelle. En général, on les accordait à un individu déterminé mais elles pouvaient l'être également à une ville, à une province, à un ensemble d'individus, aux déserteurs d'une armée par exemple. Le roi pardonnait en vertu de sa souveraine puissance. Le crime, les peines et amendes encourues étaient effacés, abolis pour toujours. L'individu était rétabli en tous ses droits, bonne renommée, et en ses biens. Les auteurs donnent des lettres de réhabilitation une définition identique (1). Elles ne nous paraissent, en effet, différer des précédentes qu'en ce qu'il s'agit ici d'un *condamné* tandis que les lettres d'abolition étaient accordées au « *suppliant* » qui s'accuse et se reconnaît coupable d'un crime.

Quant aux lettres de commutation de peine c'étaient celles par lesquelles le roi commuait une grosse peine en une moindre, la peine du dernier supplice en la peine des galères, par exemple (2).

Plus d'une fois, en usant de leur droit de clémence, les rois avaient évité que des erreurs judiciaires devinssent irréparables et tempéré bien des rigueurs. Aussi d'Aguesseau pouvait-il répondre à un parlement qui avait fait des représentations à Louis XV parce qu'il avait ordonné de surseoir à une exécution capitale. « Il n'y a point de lois ni d'ordonnances qui mettent des bornes ni qui puissent en mettre à la clémence du Roi, sans quoi le Roi serait toujours dépouillé d'un des plus nobles attributs de la majesté royale, qui est

1. Jousse. *Loc. cit.*, p. 414. Rousseau de Lacombe, p. 475 et 487.
2. Rousseau-Lacombe, p. 486.

de pouvoir modérer la rigueur des peines, comme elle peut les remettre entièrement. »

Malheureusement ces mesures de clémence étaient arbitraires, de là également des abus que nous trouverons signalés plus loin et que les partisans de la royauté eux-mêmes ne songent pas à nier.

Pour remédier à cet arbitraire les comités le supprimèrent totalement et réglementèrent minutieusement la réhabilitation.

Ce fut le 1er juin 1791, après qu'elle eut voté l'abolition des supplices, que l'Assemblée décréta le principe de la réhabilitation (1). Le Pelletier de Saint-Fargeau avait proposé de fixer tout d'abord les trois questions suivantes. La première, de savoir si, dans certains cas, une marque indélébile serait imprimée sur la personne du condamné, la deuxième, si les condamnés seront voués aux travaux publics, la troisième, si la peine infamante, sans être afflictive, aura ou non plusieurs degrés. On se chicana quelques instants pour savoir laquelle de ces questions aurait la priorité. Enfin, Duport fit voter la proposition suivante : « La réintégration dans l'état de citoyen pourra avoir lieu et aucune marque indélébile ne sera imprimée sur la personne du condamné. »

Le Pelletier de Saint-Fargeau n'avait pas cru devoir parler de la réhabilitation parce que, dit-il, « j'ai cru qu'elle ne pouvait pas faire de difficulté. » En fait, il avait raison, l'ensemble du projet fut voté, le 3 juin, après quelques retouches de détails et sans discussion. Mais, quand le rapporteur déclara, pour terminer, que l'institution que l'on venait de décréter était la proscription naturelle des lettres de grâce, « car c'est avoir mis une réhabilitation réfléchie et légale à la place d'une réhabilitation arbitraire », et qu'il proposa de voter l'aboli-

V. *Arch. Parl.*, t. 26, p. 689, 726 et s.

tion de l'usage des lettres de grâce, de rémission, d'abolition
de pardon et de commutation de peine, une vive et longue
discussion s'éleva.

Par là, en effet, on enlevait au roi une de ses prérogatives
les plus importantes dont Jousse disait qu'elle provenait « de
sa souveraine puissance, et de l'autorité qu'il ne tient que
de Dieu » (1). Le débat prenait donc un tour tout différent
et de juridique devenait politique. En effet, les royalistes pro-
testèrent et l'abbé Maury prit la parole. Ce discours est l'un
des plus beaux qu'ait prononcés le grand orateur du parti
royaliste, nous le résumerons le moins possible.

Il commence par déclarer que dans tous les pays « où il
y a un pouvoir exécutif déposé dans les mains d'un seul, ce
monarque a joui partout de la faculté d'accorder des grâces
et surtout des rémissions de peine. » L'orateur reconnaît qu'on
a malheureusement abusé de cette institution, cependant elle
est nécessaire à la sage administration de la justice « car la
justice rigoureuse veut que tout meurtrier même involontaire
soit condamné à mort par le juge ». Cette phrase souleva
de vives protestations à gauche et un membre interrompit
l'orateur pour lui rappeler les « décrets sur les jurés ». Maury
ne s'en embarrassa point et poursuivit son raisonnement.
« ...Vous avez seulement changé l'arbitraire de place, dit-il, il
était à la chancellerie, vous l'avez transporté dans les tribunaux. Ce n'est point aux jurés qui sont les témoins d'un fait,
et qui ne sont pas des juges, ce n'est point aux juges même
à décider si un homme mérite grâce, parce que les juges étant
les officiers de la justice ne sont pas des ministres de miséricorde, ils ne doivent pas l'être et dans une sage Constitution
ils ne l'ont jamais été.

1. Jousse, *loc. cit.*, p. 405.

Aussi, Messieurs, en Angleterre où l'on a su se préserver du despotisme, non seulement on n'a point enlevé au roi le droit de faire grâce, mais on lui en a imposé le devoir ; car le serment que le roi d'Angleterre fait à son sacre est conçu en ces termes : *Je promets de faire exécuter justice avec miséricorde.* Voilà ce que le roi d'Angleterre promet.

On a voulu que le dépositaire du pouvoir exécutif fût plus clément que la loi ; car la loi ne doit point connaître de clémence, et il faut pourtant bien qu'il y ait dans le royaume un ministre de la clémence publique. Si le roi ne l'est pas, qui le sera ?

Une commutation de peine est souvent un grand acte de justice, c'est par là que dans l'ordre ancien le roi arrêtait « les effets de la prévention ou de l'injustice des juges. » Cela peut être utile même avec les jurés qui peuvent être aveuglés ou céder à la crainte sinon à la corruption. D'ailleurs les Anglais ont su allier l'institution avec les prérogatives de la couronne. « Il n'existe pas dans l'univers un monarque qui n'ait ce droit-là ; et je ne sais pas, Messieurs, pourquoi on voudrait l'enlever au chef suprême de la première monarchie de l'univers. Quelle méfiance peut-on avoir avec les nouvelles précautions que vous avez prises pour organiser la législation criminelle ; avec la responsabilité des ministres ; avec la précaution que vous pouvez prendre de faire enregistrer les lettres de grâce, car les lettres de grâce en elles-mêmes n'ont jamais été exécutées sans être enregistrées ? Quelles précautions la nation va-t-elle prendre contre son roi, pour l'empêcher d'exercer des actes de clémence, même en matière de commutation de peine ?

Messieurs, vous avez placé la loi sur la tête de tous les Français. La loi ne connaît que des principes généraux de tous les temps et de tous les lieux ; mais souvent la loi gé-

nérale n'est pas la justice particulière ; et cette justice particulière qu'on appelle souvent et avec raison, *clémence*, doit
être mise en dépôt dans les mains du roi. Or, dans l'organisation du pouvoir judiciaire, le peuple choisissant ces
juges, le roi n'ayant même pas le droit de commutation de
peine, nous établissons un gouvernement absolument répu-
blicain ; nous séparons le roi de la Constitution, et nous faisons une grande faute, car notre intérêt est de le lier à la
Constitution, et nous le rendons étranger à tout. » (*Murmures.*)

Et plus loin il ajoute : « Si nous représentons sans cesse le
pouvoir exécutif comme un hors-d'œuvre de la Constitution,
comme un pouvoir menaçant pour la nation, nous ne pouvons pas trop le détruire. Si nous le considérons au contraire comme le nerf de l'État, comme l'unique moyen de
faire perpétuer dans le royaume la Constitution qu'on lui
donne nous ne détruisons pas les pouvoirs qui doivent être
délégués par la nation et qui ne peuvent tourner qu'à son profit. En matière criminelle le roi ne peut jamais faire seul
l'application de la loi, mais il doit seul juger si la loi peut
n'être pas exécutée contre tel ou tel individu »... « il doit
favoriser, protéger, ordonner l'exécution de la loi ; mais je
maintiens que le droit de faire grâce est une partie du pouvoir exécutif. Cela est tellement démontré que si vous ne
l'accordez pas au roi, bien certainement, vous ne l'accor-
derez à personne »...

Il ne demande pas d'ailleurs que le roi fasse grâce dans
tous les cas il en excepte les assassinats prémédités, et ceux
sur les grands chemins (1) ainsi que les crimes de lèse-nation. « Remarquez, dit-il en terminant, que dans les occasions où les coupables sont très multipliés, dans l'insurrec-

---

1. Déjà sous l'ancien régime il y avait de cas non rémissibles.

tion d'une ville, d'un régiment par exemple, on eût bien fait
d'accorder grâce par des lettres d'amnistie. Vous ne pouvez
pas l'anéantir ce droit-là, parce qu'il est impossible dans
plusieurs circonstances d'exécuter les lois à la rigueur ».

Duport se chargea de répondre à l'orateur royaliste. « Si
je voulais, dit-il, opposer déclamations à déclamations, je
dirais que la prérogative du droit de faire grâce, remis entre
les mains du roi, ne serait vraisemblablement, comme tous
les autres actes qui émanent du pouvoir exécutif, que l'expression de ceux qui l'entourent habituellement. (*Applaudissements à gauche.*)

Ici l'abbé Maury l'interrompit pour demander l'ajournement de la question ; tactique qu'employaient fréquemment
les défenseurs du roi.

« Je disais donc, continue Duport, que de la manière dont
on envisage les choses et les personnes dans l'atmosphère
du pouvoir exécutif, je doute que la cause du peuple, celle
des citoyens, fut la mieux écoutée. » (*Applaudissements.*)

On a invoqué l'exemple de l'Angleterre mais les Anglais,
n'ont « donné à leurs jurés que le droit de dire purement
et simplement leur opinion sur le crime et non sur les circonstances très évidentes qui l'atténuent. Ils ne leur ont
donné que le droit pur et simple de déclarer que l'accusé
est coupable ou non. »

Puis, interrompant son raisonnement pour répondre à une
interruption de Dufraisse-Duchey : « Je rends grâce, dit-il, à
l'opinant qui m'a interrogé pour me dire d'abord que, sur
un très grand nombre d'arrêts qui ont été rendus au Parlement, les grâces ont été accordées à la classe du peuple, je
vais lui répondre catégoriquement. Il est constant que, tant
que l'usage des lettres de cachet a subsisté, l'on ne donnait
pas même au peuple cette apparence de justice que les hom-

mes considérables commençassent une instruction criminelle. (*Applaudissements à gauche, murmures à droite.*) Votre
comité des lettres de cachet peut vous l'attester s'il était
nécessaire, car je ne crois pas qu'il y ait un homme de bonne
foi qui puisse douter que, dans l'ancienne manière dont la
justice était administrée, les hommes prétendus *comme il
faut*, les hommes qui avaient des moyens de fortune ou de
crédit, ne trouvassent celui de se soustraire aux premières
poursuites de la justice.

« J'atteste encore que, dans la manière dont la justice était
administrée, il y avait effectivement, non pas seulement des
lettres de commutation, mais étonnamment de sursis qui
étaient accordés aux différents criminels et cela surtout au
Parlement de Paris, par cette raison que les accusés avaient
plus aisément accès auprès des hommes puissants qui dis-
tribuaient les sursis ; je ne dis pas que ce soit en faveur des
hommes considérables que ces sursis avaient été accordés,
car je répète qu'à de très petites exceptions près, jamais un
homme considérable n'a été mis en jugement. (*Applaudissements à gauche.*)

« Ce n'était pas sur de simples malheureux que le droit de
grâce s'exerçait, c'était en faveur de ceux, de quelque classe
qu'ils fussent, qui savaient les intéresser en leur faveur.
Cela même a été un objet constant de réclamation de la part
des anciens tribunaux, parce qu'ils s'étaient aperçus que
l'administration de la justice était extrêmement partiale, et
qu'elle ne présentait plus au peuple le seul, le véritable et
le plus utile exemple qu'elle puisse leur accorder : une
application impartiale de la loi pour tout le monde. »

Nous ne suivrons pas l'orateur dans les développements
qu'il accorde à la justice anglaise, l'intérêt du débat n'est
pas là, disons seulement en résumé que, d'après lui, les

Anglais ont attribué au roi en général le jugement des circonstances atténuantes, de là la nécessité du droit de grâce ; en outre presque tous les crimes sont punis de la mort mais selon la maxime de Cicéron, la crainte doit aller à tous et la peine à un petit nombre, c'est au roi d'apprécier. Chez nous, au contraire, « le droit de grâce ne doit pas exister, parce que les jurés ne se bornent pas à examiner le fait matériel, mais à examiner le fait intentionnel. C'est en examinant les témoins, c'est en confrontant les preuves ; c'est en rassemblant les différentes circonstances d'une affaire que l'on est parfaitement instruit du fait.

« L'examen du fait appartient nécessairement aux jurés, il serait ridicule de le transférer au roi ; comment le roi serait-il mieux instruit du fait que les jurés ; je sens bien comment il le ferait ; plus mal parce que la vérité ne parvient presque jamais jusqu'à lui... (*Applaudissements à gauche.*)

« ... On dit que le jugement doit être libellé, je ne sais pas si l'on pense bien à ce qu'on dit, car on vous dit bien qu'il faut que l'application de la loi au fait soit libellée ; mais comment cela instruit-il celui qui ultérieurement doit avoir à décider si les circonstances peuvent atténuer le délit ? Rappelez-vous, Messieurs, que la procédure par-devant les jurés ne se fait pas par écrit. Ainsi il vous faudrait donc comme en Angleterre que le roi soit instruit des circonstances par les juges... » « Mais je vous demande, Messieurs, quelle sûreté il y aurait pour votre liberté, si les juges en France avaient le droit de déterminer presque nécessairement la volonté du roi, sur tel ou tel individu. Car remarquez bien que les jurés éparpillés pour ainsi dire, aussitôt après le jugement, il n'y a qu'eux qui pourraient déterminer le roi à faire grâce ou non ; or, cela est évidemment absurde... »
« On vous a dit qu'on abusait de toutes les institutions, cela

est vrai, mais quel est le moyen d'éviter les abus du pouvoir, c'est de remettre le pouvoir dans la main de celui qui
n'a aucun intérêt d'en abuser ; or, il est évident que les
jurés qui auront des imperfections, parce que ce sont des
hommes, n'ont d'ailleurs aucun intérêt à l'injustice ; au contraire, ils ont par eux-mêmes l'intérêt le plus grand à la
justice, par la raison qu'ils en font tous les jours l'objet; et
quant au roi, on se méprend bien, ce me semble, dans la
manière dont on en a parlé tout à l'heure. Qui est-ce qui
rend le roi nécessaire à notre constitution ? Qui est-ce qui
le rend inviolable ? c'est qu'il est plutôt un pouvoir qu'un
individu. Ainsi, ce n'est pas la sensibilité d'un roi, d'un
homme, qui doit servir de base à la liberté d'un pays, mais
l'exercice régulier d'un pouvoir légal. (*On applaudit à plusieurs reprises.*) Je pense donc que l'on cherche à égarer la
sensibilité de l'Assemblée. »

L'ajournement ayant été prononcé à la demande de Le Pelletier de Saint-Fargeau lui-même, la discussion fut reprise le
lendemain 4 juin (1), Pétion de Villeneuve prit la parole.
« Demander, dit-il, si l'on accordera au roi le droit de faire
grâce, c'est demander, en d'autres termes, si lorsque les jurés auront regardé comme certain, si lorsque l'accusé sera
convaincu, si lorsque le juge aura appliqué la loi, alors il
est libre au pouvoir exécutif de s'élever au-dessus de cette
loi, de mettre sa volonté particulière au-dessus de la volonté
générale ; c'est là en définitive où doit se réduire cette grande
question qui vraiment n'en est pas une.

« Il est inutile, je pense, d'examiner quelle est notre législ-
lation ancienne relativement aux lettres de grâce; cependant,
si nous voulions jeter un coup d'œil sur cette législation,

1. *Arch. parl.*, t. 26, p. 734.

nous ne tarderions pas à nous apercevoir que ce n'était pas un droit, que c'était un abus qui s'était érigé et qui était monté à la hauteur d'une loi. En effet qu'étaient les lettres de grâce? Les lettres de grâce contenaient dans le préambule les faits qui étaient exposés par le condamné; et les lettres adressées aux tribunaux se terminaient ainsi: « S'il vous appert que les faits contenus dans les présentes sont vrais... »

« Ainsi, Messieurs, ou l'enregistrement était une formalité purement illusoire, ou une formalité réelle. Si la formalité était illusoire, alors il était plus simple que le roi s'élevât sur-le-champ au-dessus de la loi et fît grâce sans aucune espèce d'enregistrement. Mais, si au contraire cette formalité était de rigueur, je maintiens alors que les lettres de grâce étaient des lettres pour ainsi dire sans aucun effet, puisqu'il est vrai que, si les juges qui avaient condamné trouvaient, dans leur âme et conscience, que les faits exposés par celui qui devait subir la peine, étaient des faits faux, des faits inexacts, ils étaient les maîtres, je dis plus, ils avaient le droit de s'opposer à l'enregistrement. » L'orateur paraît tellement persuadé de l'excellence des formes judiciaires nouvelles qu'il ne craint pas de dire, quelques lignes plus loin : « Mais que signifie donc une lettre de grâce ! Voici un dilemme extrêmement simple. Ou un homme est innocent, ou il est coupable. Si un homme est innocent, il n'a pas besoin de lettres de grâce, s'il est coupable : c'est une grande injustice que de lui faire grâce : c'est un délit envers la société, c'est une infraction à la loi, car il n'appartient pas, dans un Etat libre, qu'aucun homme, qu'aucun corps, qu'aucun pouvoir se mette au-dessus du pouvoir de la loi. » On pouvait tolérer dans l'ancien régime les lettres de grâce parce que la jurisprudence confondait les délits involontaires et ceux commis de dessein prémédité, parce qu'en outre il existait de nombreux délits non prévus par la loi. Mais ces inconvénients ont disparu, on pourrait sans doute concevoir des cas où l'utilité publique paraît réclamer la grâce du condamné par exemple quand un brigand vient à faire arrêter la bande dont il faisait partie et qui désolait tout un pays. Mais dans ce cas, il ne faut pas des lettres de grâce, mais une loi précise. »

Avec le marquis de Toulongeon (1) la thèse royaliste se transforme. « Ce n'est pas, dit-il, de la prérogative de la couronne que je viens vous entretenir ; vous savez que c'est un mot vide de sens, s'il ne présente pas une utilité publique ; c'est déjà une assez belle prérogative pour le roi que d'être en possession d'exercer tous les pouvoirs qui sont reconnus être d'une utilité publique. Il faut donc, avant de réclamer pour le roi le droit de faire grâce aux criminels condamnés, commencer par examiner, non pas si ce droit est une prérogative qui lui appartient, mais si ce droit exercé par son autorité est une institution utile et nécessaire pour le grand bien de tous. » Même avec l'institution des jurés il est utile que le droit de grâce soit délégué à celui que la Constitution investit du droit de faire exécuter les lois. « Je dis *délégué*, car observez qu'il ne pourrait, comme tous les autres pouvoirs, émaner aussi du peuple et lui appartenir aussi par le fait, puisqu'il serait sans doute impossible d'exécuter au milieu de toute une nation un jugement criminel qu'elle voudrait modifier ou supprimer ; or, ce pouvoir du peuple, le peuple ne peut pas le perdre puisqu'il lui appartient. Il doit donc le déléguer puisqu'il ne peut pas en faire

1. Toulongeon (Hippolyte-Jean-René, marquis de), 1739-1794. Maréchal de camp, député de la noblesse du bailliage d'Amont (Franche-Comté), émigra en 1792, fit campagne avec l'armée des princes et passa au service de l'Autriche ; il mourut à Vienne.

usage. C'est donc en ce sens que le droit de faire grâce est une prérogative du monarque... » Prérogative en effet ne signifie pas une propriété inhérente à la personne qui en jouit, c'est une chose demandée d'avance, *prœrogatum*. « Un roi a pu dire d'avance au peuple qui voulait lui confier le gouvernement : j'accepterai sous telle ou telle condition que je demande que vous stipuliez d'avance. » La loi de la grâce est donc aussi constitutionnelle que toute autre, d'ailleurs la justice est rendue au nom du roi, il a le droit de punir, il doit être le garant des jugements et pouvoir tempérer la sévérité de la loi.

Cette importante discussion se termina par un discours de Le Pelletier de Saint-Fargeau qu'il est bon de citer tout entier, parce qu'il est court, et qu'il nous paraît contenir les motifs qui poussèrent les comités à supprimer le droit de grâce. Cette intervention du rapporteur était nécessaire car Lanjuinais voulait faire dévier la question qui, pour lui, se réduisait à savoir « si dans des cas déterminés un homme ne pourra pas, en considération de son génie, des services qu'il a rendus à sa patrie, obtenir une rémission de peine.

« Il ne s'agit pas ici, lui répondit Le Pelletier de Saint-Fargeau, d'examiner le droit que doit sans doute avoir le Corps législatif de prononcer une amnistie qui s'applique toujours à un fait d'ordre général. Il s'agit des lettres de grâce qui ne s'appliquent qu'à des faits particuliers, par lesquelles on annule une procédure, un jugement rendu. Et remarquez qu'on ne veut point abroger le droit de miséricorde. Le droit de miséricorde est utile quand il est exercé avec discrétion et discernement, et sans arbitraire ; ainsi ne nous occupons pas de cet objet. Il s'agit uniquement ici d'abroger l'usage abusif des lettres de grâce.

Qu'est-ce que l'usage des lettres de grâce ? Ce n'est pas

la faculté d'accorder arbitrairement, par pur caprice, la grâce à un condamné. Or le droit de grâce entre les mains d'un ministre a toujours été et sera toujours l'instrument arbitraire de la faveur. Or, c'est une injustice, un attentat contre la société, une barbarie contre le condamné, et un meurtre que de lui faire subir toute la rigueur de la loi ; tandis qu'à côté de lui, le pouvoir arbitraire viendrait déployer en faveur d'un homme coupable du même crime le droit de miséricorde.

Mais qu'on ne craigne pas de voir périr des victimes innocentes de la rigueur de la loi : le droit de miséricorde existe dans votre législation criminelle et voici comment il est exercé.

Un assassinat a été commis ; il s'agit de savoir s'il l'a été volontairement ou non, et c'est dans ce dernier cas que les lettres de grâce étaient accordées. Eh bien ! vos décrets sur la procédure par jurés rendent ici l'usage des lettres de grâce du ministère inutile, car la première question qui est posée aux jurés est celle-ci : Le fait a-t-il été commis volontairement ou non ? Si les jurés déclarent qu'il a été commis involontairement, l'accusé est absous et remis en liberté.

Le fait peut aussi avoir été commis volontairement, et cependant il a pu l'être légitimement. Ainsi un homme m'attaque ; pour défendre ma vie, je le tue. C'était encore un des cas où l'on accordait des lettres de grâce. Cette question est proposée aux jurés, et ils répondent : L'homme a été tué légitimement. Dans ce cas, comme dans le précédent, il n'est pas besoin de lettres de grâce, car il n'existe point de crime, puisque c'est à son corps défendant que l'accusé a donné la mort. Il est absous par la seule déclaration du juré.

L'homme a encore pu être tué, non pas volontairement, mais par l'effet de l'imprudence, ou de la négligence, ou de l'imprudence de celui qui lui a donné la mort. C'était encore un cas graciable (1). Eh bien ! ici l'institution d'un juré d'accusation rend de même inutile l'usage des lettres de grâce ; car la question de savoir si le fait a été commis par négligence ou par imprudence est proposée aux jurés ; et sur leur déclaration affirmative, l'accusé est absous du crime d'assassinat, et renvoyé au tribunal pour y être condamné en dommages et intérêts, et même en des peines correctionnelles.

Mais épuisons tous les cas. Un homme a pu être tué volontairement ; il a été tué sans imprudence ; mais cependant il a existé dans le fait quelques circonstances atténuantes. Par exemple l'homme qui a donné la mort a été provoqué d'une manière grave. Il n'avait cependant pas le droit de donner la mort ; sa propre vie n'était pas en danger. Il est coupable, mais il l'est moins que celui qui a tué de dessein prémédité. Aussi existe-t-il dans votre Code pénal une disposition particulière qui atténue la peine, parce qu'il a existé dans le fait quelques circonstances qui en atténuent la gravité (2). Ainsi, la prévoyance de la loi se met encore ici à la place de l'arbitraire des lettres de grâce.

Poussons plus loin les hypothèses et parcourons toutes les objections. On dit que l'homme a pu être tué sans que le fait eût été accompagné d'aucune des circonstances dont je viens de parler ; mais que cependant l'accusé peut encore être, sous certains égards, excusable ; que les grands services qu'il a rendus à la patrie peuvent faire pardonner la fougue d'un tempérament violent. Eh bien ! votre loi criminelle prévoit

1. Jusqu'ici le rapporteur a envisagé les hypothèses dans lesquelles on accordait autrefois des lettres de justice (Lettres de rémission ou de pardon).

2. V. C. P., IIe partie, tit. II, sect. I, art. 9.

encore ces inconvénients; et après que toutes les questions
précédentes ont été posées et soumises aux jurés, on vient
encore leur dire: Descendez donc dans votre cœur ; voyez
dans toutes les circonstances du crime s'il existe un motif
d'excuse.

C'est là qu'est exercé au nom de la société le droit de miséricorde, mais une miséricorde raisonnable et réfléchie. Et c'est
après que tous ces degrés ont été remplis, après que toutes
ces précautions ont été prises, que l'on propose de porter au
roi la question de savoir si le crime doit être puni, si une
procédure si rigoureuse, si favorable au coupable doit être
annulée ! Quelle est donc l'idée qu'on se forme des jurés ? Ce
sont des citoyens, c'est tout le pays ; et c'est lorsque le pays
a été souillé et témoin d'un crime, c'est lorsque le pays
dit : non, cet homme n'est point excusable ; la justice, l'utilité publique exigent une réparation et une vengeance ; c'est
alors qu'on vous propose de porter au roi la question de savoir s'il infirmera le jugement de tout le pays ! » (*La très
grande majorité de l'Assemblée et les tribunes applaudissent.*)

La proposition des comités fut adoptée malgré un dernier
effort des royalistes qui par l'organe de Malouet proposèrent
un amendement pour faire donner au roi le droit de grâce
« lorsque le crime a été trouvé excusable ». Mais le rapporteur fit remarquer que dans ce cas le juge prononcera
que l'accusé est innocent, et « que le préopinant désire que
le nom du roi se trouve à côté du droit de miséricorde. Cette
idée-là est très belle et très vraie ; mais elle existe par le
fait ; car au nom de qui la justice est-elle rendue ? c'est au
nom du roi. »

C'est donc par crainte de voir réapparaître les abus de l'ancien régime que les comités et l'Assemblée crurent devoir

retirer au roi son droit de grâce qui leur apparaissait comme l'une des formes les plus odieuses du despotisme. En outre, ils suivaient les principes posés par Beccaria dans le chapitre de son traité (1) où il parle de la grâce. Pour lui, en effet, à mesure que les peines sont plus douces, la clémence et le pardon deviendront moins nécessaires. La clémence, cette qualité qu'on a vue dans quelques souverains suppléer à toutes les autres, devrait être bannie d'une législation parfaite où les peines seraient modérées, où les jugements se rendraient promptement et selon les règles, car le droit de remettre au coupable la peine qu'il a encourue est certes l'attribut le plus désirable de la souveraineté ; « mais il est en même temps une improbation tacite des lois ». Les défenseurs du projet n'ont fait que développer ces idées. Quant au rapporteur il est venu démontrer que le législateur avait pris toutes les précautions pour que la loi statuât dans tous les cas où autrefois des lettres de grâce étaient nécessaires. Ils croient donc avoir réalisé l'idéal de Beccaria, ils sont tellement persuadés de l'excellence du jury et des formes judiciaires qu'ils viennent d'instituer que, de même qu'ils avaient supprimé la revision parce qu'ils ne croient plus les erreurs judiciaires possibles, de même, ils retirent le droit de grâce au roi. Quoi qu'il en soit, cette mesure était une faute. C'était d'abord une faute politique, en supprimant l'une des plus vieilles et des plus belles prérogatives du roi l'Assemblée augmentait le dissentiment qui existait déjà entre elle et Louis XVI.

Au point de vue juridique c'était également une faute. La grâce est une nécessité qui s'impose à tout gouvernement, et elle doit figurer dans un système de répression comme l'une

1. Beccaria. § XLVI. *Des grâces.*

des faces de la justice pénale. L'abbé Maury avait raison de redouter les erreurs judiciaires, l'expérience démontra vite qu'elles étaient possibles même avec le jury puisque dès 1793, la Convention fut obligée de rétablir la révision (1). Or la grâce est nécessaire pour pallier aux conséquences de ces erreurs en faisant cesser la peine. Enfin, les Constituants, en établissant des peines fixes et en voulant qu'elles fussent subies également par tous les condamnés, s'étaient montrés par trop imbus du principe de l'égalité de tous devant le châtiment. Car il est des cas où l'accomplissement intégral de la peine n'est pas nécessaire pour le relèvement du coupable ; c'est même en employant sagement et avec mesure le droit de grâce qu'on atteint ce résultat auquel visait le Code de 1791 (2). Aussi, le 16 thermidor an X un sénatus-consulte vint-il rendre le droit de grâce au pouvoir exécutif.

Il nous reste maintenant à examiner le système de réhabilitation établi par le législateur de 1791, il est contenu dans les douze premiers articles du titre VII de la première partie du Code ; nous avons dit plus haut qu'il n'avait fait l'objet que d'une très courte discussion. Voici l'économie de ce système. Tout condamné qui aura subi sa peine pourra demander à la municipalité du lieu de son domicile une attestation à l'effet d'être réhabilité, savoir : les condamnés aux peines des fers, de la réclusion dans la maison de force, de la gêne, de la détention, dix ans après l'expiration de leurs peines ; les condamnés à la peine de la dégradation civique ou du carcan, après dix ans à compter du jour de leur jugement. Aucun condamné ne pourra demander sa réhabilitation, si, depuis deux ans accomplis, il n'est pas domicilié dans le territoire de

---

1. Décret du 13 mai 1793, il rétablit la révision dans le cas de contrariété de jugement.
2. Sur la grâce V. G. Picot, *Rev. pénit.*, 1899, p. 923 à 933.

la municipalité à laquelle sa demande est adressée, et s'il ne joint à la dite demande des certificats et attestations de bonne conduite, qui lui auront été délivrés par les municipalités sur le territoire desquelles il a pu avoir son habilitation ou son domicile pendant les dix années qui ont précédé la demande : lesquels certificats ou attestations de bonne conduite ne pourront lui être délivrés qu'à l'instant où il quittera lesdits domicile ou habitation. Huit jours au plus après la demande, le conseil général de la commune sera convoqué, et il lui sera donné connaissance de la demande, le conseil sera de nouveau convoqué au bout d'un mois ; pendant ce temps, chacun de ses membres pourra prendre sur la conduite du condamné les renseignements qu'ils jugeront convenables. Les avis sont recueillis par la voie du scrutin, et il sera décidé à la majorité des voix si l'attestation sera ou non accordée. Si la majorité est pour qu'elle soit accordée, deux officiers municipaux revêtus de leur écharpe, ou, avec leur procuration, deux officiers municipaux de la ville où siège le tribunal criminel du département dans le territoire duquel le condamné est actuellement domicilié, conduiront le condamné devant ledit tribunal criminel. Ils y paraîtront avec lui dans l'auditoire, en présence des juges et du public. Après avoir fait lecture du jugement prononcé contre le condamné, ils diront à haute voix: « *Un tel a expié son crime en subissant sa peine ; maintenant sa conduite est irréprochable ? nous demandons au nom de son pays, que la tache de son crime soit effacée.* » Le président du tribunal sans délibération prononcera ces mots: « *Sur l'attestation et la demande de votre pays, la loi et le tribunal effacent la tache de votre crime.* » Il sera dressé du tout un procès-verbal. Si le tribunal criminel où le jugement de réhabilitation sera prononcé est autre que celui où a été rendu le jugement de condamnation, la copie dudit procès-verbal sera envoyée pour être transcrite sur le registre, en marge du jugement de condamnation. Telle est la procédure de la réhabilitation. Si nous recherchons maintenant quels effets elle produit, les articles 10 et 11 nous disent qu'elle fera cesser dans la personne du condamné tous les effets et toutes les incapacités résultant de la condamnation. Toutefois, l'exercice des droits de citoyen actif du condamné demeurera suspendu à l'égard du réhabilité, jusqu'à ce qu'il ait satisfait aux dommages et intérêts ainsi qu'aux condamnations pécuniaires qui ont pu être prononcés contre lui (1).

Enfin, si la majorité des voix du corps municipal est pour refuser l'attestation, le condamné ne pourra former une nouvelle demande que deux ans après ; et ainsi de suite de deux ans en deux ans, tant que l'attestation n'aura pas été accordée.

Ce système, on le voit, faisait des municipalités les véritables arbitres des réhabilitations, le droit qu'on avait retiré au roi leur avait été conféré puisque le juge n'était appelé que pour donner une forme légale à leur avis, et cela est très logique puisque, selon l'expression de Le Pelletier, c'est au nom de la société qu'est exercé le droit de miséricorde : c'est donc à la société, c'est-à-dire au groupement dont fait partie l'individu, à déclarer si l'infamie de son crime doit être effacée, le juge doit se borner à acquiescer à cette demande. Le Code d'instruction criminelle de 1808 supprima ce système, il ne pouvait faire autrement puisqu'il revenait au principe « du recours à la commisération de Sa Majesté » (2). L'attestation des municipalités fut encore exigée, mais les

---

1. Emprunté à l'ancien droit. Jousse, t. II, p. 414.

2. Motifs du livre II, tit. VII, chap. I à IV, séance du 6 déc. 1808, édit. stéréotypée, p. 243.

tribunaux eurent un rôle plus important, ils donnèrent un avis motivé.

Enfin, dans les travaux préparatoires du Code de 1808 nous trouvons également cette constatation qu'il y a eu jusqu'à cette époque peu de réhabilitations et l'orateur du gouvernement en voit la cause dans l'état déplorable des prisons où les condamnés ne peuvent s'amender. On peut dire aussi que la publicité et le cérémonial de la réhabilitation devaient empêcher bien des gens de la demander. Notre système actuel où l'enquête se fait discrètement et où il n'existe aucune solennité produit, on le sait, de mauvais résultats. Ce devait être bien pis sous l'empire du Code de 1791, quand tout se passait au grand jour. D'un seul coup, la fortune et la considération d'un homme pouvaient se trouver détruites.

L'opinion publique qui est celle de la foule, est faite en grande partie de médisance et de jalousie, et peut-être aussi de ce sentiment que celui qui une fois a failli à l'honneur ne doit plus jamais mériter ni confiance, ni respect; la faute est trop grave, rien ne prouve qu'il ne recommencera pas quelque jour. Quoi qu'il en soit, elle ne voit jamais que le châtiment et l'infamie, l'effort de l'homme pour redevenir honnête, si pénible et si méritoire qu'il soit, lui est indifférent.

CHAPITRE IV

La Récidive

I

Dans l'ancien droit la récidive était une cause d'aggravation de la peine (1), le juge devait en tenir compte pour arbitrer le châtiment. En effet, dans le chapitre intitulé : *Des causes qui peuvent contribuer à augmenter la peine* (2), Jousse cite en premier lieu la récidive de la part de l'accusé. « Cette règle, ajoute-t-il, a lieu même dans le cas où l'accusé aurait été puni pour des délits ou crimes précédents. Ainsi le vol simple qui n'est punissable que du fouet suivant l'article 3 de la déclaration du 4 mai 1724 (3), est puni des galères en cas de récidive de crime qui mérite peine afflictive, ou même de mort, suivant les circonstances, aux termes de l'article 4 de la même déclaration. »

Dans les cas non prévus par des textes, le juge devait également toujours tenir compte de la récidive pour fixer la peine. Ainsi, sous l'ancien régime, l'aggravation de peine par suite de la récidive avait lieu dans tous les cas, alors même,

---

1. La jurisprudence moderne qui refuse à la récidive le caractère de circonstance aggravante de l'infraction a repris cette tradition.

2. Jousse, t. I, p. 12

3. Isambert, t. XXI, p. 260, n° 299.

par exemple, qu'il ne s'agissait que d'une récidive de délit à crime, on laissait à l'arbitraire du juge le soin de mesurer cette aggravation à chaque espèce particulière. Cet arbitraire explique sans doute pourquoi, dans l'ancien droit, nous ne trouvons aucune théorie de la récidive. La plupart des questions que nous étudions aujourd'hui sont ignorées des vieux auteurs et Jousse, de même que les autres criminalistes du xviiie siècle, se contente, selon sa méthode habituelle, de mettre les unes au bout des autres et sans ordre quelques solutions qu'il emprunte à Julius Clarus, à Farinacius et aux autres anciens criminalistes. C'est ainsi qu'il nous dit seulement : « Bien plus, quand même l'accusé aurait obtenu sa grâce pour un crime précédent, la récidive ne contribue pas moins à faire augmenter la peine et c'est pour cela que ceux qui ont déjà obtenu leur grâce pour un crime et qui veulent l'obtenir encore pour un second crime, sont obligés dans la requête qu'ils présentent de faire mention de cette première grâce qu'ils ont obtenue : à peine de nullité des lettres qu'ils obtiendront ensuite. » Puis il indique à grands traits la différence qui existe entre ce que nous appelons aujourd'hui de termes précis la réitération et la récidive. « Quelques auteurs, dit-il, prétendent même que les délits ou les crimes prescrits doivent contribuer à faire augmenter la peine contre l'accusé (J. Clarus, qu. 51, n° 7. Farinac, qu. 23, n° 12). Au reste, il faut observer que, pour qu'un accusé puisse être regardé comme coupable de récidive, il faut, non seulement, qu'il y ait une infraction, ou même un décret pour raison de ce premier crime, mais encore que l'accusé ait été convaincu (ita Farinac, q. 23, n° 33, V. loi 28, § 3. Dig. *De pœnis*). » Autrement dit, pour qu'il y ait lieu à aggravation, il n'était pas comme aujourd'hui nécessaire qu'il y ait eu une première condamnation, mais il suffisait qu'on eût une première fois décerné contre un individu un mandat quelconque et qu'il ait été démontré coupable.

Tels étaient les seuls éléments que possédaient sur la récidive les auteurs du Code pénal de 1791. Ici les publicistes ne s'étaient point préoccupés de leur frayer les voies, ils s'étaient bornés à demander la confection d'un Code pénal où partout des règles seraient tracées au juge.

Le Code de 1791 supprima complètement l'arbitraire en matière de récidive pour crime, en effet le titre II de la première partie est ainsi conçu :

Article premier. — Quiconque aura été repris de justice pour crime, s'il est convaincu d'avoir postérieurement à la première condamnation, commis un second crime emportant l'une des peines des fers, de la réclusion dans la maison de force, de la gêne, de la détention, de la dégradation civique ou du carcan, sera condamné à la peine prononcée par la loi contre ledit crime, et, après l'avoir subie, il sera transféré, pour le reste de sa vie, au lieu fixé pour la déportation des malfaiteurs (1).

Art. 2. — Toutefois, si la première condamnation n'a emporté autre peine que celle de la dégradation civique ou du carcan, et que la même peine soit prononcée par la loi contre le second crime dont le condamné est trouvé convaincu, en ce cas, le condamné ne sera pas déporté ; mais attendu la récidive, la peine de la dégradation civique ou carcan sera convertie dans celle de deux années de détention.

Tels sont les textes. Nous allons maintenant rechercher quels caractères présente la récidive ainsi organisée et quels en sont les éléments constitutifs, en un mot faire la théorie de la récidive dans le Code de 1791 d'après la jurisprudence

---

1. Cet article fut modifié par la loi du 23 floréal an X, V. *supra*, p. 114.

car ici les travaux préparatoires nous font complètement défaut, ce titre ayant été voté par l'Assemblée sans discussion (1).

II

Des textes que nous avons cités, il résulte que l'aggravation de la peine par suite de la récidive s'opère de deux façons différentes. Dans les cas prévus par l'article 1ᵉʳ le récidiviste « sera condamné à la peine prononcée par la loi contre le nouveau crime et après l'avoir subie, il sera transféré pour le reste de sa vie au lieu fixé pour la déportation des malfaiteurs. » Dans cette première hypothèse la pénalité est aggravée par l'adjonction à la peine normale du second crime, d'une peine spéciale, la déportation qui ressemble à la relégation actuelle en ce qu'elle est une mesure destinée à purger le territoire métropolitain de certains malfaiteurs réputés incorrigibles et par suite tout à fait dangereux. Au contraire elle diffère de la relégation établie par la loi du 27 mai 1885 en ce qu'elle est un mode d'aggravation du second châtiment, c'est la peine de la récidive, tandis qu'aujourd'hui, la relégation ne modifie pas les règles établies par le Code pénal pour l'augmentation de la peine en cas de récidive et frappe le condamné après qu'il a subi la peine aggravée.

Dans l'hypothèse prévue par le second article, on aggrave la peine, non plus au moyen d'un châtiment spécial mais en passant au degré supérieur de l'échelle des peines.

---

1. La rédaction du titre II du Code diffère de celle du projet mais le fond est le même ; ce remaniement du texte dut être fait par le Comité lui-même avant de le soumettre à l'Assemblée.

Dans les deux cas donc la récidive est une cause d'aggravation de la pénalité, mais sous l'empire du Code de 1791 était-elle une circonstance aggravante de la peine ou une circonstance aggravante de l'infraction ? Aujourd'hui, on le sait, la jurisprudence est depuis longtemps fixée dans le sens de l'aggravation de la peine ; par suite, il n'y a pas lieu de poser au jury une question sur la récidive dans les termes de l'article 338 du C. d'Instruct. crim. Elle considère, en effet, avec juste raison, que la récidive est un état particulier qui nécessite une aggravation de la peine, mais que ce ne peut être une circonstance aggravante de la seconde infraction, car elle ne modifie en rien la nature et les caractères intrinsèques matériels ou moraux du fait, dont l'appréciation appartient tout entière au jury.

Pendant la période intermédiaire il n'en était pas de même. En effet, l'article 27, II⁰ partie, titre 7 de la loi du 16-29 septembre 1791 reproduit textuellement par l'article 375 du Code du 3 brumaire an IV, exige expressément qu'une question spéciale soit posée au jury sur la récidive.

« Dans les délits, dit-il, qui renferment des circonstances indépendantes les unes des autres, comme dans une accusation de vol, pour savoir s'il a été commis la nuit, avec effraction, par une personne domestique avec récidive, etc..., les questions relatives à ces circonstances sont présentées chacune séparément, sans qu'il soit nécessaire de commencer par les moins aggravantes. »

Ce texte donc fait de la récidive une circonstance aggravante de l'infraction sur laquelle le jury doit statuer et en vertu de cet article le tribunal de cassation a toujours annulé les jugements rendus sans que le jury ait été interrogé sur la récidive. Il s'est expliqué sur ce point surtout dans un arrêt du 18 floréal an VII. « En ce qui concerne, dit-il, le jugement du 18 du mois de ventôse dernier qui condamne Salanard à la déportation pour cause de récidive. Considérant qu'à cette époque du 18 ventôse et au moyen du jugement rendu le 16 du même mois, le tribunal criminel du département du Mont-Blanc était dessaisi ; que la question sur la récidive devait être proposée lors des premiers débats, comme circonstance aggravante et répondue par le jury, que ne l'ayant pas proposée alors, et ayant deux jours après le premier jugement contre Salanard, et lorsque par ce jugement le tribunal avait terminé sa mission à son égard et se trouvait dessaisi ; statué cependant sur les conclusions de l'accusateur public..., ce tribunal a commis un excès de pouvoir, etc. (1). »

En faisant de la récidive une circonstance aggravante de l'infraction le législateur de la période intermédiaire continuait ici la tradition de l'ancien droit où la récidive était, nous l'avons vu (2), une des circonstances dont le juge devait tenir compte pour arbitrer le châtiment, elle aggravait la criminalité du fait. Il en est de même sous l'empire du Code de 1791, la seule différence c'est que désormais l'appréciation des nuances du fait n'appartient plus au juge mais au jury (3) ; le juge ne connaît plus que le fait tel que l'a posé le verdict ; il doit seulement appliquer la peine prononcée par la loi contre ce fait.

Le second caractère de la récidive du Code pénal de 1791 est d'être générale, c'est-à-dire que tout individu condamné une première fois pour crime doit être déporté s'il en commet un second, quelles qu'en soient la nature et la peine.

---

1. Cass., 18 floréal an VII (S. et P. chr.), en ce sens également Cass., 5 avril 1793 et 11 vendémiaire an VII (S. et P. chr.)
2. *Supra*, p. 171.
3. *Arch. Parl.*, t. XXVI, p. 322.

Bexon indique, à notre avis, le véritable motif de cette disposition quand il dit à propos de la récidive (1) :

« Si celui qui a commis un crime peut encore laisser des espérances à la société ; si elle peut compter sur son repentir, et si elle a sagement dû lui offrir, dans la réhabilitation, une ressource pour reconquérir l'estime de ses concitoyens par là preuve d'une meilleure conduite, il n'en est pas de même de celui qui, après avoir été puni une fois, démontre qu'il n'a point été corrigé par un premier châtiment qui l'avait averti, qui prouve qu'il n'y a plus malheureusement à attendre de sa part de retour vers la probité et la vertu, et qui, ainsi insensible à un premier châtiment, indifférent pour la société qui consentait de le recevoir encore, préfère lui nuire et l'affliger par un crime. — Alors la société qui qui ne l'avait condamné que temporairement, dans l'espérance du repentir et d'une meilleure conduite, doit le frapper pour toujours ; il ne mérite plus la clémence de l'humanité, il a prouvé qu'il devait prendre pour jamais les avantages d'un pacte social qu'il n'a pas voulu apprendre à respecter. »

En effet, le législateur de 1791 en rendant les châtiments plus humains, en supprimant toute marque extérieure capable de rappeler la première faute, en enseignant au coupable le travail pour lui permettre plus tard de gagner honnêtement sa vie, en l'isolant dans les cas graves avait cru mettre en œuvre tous les moyens capables d'exciter le repentir et d'assurer le relèvement du coupable. Aussi devait-il considérer comme des incorrigibles ceux qui commettaient de nouveaux crimes. Ils avaient été cependant beaucoup moins loin que l'ancien droit qui vraisemblablement aggravait la peine quel que soit le genre de récidive, alors même qu'il s'agissait d'une récidive de délit à crime.

1. V. *Parallèle..*, chap. *de la Récidive*.

C'est peut-être aussi pour les raisons que nous avons indiquées que le Code de 1791 ne limite pas, à l'exemple de l'ancien droit, l'effet de la première condamnation à une certaine durée de temps, il y a récidive même si la seconde condamnation intervient longtemps après la première c'est ce qu'a, nous le verrons, décidé la jurisprudence. On estime, en effet, que le souvenir du premier châtiment doit être assez fort pour écarter l'individu d'un nouveau crime, sinon on est en présence d'un malfaiteur incorrigible et dangereux. Le Code de brumaire admettait le même système il, fut abandonné quelques années plus tard pour certains délits. En effet la loi du 25 frimaire an VIII qui correctionnalise certains faits que le code pénal considérait comme des crimes dit dans son article 15 : « En cas de récidive, les délits sus-énoncés seront jugés par le tribunal criminel et punis des peines portées au Code pénal, il y aura récidive quand un délit de la nature de ceux ci-dessus énoncés aura été commis par le condamné *dans les trois années* à compter du jour de l'expiration de la peine qu'il aura subie. La lecture du présent article sera faite au condamné lors de la prononciation du jugement de police ».

Donc, en résumé, la récidive établie par le Code de 1791 présente trois caractères suivants : 1° c'est une circonstance aggravante de l'infraction ; 2° elle est générale de crime à crime ; 3° son effet est illimité quant à la durée.

III

Si maintenant nous recherchons quels sont les élément de la récidive du Code de 1791 nous voyons qu'elle comprend comme la récidive actuelle, deux éléments : 1° une première condamnation pour crime et 2° une seconde condamnation à l'une quelconque des peines énumérées par l'article 1er du Code pénal.

Tout d'abord il faut, premier élément, une condamnation non effacée pour un crime. La jurisprudence a décidé en effet que ne pouvait compter pour la récidive une condamnation détruite par une amnistie qui efface complètement la condamnation elle-même avec tous ses effets (1). Peu importe d'ailleurs le moment où la première condamnation est intervenue pourvu qu'elle ne soit pas détruite, c'est ainsi, d'après la jurisprudence, que l'on doit compter comme premier terme de la récidive même une condamnation intervenue bien avant la promulgation du Code pénal. Cette question s'est présentée devant le tribunal de cassation au sujet d'un pourvoi d'un nommé Charlemagne, contre un arrêt de la Cour de justice criminelle du département de la Meuse du 15 prairial an VIII qui après l'avoir condamné à douze mois pour tentative de vol commis la nuit dans une maison habitée et par escalade des clôtures extérieures de cette maison, avait ordonné qu'il serait déporté après avoir subi sa peine. Le pourvoi de Charlemagne fut rejeté après un rapport de Merlin (2). Le tribunal criminel se basait pour prononcer la déportation sur ce que Charlemagne avait déjà été repris de justice pour crime de vol; et il avait regardé ce fait comme prouvé par deux sentences du ci-devant bailliage de Châlons-sur-Marne l'une du 16 mai 1776, l'autre du 8 juin 1785 dont la première avait été exécutée, le pourvoi soutenait qu'il y avait là une fausse interprétation de la loi.

---

1. Cass., 22 vendémiaire an V. [S. et P. chr. D. *Peines*, 262].
2. Merlin, v° *Déportation*, n° 203.

Merlin démontre au contraire que Charlemagne se trouve bien dans le cas prévu par l'article 1er, titre 2, première partie du Code pénal qui n'exige en effet que deux conditions. L'une que l'individu auquel il s'agit d'appliquer la déportation ait été repris de justice pour crime ; l'autre qu'il soit convaincu d'avoir, postérieurement à la première condamnation, commis un deuxième crime emportant l'une des peines énumérées par ce texte. Or ces deux conditions se rencontrent ici. Le tribunal de Cassation admit cette interprétation (1).

Enfin la première condamnation doit en outre avoir été infligée pour crime. Aussi ne devait-on pas condamner à la déportation ou à la marque quand la première infraction n'était qu'un délit. Cette question a donné lieu à un assez grand nombre d'arrêts. En effet, la loi du 25 frimaire an VIII avait, nous l'avons dit, correctionnalisé un certain nombre d'infractions contre lesquelles le Code pénal prononçait des peines trop sévères et qui par suite restaient impunies. Le tribunal de Cassation admit que cette loi avait un effet rétroactif et il cassa tous les arrêts qui condamnaient aux peines de la récidive en se basant sur des faits correctionnalisés (2).

Quant au second fait, ce doit être un crime emportant l'une des peines énumérées au titre 2 de la première partie du Code de 1791. C'est donc avec raison que le tribunal de Cassation avait refusé d'appliquer la déportation à un individu condamné en l'an V à quatre ans de détention pour un fait qualifié crime et qui s'était rendu coupable en l'an IX d'un fait de même nature mais rangé par la loi du 25 frimaire an VIII dans la classe des délits correctionnels alors même que, conformément à cette loi, la peine de ce délit

1. Cass., 16 thermidor, an VIII (Merlin, *loc. cit.*, S. et P. chr.).
2. V. not. Cass., 8 frimaire, an VIII [B. 57, S. et P. chr.].

avait été augmentée par suite de la récidive, le fait lui-même n'en conservait pas moins sa nature (1).

Tel est le système établi par le Code de 1791 il est basé, nous l'avons dit, sur la présomption qu'un individu condamné une première fois pour crime est suffisamment averti et prémuni contre la récidive ; s'il recommence, ou bien c'est un incorrigible ou bien un être sans volonté incapable d'éviter le mal, dans les deux cas il est dangereux et il faut en débarrasser la société. Sans doute la déportation est une mesure excellente contre les récidivistes bien que l'expérience nous ait prouvé qu'elle ne suffit pas à enrayer ce fléau. Cependant l'usage qu'en avait fait les législateurs de 1791 peut être critiqué. Il y avait certes trop de rigueur à condamner un homme à une peine aussi sévère que la déportation à vie sans avoir épuisé envers lui tous les moyens d'avertissement. C'est excessif, en effet, et peut-être même injuste quand la seconde condamnation intervient longtemps après la première ou bien lorsqu'elle est prononcée par un crime différent du premier de telle sorte qu'il n'y ait entre eux aucun rapport. Le souvenir du châtiment peut s'effacer et la peine elle-même peut n'être pas efficace, elle aura des effets différents suivant les individus auxquels on l'appliquera. Pour les uns il n'y aura plus besoin de nouvel avertissement, ils ne recommenceront jamais. Pour d'autres au contraire elle se montrera insuffisante et une peine plus forte devra être appliquée. Ces effets devaient se produire surtout dans le système du Code de 1791 où la peine est la même pour tous et ne peut être individualisée. Aussi, est-ce avec raison que ce système fut aboli par le Code de 1810. « Un premier crime, disent les travaux préparatoires, ne suppose pas toujours l'entière dépravation de

---

1. Cass., 7 vendémiaire, an X [B. 8, S. et P. chr.].

celui qui s'en est rendu coupable ; mais la récidive annonce des habitudes vicieuses et un fonds de perversité, ou au moins de faiblesse, non moins dangereux pour le corps que la perversité. Un second crime doit donc être réprimé avec plus de sévérité que le premier. L'Assemblée Constituante n'a établi contre le second crime que la peine prononcée par la loi, sans distinction de la récidive : mais elle a voulu qu'après la peine subie les condamnés pour récidive fussent déportés ; disposition qui ne nous paraît pas conforme aux règles d'une justice exacte, puisqu'elle ne fait aucune différence entre celui dont le second crime entraîne la peine de la réclusion et celui dont le second crime emporte la peine de vingt-quatre années de fers, la plus grave du Code de 1791 après celle de mort. Il nous a paru convenable de chercher une autre règle plus compatible avec les proportions qui doivent exister entre les peines et les crimes, elle se présente naturellement : c'est d'appliquer au crime, en cas de récidive, la peine immédiatement supérieure à celle qui devrait être infligée au coupable, s'il était condamné pour le première fois. (1) »

Ces raisons sont justes mais il fallait ne pas abandonner la déportation ou relégation et s'en servir comme « ultima ratio » contre les récidivistes.

1. Exposé des motifs du livre I, séance du 1ᵉʳ février 1810.

CHAPITRE V

Des crimes non consommés

Il est aujourd'hui de principe certain qu'on ne punit les crimes non consommés des mêmes peines que les crimes réalisés que si l'intention criminelle de l'agent ressort clairement des faits accomplis et apparaît comme ayant été irrévocable. De là cette distinction fondamentale en notre droit, entre, d'une part, les simples actes préparatoires qui ne sont pas punissables, et, d'autre part, la tentative et le crime manqué qu'on punit au contraire de la même façon que le crime consommé. Ces dernières expressions ont aujourd'hui un sens bien précis. On appelle tentative un commencement d'exécution suffisant pour indiquer clairement l'intention criminelle de l'agent qui a été arrêté par une circonstance indépendante de la volonté de cet agent. Il y a au contraire crime manqué quand l'agent a accompli tous les actes matériels constitutifs du crime mais que le résultat attendu n'a pas été réalisé par suite de circonstances indépendantes de la volonté de l'agent, s'il a tiré, par exemple, sur une personne qu'il voulait tuer, et s'il n'a fait que la blesser ou même s'il a manqué son but.

Qu'existait-il à cet égard dans l'ancien droit ? Trouvons-nous cette distinction dans le Code de 1791, quels principes consacre-t-il en cette matière et de quelle façon la jurisprudence les a-t-elle interprétés ? Telles sont les questions que nous allons examiner dans ce chapitre.

I

Nous ne trouvons dans l'ancien droit aucune théorie nettement établie sur le sujet qui nous occupe. Jousse est, des auteurs anciens, celui qui lui donne le plus de développements mais sans aucun souci de méthode. Il y consacre, au titre des *Sentences, jugements et arrêts* un article intitulé : *Considérations nécessaires aux juges à l'égard des crimes non suivis d'exécution et d'effet,* où à la façon des compilateurs il ajoute bout à bout et sans lien plusieurs solutions d'espèces données par les vieux criminalistes de telle sorte qu'il est très difficile de tirer de ce chaos des principes généraux et une vue d'ensemble.

Pour comprendre l'ancien droit en cette matière, il est avant tout nécessaire de bien déterminer le sens de la terminologie dont il se servait et c'est ce à quoi nous allons nous employer tout d'abord. Quand on lit les auteurs qui écrivirent sur l'ordonnance de 1670 au lieu des expressions : commencement d'exécution, tentative, crime manqué, dont nous nous servons aujourd'hui, nous trouvons les mots : « crimes non suivis d'exécution ou d'effet » et « attentat », rarement l'expression « tentative » qui d'ailleurs est synonyme d'attentat car les quelques auteurs qui la mentionnent dans la table alphabétique de leur ouvrage se contentent de renvoyer au mot attentat (1). Si maintenant nous recherchons le sens de cette dernière locution, nous voyons qu'elle ne paraît pas en avoir eu de bien précis, sa signification varie

____

1. Jousse, Muyart de Vouglans, Rousseau de Lacombe.

avec les auteurs. Quant aux documents législatifs ils ne nous fournissent pas d'explications sur la portée du mot attentat.

Cependant dans l'ordonnance de Blois de 1579 nous trouvons un article (193) qui est ainsi conçu : « Pour le regard des assassinats ou ceux qui pour prix d'argent ou autrement se louent pour tuer, outrager, excéder aucun, la seule *machination ou attentat...* etc. » D'après ce texte il semblerait que le mot attentat soit synonyme de machination et signifie la *préparation du crime.* Un individu par exemple conçoit le dessein d'assassiner une personne, il s'entend avec un spadassin et convient avec lui du lieu et de l'heure, ou bien il achète un couteau et va se poster sur le passage de son ennemi. Voilà des machinations, c'est dans ce sens que nous disons aujourd'hui « préparer un mauvais coup ». Ainsi le crime deviendrait punissable du moment qu'on l'a conçu, qu'on a pris des mesures pour l'exécuter. La difficulté consiste en effet à savoir quand commence l'attentat, et à ce point de vue les auteurs ne s'entendent pas sur la portée qu'il faut donner à ce mot. Pour Muyart de Vouglans et Rousseau de Lacombe il paraît signifier crime *non consommé*, expression très compréhensive qui va du simple acte préparatoire au crime manqué. Théveneau, nous le verrons plus loin, l'interprète à propos de l'assassinat dans le sens de *attaque*, ce qui est restreindre sa signification au commencement d'exécution. Enfin Jousse l'emploie comme synonyme *d'intention criminelle.* Pour lui le crime serait punissable dès qu'il aurait été conçu, pourvu que l'intention ait été manifestée d'une façon quelconque.

« On peut tout d'abord, dit-il, établir comme règle générale en matière criminelle que la simple volonté ou attentat, quoique non suivie d'effet, doit être punie. En effet, quoique j'aie observé ci-devant au titre des crimes (part. I, tit. I, n° 22) que l'événement ou l'effet du crime contribue à rendre l'action plus punissable, néanmoins il est toujours vrai de dire que la noirceur du crime consiste moins dans l'effet que dans le dessein ou la machination, et la volonté qui fait la consommation de la malice et du dol. » (L. 14, Dig. ad. L. Cornel de Sicariis) (1).

Cependant, « comme la seule pensée de commettre le crime ne se punit point, à moins qu'elle ne soit manifestée par quelque acte extérieur », il faut, pour qu'on puisse punir l'attentat qu'il dénote clairement l'intention irrévocable de l'agent de commettre tel ou tel crime ; de là, dans la plupart des cas, la nécessité d'actes matériels accomplis par l'agent. L'ancien droit faisait en effet une distinction fondamentale entre, d'une part, le crime de lèse-majesté au premier chef et d'autre part tous les autres crimes.

Pour le crime de lèse-majesté au premier chef l'attentat est puni comme le crime réalisé et il consiste dans « la *seule pensée* manifestée soit par témoins, soit par la déclaration de celui qui l'a eue ». Jousse cite en effet des exemples qui montrent que ce n'était pas là pure interprétation doctrinale (2). Quant aux autres crimes on exigeait autre chose il fal-

1. Callistrato libro sexto de Cognitionibus. V. pour les conclusions des jurisconsultes romains Ch. et H. T. I n° 210 et Ortolan. T. I, n° 1014.

2. Jousse, *op. cit.*, p. 639 *in fine* et t. III, p. 697 où il cite les exemples suivants : « Ainsi, dit-il, un gentilhomme malade à l'extrémité s'étant confessé d'avoir eu la pensée de tuer Henri II. et le confesseur en ayant donné avis au Procureur général, lorsque ce gentilhomme fut revenu de cette maladie, il fut sur cette confession, condamné à avoir la tête tranchée aux Halles ce qui fut exécuté. Un vicaire de Saint-Nicolas-des-Champs fut condamné le 11 janvier 1595 à être pendu pour avoir dit qu'il se trouverait quelqu'un de bien, comme frère Jacques Clément, pour tuer Henri IV, ne fusse que lui. De même un novice carme de l'âge à peine 12 ans fut pendu à Chartres en vertu d'un arrêt du grand conseil de novembre 1591 pour avoir dit en jouant avec des enfants de son âge et tenant un couteau à la main qu'il pourrait bien un jour en renouveler le parricide exécrable de J. Clément. V. Egal. Guyot *Rép.* v° *Lèse-majesté.*

lait qu'il y ait eu des actes matériels, mais quels devaient
être ces actes ? Il n'y avait ici aucune règle fixe et les auteurs
étaient en désaccord. Ainsi, pour la tentative d'assassinat ou
meurtre, guet-apens qui était, comme en droit romain, punie de mort par l'article 195 de l'ordonnance de Blois de
1579, Jousse cite l'opinion de plusieurs auteurs qui sont pour
la plupart des romanistes. Il est nécessaire, d'après Déciamos,
« qu'il n'ait pas tenu aux assassins que l'effet se soit ensuivi
c'est-à-dire qu'il faut qu'ils aient pris les mesures nécessaires pour réussir dans l'assassinat par eux projeté ; que les
assassins aient été disposés à exécuter leur crime ; et que
les personnes qu'on voulait assassiner ne se soient sauvées
que par hasard. (Décianus in tractatu criminum lib. 9 cap. 30
n° 14) (1). Mais « Balde sur la loi *non ideo minus* Code de
accusatione, dit qu'il suffit que les assassins aient pris des
mesures propres à faire réussir leur dessein, et c'est le sentiment de Félinus sur le chapitre premier *de præsomptioni-
bus* comme s'ils ont été au coin d'une rue attendre celui
qu'ils voulaient assassiner. » « Théveneau prétend qu'il faut
que la personne ait du moins été assaillie parce que l'ordonnance ne parle pas seulement de machination mais aussi
d'attentat (2). (Théveneau, sur les ordonnances, tit. 4, liv. 13
art. 1, notes 4 et 5.)

Nous retrouverions les mêmes divergences et les mêmes
incertitudes à propos des autres crimes graves ainsi pour le
parricide et pour l'empoisonnement. En fait, c'était le juge
qui appréciait arbitrairement si l'intention criminelle de
l'agent ressortait clairement des faits accomplis. Pour les
crimes comme ceux que nous venons de citer, dans lesquels
l'attentat était puni de mort de la même façon que le crime

1. Jousse. Part. 4. Tit. 4. n° 5.
2. Art. 4, Tit. 16. Ordonnance de 1670.

accompli, il paraît avoir été de jurisprudence au Parlement de Paris de ne punir du dernier supplice que l'attentat très avancé ce que nous appelons aujourd'hui la tentative et le crime manqué. Guyot nous dit en effet, à propos de la tentative d'assassinat. « Observez que pour faire prononcer cette peine, il faut que les assassins aient été disposés à exécuter le crime et que la personne qu'on voulait assassiner n'ait été sauvée que par un effet de hasard ou quelque circonstance singulière ». C'est ainsi qu'on avait condamné à mort un individu qui avait voulu tuer un conseiller au parlement de Paris et ne lui avait fait qu'une blessure (1), de même pour le parricide on ne punissait du dernier supplice que si, par exemple, un fils tirait sur son père sans le tuer (2).

En dehors des crimes de lèse-majesté et de ceux où, nous venons de le voir, la peine était la même, que le crime eût été réalisé ou non, il était de règle générale qu'on devait appliquer une peine moindre quand le crime n'avait pas été consommé. Cette peine, arbitrée par le juge, était mesurée sans doute sur l'étendue du mal causé selon la règle ordinaire, *pœnum ad mensuram delicti statuenda est* ; car nous trouvons dans Jousse des distinctions qu'on saurait expliquer d'une autre façon. C'est ainsi qu'on avait coutume d'appliquer une peine moindre lorsqu'on se trouvait en présence de ce que nous appelons le crime manqué et la tentative, cependant il paraît bien que ces deux hypothèses avaient soulevé des difficultés au point de vue de la peine à appliquer et qu'on avait voulu les punir comme le crime même, car, après avoir posé en principe que le simple attentat ou intention non suivie d'effet est punissable, Jousse ne manque pas d'ajouter : « Cette règle a lieu à plus forte raison dans le

1. Arrêt du 33 mai 1360, Guyot. *Rép.* V. *Assassins.*
2. *Ibid.* V. *Parricide.*

cas où celui qui a voulu commettre le crime a pris toutes les mesures nécessaires pour y parvenir, et a fait tout ce qui dépendait de lui pour que ce crime eût son effet. *Mais il faut cependant observer que toutes les fois que le crime n'est pas suivi d'effet, il ne doit pas être puni de la peine ordinaire due au crime...* etc.

Les crimes qu'on a dessein de commettre, et pour l'exécution desquels on n'a pas fait tout son possible, en ne prenant pas les dernières mesures nécessaires à cet effet, doivent être punis d'une peine plus légère, que si pour les exécuter on avait fait tout ce qui est en soi ; et on ne les punit alors que d'une peine arbitraire suivant les circonstances (1).

Ainsi l'ancien droit connaissait, on le voit, la plupart des questions que nous étudions aujourd'hui à propos de la tentative, mais il n'avait pas fait, comme nous, des distinctions nettes et précises. C'est que, comme le dit Ortolan (2), « l'ancienne jurisprudence n'attachait pas à ce mot de tentative la signification plus restreinte que nous y attachons aujourd'hui. La tentative, à ses yeux, commençait du moment que l'agent avait fait quelques préparatifs, quelque démarche, quelque acte destiné à le conduire à ses fins : ne fusse que de se procurer, que de réunir les instruments, que de disposer les moyens, mais elle tenait compte des nuances variées des faits, en distinguant la tentative éloignée (*conatus remotus*) bornée encore aux actes de préparation (*cum quis exempli gratia gladium strinxerit*) de la tentative prochaine ou même très prochaine (*conatus proximus*) lorsque l'agent en était arrivé aux actes d'exécution ou au dernier de ces actes, à celui même qui devait réaliser directement et immédiatement le délit (*ubi, exempli gratia percusserit*), le juge, par

1. Jousse, t. II, p. 637.
2. T. I, n° 1014.

son pouvoir d'arbitrer la peine, avait toute facilité de proportionner l'atténuation au degré plus ou moins avancé de la tentative. » En résumé on peut dire que dans notre ancien droit, toutes les fois qu'il s'agissait d'un crime non consommé on appliquait, sauf exception, une peine arbitrée par le juge d'après l'étendue de la criminalité du fait accompli et moindre que celle du crime même. Cependant pour les crimes de lèse-majesté au premier chef, d'assassinat ou de poison. la peine était la même dans les deux cas, c'était au juge à apprécier quand il y avait eu attentat.

II

Tel était l'état de l'ancien droit en matière d'attentat, là encore l'arbitraire du juge pourvoyait à tout. Le législateur de 1791 avait donc une théorie à édifier puisqu'on supprimait cet arbitraire. Il lui fallait examiner les différentes questions qui se posaient toutes les fois qu'un crime n'avait pas été consommé, dégager des principes et poser des règles générales. Or nous ne trouvons dans le Code de 1791 aucune disposition sur ce sujet. Nulle part il n'est question du commencement d'exécution, et de l'attentat. Il se borne, nous le verrons, à reprendre quelques-unes des anciennes ordonnances qui punissaient l'attentat de certains crimes et à les compléter. Si nous voulons connaître les causes de ce silence ainsi que les idées du comité et de l'Assemblée en cette matière, il faut nous reporter au débat qui eut lieu à propos de l'attentat politique (art. 1er, IIe partie, tit. II, sect. I) (1)

1. Quiconque sera convaincu d'avoir pratiqué des machinations ou entretenu des intelligences avec les puissances étrangères ou avec leurs agents pour les engager à commettre des hostilités ou pour leur indiquer les moyens d'entreprendre la guerre contre la France, sera puni de mort, soit que les machinations ou intelligences aient été ou non suivies d'effet.

dans la séance du   juin 1791 (1). Une discussion s'éleva
en effet, entre les partisans des anciens principes qui voulaient que la peine de mort fût prononcée quoique le crime
n'eut pas eu d'effet, parce qu'il s'agissait d'un grand crime,
et ceux qui voulaient au contraire qu'on appliquât à ce crime
non consommé une peine moindre. Les comités avaient proposé de fixer la peine à douze années de cachot « dans le
cas où les machinations et intelligences n'auront été suivies
d'aucune hostilité », dans le cas contraire la peine était de
vingt-quatre années de cachot. Les comités donc ici rom-
paient avec les traditions de l'ancien droit qui pour les crimes graves punissait l'attentat des mêmes peines que le
crime. Lorsque cet article fut soumis à l'Assemblée la peine
de mort fut réclamée pour les deux hypothèses. « Il n'y a
pas, dit Prieur, dans l'état social, d'attentat plus fort et plus
criminel que celui qui a pour objet de mettre en danger la
société entière ; et s'il est un objet sur lequel la société doive
porter toute sa sévérité, c'est particulièrement sur l'homme
qui, dans son sein, cherche à attirer sur cette même société
toutes les foudres de la guerre de la part des puissances
étrangères. On cherche, Messieurs, à corriger la sévérité de
cet article en vous disant qu'il ne sera condamné qu'à douze
ans de gêne dans le cas où ces machinations n'auraient pas
été suivies d'hostilité, mais, Messieurs, prenez-y bien garde.
A-t-il dépendu de celui qui a machiné contre la France, que
ces machinations n'aient pas été suivies d'hostilités ? Il a été
arrêté à l'instant même où la foudre allait éclater de toute
part. N'a-t-il pas compromis votre tranquillité ? N'est-ce pas
pour l'assurer que vous établissez des supplices. Or je vous
demande s'il n'y a rien de plus criminel que de travailler
avec les puissances étrangères à une invasion contre la

1. *Arch. Parl.* T. XXVII, p. 7 et s.

patrie. Je demanderai donc que cet article s'étendît au rang des crimes les plus attentatoires et que la peine de mort y fût appliquée. »

« Dans toutes les tentatives que les hommes ont eu le malheur de se permettre, répond Garat aîné, il faut distinguer les tentatives qui ont été suivies de l'exécution d'avec les tentatives qui ont été infructueuses. Il ne faut pas confondre deux genres de crimes aussi différents. Ce serait dans notre Code pénal de toutes les barbaries la plus atroce. Des machinations, des intelligences, bien coupables sans doute, ont été pratiquées, cependant, elles n'ont pas eu de succès. La société malgré cela est demeurée tranquille : et comme si elle avait été troublée par le plus affreux des crimes on propose la peine de mort ! Et que proposerez-vous lorsque les hostilités auront suivi ?... « Punirez-vous de même, ajoute Le Pelletier de Saint-Fargeau, l'homme qui aura conseillé à quelqu'un d'en tuer un autre, si l'homme à qui il a été donné le conseil ne commet pas le crime? *Remarquez qu'un principe essentiel en fait de loi pénale, c'est d'accorder presque toujours une diminution de la peine toutes les fois que le délit n'aura pas eu son exécution*, parce qu'il faut toujours laisser un intérêt à ce que le crime ne s'achève pas (1). « Voilà pourquoi, lorsqu'un homme aura attaqué un autre homme, lui aura porté des coups qui auraient pu être mortels, si cependant, par bonheur, l'homme assassiné échappe à la mort, votre comité vous proposera d'atténuer la peine (2). Ainsi, Messieurs, il nous a paru, qu'en fait de loi, l'intérêt public est toujours à

1. Conf. Beccaria, § XIV dont le comité adopte les idées.

2. V. les articles 19 à 23 2ᵉ partie tit. 2 1ʳᵉ section du projet qui prévoient quatre cas d'homicide non consommé, l'article 23 est ainsi conçu « Dans les dits cas mentionnés aux articles précédents, le crime sera punissable ; mais lorsque personne n'aura perdu la vie par l'effet desdits attentats, la durée de la peine sera abrégée de quatre années. »

côté de la justice : *quelle est la justice? c'est de punir moins lorsqu'un moindre mal a été fait.* Or, l'intérêt public se trouve ici joint à la justice : parce qu'il est de l'intérêt public de laisser toujours une chance, une possibilité, une espérance aux coupables, de laisser une porte ouverte au repentir, et lorsque le mal n'a pas été commis de lui offrir une peine moins grande de son attentat ; voilà quels ont été les motifs de votre comité, vous déciderez maintenant ce que vous voudrez ». Ces raisons ne satisfont pas le député Populus, pour lui « un homme qui conspire contre sa patrie fait tout ce qui dépend de lui pour pouvoir l'asservir, pour pouvoir y faire entrer l'ennemi pour y commettre des hostilités, mais il est arrêté avant que lui et même les puissances étrangères avec lesquelles il est d'intelligence aient pu exécuter son projet. Or, je vous demande si, parce que cet homme aura été saisi et arrêté avant que son projet ait été consommé, il n'est pas aussi condamnable que s'il eût exécuté ses desseins? » Cette raison n'est pas celle qui emporta le vote de l'Assemblée, ce qui l'amena à édicter en matière d'attentat contre la sûreté publique une peine semblable pour le crime réalisé et pour la tentative ce fut l'intervention de Barnave. « *Il est,* dit-il, *parfaitement juste lorsque le délit dépend seulement du criminel, que la loi mette une distinction entre les délits seulement commencés et le délit porté jusqu'à sa fin.* Ainsi, la loi doit mettre une très grande différence entre celui qu'aura projeté un assassinat et celui qui l'aura exécuté parce qu'il faut favoriser le repentir, parce qu'il faut donner à la nature humaine tous les moyens de ne pas achever un grand attentat. Mais ici l'exécution ne dépend pas du citoyen français, son crime est consommé, lorsqu'il a fait ce qui était en lui pour engager les puissances étrangères à tourner leurs armes contre la patrie. Le reste n'est pas son délit, le reste est l'action des étrangers. Tout ce qui le concerne est parfait et il n'y a pas une différence de crime entre celui qui réussit et celui qui ne réussit pas ».

Maintenant, nous pouvons induire les raisons pour lesquelles on ne trouve pas dans le Code de texte sur la tentative. Le Pelletier de Saint-Fargeau le dit clairement (1) : *la justice est de punir moins lorsqu'un moindre mal a été fait.* Or, dans la tentative ou plus exactement dans l'attentat au sens qu'on donnait alors à ce mot, si loin qu'ait été l'agent dans l'exécution de son dessein, il n'a pu, par suite de circonstances dépendantes ou indépendantes de sa volonté, réaliser le mal qu'il avait la ferme intention de faire ; il n'a causé qu'un mal de moindre importance, on doit le punir en proportion de ce qu'il a fait et non de ce qu'il voulait faire. Par suite il n'est pas besoin dans le Code pénal de texte punissant l'attentat ou indiquant qu'il doit être puni d'une peine atténuée car, en vertu de la règle *Pœnam ad mensuram delicti statuenda est* qui, nous l'avons vu, était alors universellement admise (2), il ne viendra jamais à aucun juge la pensée de punir l'attentat de la même peine que le crime consommé. On poursuivra sous la qualification correspondante au fait accompli (3). Si, par exemple un individu s'était introduit dans une maison avec l'intention de soustraire une somme d'argent enfermée dans un coffre, on ne condamnera pas pour vol qualifié au cas où par suite de circonstances quelconques l'agent n'a pu atteindre son but et n'a fait qu'escalader ou briser des

1. V. *supra*, p. 192.

2. Personne dans l'Assemblée ne songe à la critiquer et Barnave qui combat l'opinion du comité, la pose en principe, incontestable, *supra*, p. 193.

3. C'est ce qui ressort clairement des travaux préparatoires et en pratique il est fort probable qu'on a dû agir ainsi pour assurer la répression, Bexon il est vrai, ne dit rien à ce sujet, Merlin n'en parle pas davantage : mais ils écrivaient tous deux à une époque où ce système était abrogé.

clôtures et fracturer des portes, voire même celle du coffre, on poursuivra, par exemple pour bris de clôtures car c'est là tout le mal qu'il a réalisé.

De ce que nous venons de dire il semblerait résulter que le comité avait voulu continuer la tradition de l'ancien droit. Seulement le législateur de 1791 ne s'est pas aperçu que le système de l'ancien droit était logique parce qu'il reposait sur l'arbitraire du juge tandis que, avec un Code basé sur la règle *Nullum delictum, nulla pœna sine lege*, en n'édictant pas de texte sur l'attentat, on aboutissait à un non sens. Dans l'ancien droit, en effet, nous l'avons vu, ce que l'on punissait dans tous les cas c'était *l'intention criminelle* de l'agent. Dans la plupart des hypothèses, il est vrai, la peine était déterminée par le juge d'après le degré d'avancement plus ou moins grand de l'attentat, cependant il n'en reste pas moins certain qu'on ne punissait pas le fait mais l'intention. Avec le système du Code de 1791, au contraire, on ne peut plus punir l'intention puisqu'on est obligé de changer la qualification du fait, de poursuivre pour bris de clôture par exemple un individu qui a voulu commettre un vol qualifié; c'est-à-dire que l'on aboutit à ce résultat absurde de punir un individu pour un crime ou un délit qu'il n'a point voulu commettre. Pour éviter ce résultat il fallait un texte.

Donc, sur ce point, le législateur de 1791 allait à l'encontre de la tradition tout en croyant la continuer. Il s'est encore conformé à cette tradition, que sur ce point d'ailleurs il a complétée, en punissant des mêmes peines que les crimes l'assassinat et l'empoisonnement non consommés. Les articles 13 et 15, deuxième partie, titre II, deuxième section, sont en effet ainsi conçus: Article 13. — « L'assassinat, quoique non consommé, sera puni de la peine portée en l'article 2 (*la mort*) lorsque l'attaque à dessein de tuer aura été effectuée. »

Article 15. — « L' homicide par poison, quoique non consommé, sera puni de la peine portée en l'article 12 (*mort*) lorsque l'empoisonnement aura été effectué, ou lorsque le poison aura été présenté ou mêlé avec les aliments ou breuvages spécialement destinés, soit à l'usage de la personne contre laquelle le dit attentat aura été dirigé, soit à l'usage de toute une famille, société ou habitants d'une maison, soit à l'usage du public » (1) ; ces textes ne soulevèrent aucune discussion (2). C'est tout ce qui subsiste cependant d'un ensemble de 6 articles du projet des comités (18 à 23) qui abrégeait de quatre années la peine de l'homicide par assassinat, incendie de maison habitée (3) et poison dans le cas où le crime n'aurait pas été consommé et que personne n'aurait perdu la vie par l'effet des dits attentats. Ce projet sans doute rencontra une certaine opposition et le comité dut le remanier avant de le soumettre à l'Assemblée.

Les articles 13 et 15 rappellent les dispositions analogues de l'édit de juillet 1682 contre les devins, magiciens, empoisonneurs, l'article 5 notamment. Cependant les textes du Code pénal sont beaucoup plus précis que ces dispositions qui se contentent de punir de mort l'attentat sans rien spécifier. Le législateur de 1791 n'a pas le mérite de l'innovation, il s'est borné, en effet, à codifier la jurisprudence du Parle-

---

1. Ce texte se sert encore de l'expression attentat à laquelle il donne ici un sens précis.

2. Séance du 27 juin 1791. *Arch. parl.*, t. 27, p 554. Après la lecture de l'article 13 (qui porte ici le n° 10), un membre propose pour amendement d'ajouter à l'article ces mots : « A moins que le coupable maître de consommer son crime ne se soit volontairement arrêté. » L'Assemblée décréta qu'il n'y avait pas lieu à délibérer sur cet amendement et adopta l'article sans modification. Elle avait cependant adopté l'article 16 que nous étudierons plus loin et qui prévoit la même hypothèse pour l'empoisonnement.

3. Le projet punissait également l'attentat d'homicide par incendie de maison habitée (art. 20); le Code ne contient aucune disposition de ce genre.

ment de Paris (1). Le Code de 1791 au contraire ne punit de mort que dans l'hypothèse où il y a eu crime manqué. En effet, pour l'assassinat non consommé il faut, au dire de Le Pelletier de Saint-Fargeau, que l'attaque à fin de tuer ait été effectuée et que des blessures aient été faites. Quant à l'article 15 il prévoit deux hypothèses; dans la première il faut que l'empoisonnement ait été effectué et c'est le crime manqué, dans la seconde que le poison ait été présenté ou mêlé avec les aliments ou breuvages spécialement destinés à ceux que l'on voulait empoisonner, c'est la tentative. Il faut, en effet, que l'individu n'ait pu réaliser son dessein par suite de circonstances indépendantes de sa volonté. Or dans le cas où, « avant l'empoisonnement effectué, ou avant que l'empoisonnement des aliments et breuvages ait été découvert, l'empoisonneur arrêtait l'exécution du crime, soit en supprimant lesdits aliments ou breuvages, soit en empêchant qu'on en fasse usage, l'accusé sera acquitté », dit l'article 16.

Tel est l'état des textes du Code de 1791 sur la question qui nous occupe; en résumé, on peut dire que sauf pour l'assassinat et l'empoisonnement où, reprenant et complétant l'œuvre de l'ancien droit le législateur avait puni de mort l'attentat, pour tous les autres crimes il n'y avait aucun texte parce qu'on avait voulu ne tenir compte que des faits accomplis sans se préoccuper de l'intention qu'ils révélaient, ce qui obligeait à condamner un individu pour un crime ou un délit qu'il n'avait pas voulu commettre.

Bientôt, les défauts du Code sur ce point apparurent (2) et le 22 prairial an IV fut promulgué un texte général sur la tentative. « Toute tentative de crime, dit ce texte, manifestée par des actes extérieurs et suivie d'un commencement

1. V. *supra*, p. 188.
2. Sirey. Lois annotées à sa date.

d'exécution, sera punie comme le crime même, si elle n'a été suspendue que par des circonstances fortuites, indépendantes de la volonté du prévenu (1). » On ne punissait ainsi que la tentative des crimes, celle des délits demeurait impunie, la loi du 25 frimaire an VIII (2) qui correctionnalisa certains crimes étendit les dispositions de la loi de prairial an IV aux crimes ainsi correctionnalisés et à certains autres délits (3). Auparavant une loi du 29 nivôse an VI qui punit de mort les vols commis sur les routes avait appliqué la même peine à la tentative. Depuis quelque temps, en effet, la république avait à soutenir une véritable guerre intérieure contre les brigands qui s'étaient multipliés dans les campagnes par suite de la guerre civile, de l'anarchie et de la terreur qu'ils inspiraient aux autorités chargées de la répression. Les courriers étaient à tout instant attaqués et souvent assassinés et dévalisés. Dans les campagnes il n'y avait plus de sécurité. Pour remédier à cet état de choses on éleva le degré de la peine et on punit la tentative de la même façon que le crime même. Auparavant, les vols à force ouverte et par violences envers les personnes commis, soit dans un grand chemin, rue ou place publique, soit dans l'intérieur d'une maison étaient punis de quatorze années de fers (4) ; la peine devint la mort qui fut édictée également contre ceux qui seront convaincus d'avoir attaqué les voitures publiques,

1. Sirey, *ibid*.

2 C'est surtout pour le vol que le besoin d'un texte punissant la tentative se fit sentir. V. Bexon. *Parallèle*, p. 139.

3. « La loi du 22 prairial an IV contre les tentatives de crimes est applicable à tous les délits sus-énoncés, ainsi qu'à ceux mentionnés en l'article 32 du Code de police correctionnelle ; en conséquence, toute tentative desdits délits, manifestée par des actes extérieurs, et suivie d'un commencement d'exécution, sera punie comme le délit même, si elle n'a été suspendue que par des circonstances fortuites, indépendantes de la volonté du prévenu. »

4. Art. I, tit. II, sect. II, C. pénal.

les courriers, les malles, les porteurs de dépêches des autorités constitutionnelles et les voyageurs, lorsqu'il apparaîtra
que les attaques ont été faites dans l'intention d'assassiner
ou de voler ou d'enlever les lettres ou dépêches, et contre
ceux qui seront convaincus de s'être introduits dans des
maisons habitées à l'aide d'effractions extérieures ou d'esca-
lades, lorsqu'il apparaîtra qu'il avait dessein d'assassiner ou
de voler. Si cette intention n'était pas reconnue on ne pouvait appliquer la peine du crime, c'est ce qu'a décidé la Cour
de cassation qui a réformé un arrêt du tribunal criminel de
la Manche qui condamnait aux peines portées par l'article 6
de cette loi, c'est-à-dire à la mort, deux individus reconnus
seulement coupables d'escalade dans une maison habitée
alors que l'article 3 de la loi de nivôse exige l'introduction
corporelle à dessein de tuer. « La loi du 22 prairial an IV,
disait le Tribunal de cassation, s'applique aux crimes et
peines prévus et spécifiés par le Code pénal et autres lois
antérieures, il n'en est pas de même de la loi du 19 nivôse
an VI qui est une loi rigoureusement de circonstances,
constitutionnellement temporaire et qui ne peut, bien moins
encore que toute autre, recevoir aucune extension, ni ses dispositions pénales s'appliquer par induction (2). » Aux termes
de l'article 22 de la loi du 29 nivôse an VII, en effet, cette
loi ne devait s'appliquer que pendant une année à compter
de sa promulgation, malheureusement les prévisions du législateur ne se réalisèrent pas, les attaques et les vols ne
diminuèrent point et la loi du 29 brumaire an VII dut pro-
roger d'un an l'exécution de la loi de nivôse.

1. Art. 1, 2 et 3 de la loi du 29 nivôse an VI.
2. Cass., 17 fructidor an VII, S. et P. chr.

III

Nous n'avons trouvé sur la tentative qu'un très petit nombre d'arrêts, et il est aisé d'en voir la raison. On ne trouve en effet que les arrêts concernant les tentatives spéciales prévues et punies par des textes, comme celles d'assassinat et d'empoisonnement. Pour toutes les autres tentatives de crime il faudrait pour se faire une idée de la répression de la tentative pendant la période intermédiaire connaître les faits et savoir sous quelle qualification on les a poursuivis. Nous n'avons guère trouvé en matière de tentative qu'un seul arrêt intéressant parce qu'il fait apparaître le défaut d'un Code à peines fixes. Le tribunal criminel du département des Vosges avait appliqué, le 17 avril 1792, la peine de vingt années de fers portée sur l'homicide par l'article 8 du titre 2, du Code pénal à un ramoneur inculpé de tentative d'assassinat sur la personne de Joseph Voltaire, alors que le jury avait répondu : 1° qu'il était constant que J. Voltaire avait été assassiné et presque étranglé dans son domicile ; 2° que l'attaque à dessein de tuer n'avait pas été effectuée. Le tribunal de Cassation réforma cet arrêt. Il n'y avait pas homicide, en effet, « puisqu'il n'y avait ni perte de la vie ni préméditation » ainsi que le veut l'article 8 précité (1). Sans doute il y avait dans l'espèce des faits très graves, mais qui n'avaient pas semblé aux juges et au jury mériter la peine de la tentative d'assassinat tout en nécessitant cependant un châtiment plus sévère que celui dont la loi frappait les coups et blessures. Très vraisemblablement nous sommes en face d'un de ces cas où autrefois le juge adaptait la peine à la gravité du fait ce qui devenait impossible avec un Code pénal

1. Cass., 8 juin 1792. S. et P. chr.

basé sur la règle *nulla pœna sine lege*. On avait tourné la difficulté en punissant pour homicide ; malheureusement cette qualification était impossible et sans doute l'agresseur de Joseph Voltaire dut en être quitte pour une année de prison et 1.000 livres d'amende, peine que, devant le tribunal criminel des Vosges, le commissaire du roi avait requis contre lui, et que les juges avaient trouvée insuffisante.

De même en l'an VII le tribunal de Cassation réforma à bon droit un jugement qui avait condamné un individu à vingt ans de fers pour un fait commis en 1790 et qui par conséquent tombait sous l'application du Code de 1791 en vertu de la disposition finale de ce Code (1). « Attendu que le Code pénal ne punit de la peine de vingt ans de fers que le meurtre, c'est-à-dire l'homicide consommé ; qu'en appliquant cette peine à un homicide non consommé, il y a eu fausse application de l'article 8 ci-dessus rappelé ; que la loi sur la tentative des crimes est de beaucoup postérieure au crime dont il s'agit ; qu'elle a été faussement appliquée ; que même le tribunal lui a donné un effet rétroactif et a violé la Déclaration des droits » (2).

Enfin, sous l'empire de la loi du 22 prairial an IV qui punit la tentative de tous les crimes, ce à quoi surtout le tribunal de Cassation tient la main c'est à ce que le jury soit interrogé par une question spéciale sur chacun des éléments constitutifs de la tentative, les arrêts sur ce point sont nombreux (3).

---

1. Appendice au Code de 1791. « Si le fait est qualifié crime par les lois anciennes et par le présent décret, l'accusé qui aura été déclaré coupable, sera condamné aux peines portées par le présent Code. »

2. Article 14 de la déclaration des droits de la Constitution de l'an III. « Aucune loi, ni criminelle, ni civile ne peut avoir d'effet rétroactif. » Cass., 11 fructidor an VII, S. et P. chr.

3. V. not. 4 brumaire au VII, S et P. chr., et 15 nov. 1808, S. et P. chr.

CHAPITRE XI

Complicité

Si pour la tentative nous n'avons pas trouvé dans l'ancien droit de théorie nettement dégagée pour la complicité, au contraire les faits de participation punissables avaient été clairement déterminés par les ordonnances et par la coutume à tel point qu'aujourd'hui encore les principes établis dans l'ancien droit servent de bases à nos lois, le Code de 1810 n'ayant fait sur ce point que reproduire à peu de chose près les textes du Code de 1791 qui lui-même n'avait fait que copier l'ancien droit.

I

Sous l'ancien régime on distinguait deux manières de se rendre coupable d'un crime. On peut commettre un crime disent les vieux auteurs, par *omission* ou par *action*, Muyart de Vouglans cite quatre exemples de crimes commis par omission et il les emprunte tous quatre au droit romain. Ainsi, il indique notamment le cas de l'esclave qui ne défend pas son maître qu'il voit attaquer et celui du soldat qui ne va pas au secours de son capitaine qu'il voit aux prises avec l'ennemi. Ces faits, quoiqu'on les considérât alors comme bien moins graves que les crimes par action, ne laissaient pas cependant d'être punis et souvent même avec beaucoup de rigueur quand ils comportaient un mépris formel de la loi et que leur impunité pouvait tendre à des conséquences dangereuses pour l'ordre public et pour l'État, comme en fait de crime de lèse-majesté et de ceux contre la discipline militaire.

Quant aux crimes qui se commettent par action on les divisait en quatre classes savoir, ceux qui se commettent par paroles, par écrits, par voies de fait et par simple consentement. C'est dans cette dernière catégorie que l'on rangeait les cas de complicité, d'après la loi on en distinguait cinq, les crimes qui se commettent par *commandement*, par *mandat*, par *conseil*, par *aide* et par *approbation*. Nous allons examiner maintenant les règles concernant ces divers cas de complicité nous verrons ensuite quelle a été l'œuvre du législateur de 1791 en cette matière.

a) *De ceux qui commandent le crime*. — Il s'agit ici de ceux dont l'autorité sur l'individu qui a commis le crime est telle qu'on peut dire que le crime n'a été que l'exécution de leurs ordres. C'est le cas des pères, des maîtres et tuteurs et curateurs. La loi les considère comme les seuls vrais coupables et ne regarde l'exécuteur de leurs ordres que comme leur instrument parce qu'il est censé avoir agi par crainte ou obéissance plutôt que par malice. Pour cette raison, la peine était moindre pour l'auteur du crime que pour l'instigateur excepté cependant quand il s'agissait de crime de lèse-majesté divine et humaine de parricide et d'assassinat qui, disent les auteurs, supposent nécessairement de la malice dans celui qui le commet.

b) *De ceux qui chargent de commettre un crime*. — Qu'entend-on par cette expression, *charger de commettre un crime?* Il s'agit de celui qui n'a pas d'autorité sur la personne qui a commis le crime et qui l'engage à le commettre par *l'offre d'une récompense*. Dans ce cas le mandant et le mandataire sont également punis car ici on doit supposer chez ces deux individus le même esprit de malice et d'intérêt. Dans ces deux cas même, le mandataire devient plus punissable que le mandant: 1° quand il a exécuté le crime sachant qu'auparavant le mandant avait révoqué son mandat ; 2° quand le mandataire excède les bornes de son mandat : exemple, s'il tue celui qu'on l'avait seulement chargé de battre. Quand il s'agissait de crimes atroces comme l'assassinat, on ne faisait plus de distinction et le mandant ainsi que le mandataire étaient punis de la même peine, alors même qu'il n'y aurait eu que *machination ou attentat* (1). Ainsi, un juif, nommé Dulys, qui avait donné de l'argent à un soldat aux gardes pour assassiner le sieur Francœur et la demoiselle Pelissier fut roué avec le soldat quoique le crime n'eût point été consommé (2). Il n'était pas même nécessaire, pour qu'on puisse punir, que l'individu à qui on avait donné de l'argent eût tenté d'exécuter son crime, il suffisait qu'il eût reçu de l'argent. Ainsi on punissait de la même façon que si le crime avait été commis ceux qu'on avait loués pour assassiner quelqu'un et qui allaient dénoncer à la justice celui qui leur avait versé de l'argent (3). Cette jurisprudence certes n'était point faite pour enrayer les assassinats.

c) *De ceux qui conseillent le crime.* — On appelle ainsi ceux qui n'emploient ni autorité ni promesses pour exciter à commettre un crime, mais qui se contentent seulement d'y engager par des discours, des écrits et autres voies per-

---

1. Article 193 de l'ordonnance de Blois de 1579.

2. Arrêt du Parlement de Paris, du 8 mai 1731, Conf. 9 juillet 1748. Guyot, v° *Assassin*.

3. Arrêt du Parlement de Paris, 1er fév. 1685 et 18 juillet 1764, Guyot *ibid.*

suasives, comme en fait de complot et de conjuration. Le conseil diffère du mandat en ce que celui-ci a surtout pour objet l'utilité particulière de celui qui le donne, tandis que le conseil n'est censé avoir d'autre objet que l'avantage de celui à qui il est donné. Il en résulte que celui qui donne le conseil n'est punissable que dans le cas seulement où il *serait prouvé* que le conseil a été frauduleux, c'est-à-dire donné en vue d'un intérêt personnel ou par haine et vengeance contre celui envers qui le crime a été commis. Cet élément doit être prouvé car la fraude ne se présume point et, dans le doute, on doit penser à admettre que le conseil soit frauduleux et par suite punissable, il faut qu'on puisse dire que le crime a été effectivement la suite du conseil. S'il paraît, au contraire, que le crime aurait été commis indépendamment de ce conseil, on ne punit pas.

d) *De ceux qui aident à commettre le crime.* — Cette manière de participation peut avoir lieu dans trois temps différents, *avant*, *lors* et *après* le crime. 1° Avant le crime quand par exemple pour faciliter l'exécution d'un crime, on introduit celui qui veut le commettre dans un lieu propre à cet effet, ou bien qu'on porte les lettres tendant à exciter au crime. 2° Pendant le crime quand on accompagne celui qui le commet au moment où il le commet et qu'on facilite l'accomplissement du crime en faisant le guet, en gardant les hardes, etc. 3° Après le crime lorsqu'on partage avec le coupable les effets de la personne tuée ou volée, qu'on enterre son cadavre pour le cacher, qu'on cache le voleur ou l'assassin ou bien qu'on favorise sa fuite. Dans tous ces cas, en effet, le coupable n'est arrivé à consommer son crime ou à s'en assurer l'impunité que par les secours qui lui ont été prêtés. On doit considérer ceux qui ont prêté ces secours, non seulement comme des complices, mais comme de véritables coopérateurs(1). Quant à ceux qui avaient simplement assisté au fait on ne les punissait pas. Pour ceux qui avaient donné retraite au criminel ils n'étaient passibles de peines que lorsqu'il était certain qu'ils avaient eu connaissance du crime, et qu'ils en avaient profité en quelque manière. Enfin quand le crime était de ceux pour lesquels les ordonnances défendaient expressément de donner retraite au coupable, on distinguait entre les parents et les étrangers.

c) *De ceux qui approuvent le crime après qu'il est commis.* — Il y avait deux manières d'approuver le crime. Cette approbation pouvait être *tacite* ou *expresse*. Ce qui a lieu par exemple quand on applaudit celui qui vient de commettre un crime. La loi, en effet, disent les auteurs, compare ces sortes d'approbations au mandat. Mais à cet égard on distinguait et la qualité de la personne qui approuvait et la nature du crime approuvé. Au point de vue de la qualité de la personne, il fallait que cette qualité donnât à cette personne un certain pouvoir sur celui qui a commis le crime, de façon qu'il n'aurait tenu qu'à cette personne de l'empêcher de commettre le crime. Il en serait de même si celui qui a donné à quelqu'un mandat de gérer ses affaires approuvait les excès et violences de ce mandataire. Quant à la nature du crime approuvé il fallait que ce crime fût du nombre de ceux dont les lois chargent expressément ceux qui en ont connaissance de venir le révéler, comme par exemple les hôteliers que l'ordonnance de Blois oblige à révéler les gens sans aveux qui logent chez eux.

1. Jousse, t. I, p. 22.

II

En matière de complicité donc le législateur de 1791 trouvait sa tâche toute préparée, d'autant plus que sur ce point les publicistes et notamment Beccaria (1) ne trouvent rien à reprendre, ils approuvent même sans réserve la jurisprudence qui punit également celui qui dénonce ses complices et ceux qu'il a ainsi livrés car, à leurs yeux, l'impunité accordée dans ce cas « autorise la trahison sorte de perfidie dont les scélérats même ont horreur entre eux, elle introduit les crimes lâches bien plus funestes pour la société que les crimes courageux (2) »... Dans ces conditions, le législateur de 1791 se contenta de reproduire dans la deuxième partie, titre III du Code pénal, la plupart des règles que nous venons d'examiner.

Dans l'article premier il punit des mêmes peines que l'auteur du crime ceux qui l'ont provoqué par dons, promesses, ordres ou menaces, ainsi que ceux qui auront « sciemment et dans le dessein du crime procuré au coupable, les moyens, armes ou instruments qui lui ont servis, ceux qui « sciemment et dans le dessein du crime » ont aidé le coupable soit dans les faits qui ont préparé ou facilité l'exécution du crime soit dans l'acte même qui l'a consommé. L'article 2 prévoit le cas de provocation directe au crime soit par des discours prononcés dans les lieux publics, soit par des placards ou bulletins affichés ou répandus dans lesdits lieux, soit par des écrits rendus publics par la voie de l'impression. L'article 3 punit le recel des objets volés. L'article 4,

---

1. Beccaria. chap. X.
2. Beccaria, *ibid.*

en effet, punit le recel du cadavre d'une personne homicidée. Les seules différences qui existent entre ces textes et l'ancien droit, c'est qu'il n'y est plus question de punir « ceux qui approuvent le crime après qu'il est commis », « ceux qui conseillent le crime », « ceux enfin qui donnent asile aux malfaiteurs ».

Les dispositions du Code de 1791 sont, nous l'avons déjà dit, à peu près semblables aux articles 59 et suivants du Code de 1810 (1), qui n'ont point été modifiés aussi, en essayant de dégager la théorie de la complicité d'après le Code pénal de 1791 allons-nous étudier du même coup les origines de la théorie actuelle. Nous verrons en effet quels furent les problèmes que le tribunal de Cassation eut tout d'abord à résoudre en matière de complicité et quelles solutions il donna. Enfin s'il y a lieu nous comparerons cette jurisprudence primitive avec celle d'aujourd'hui. Pour cela nous allons examiner tour à tour la complicité au triple point de vue, de ses conditions, des faits qui la constituent et des peines qu'elle comporte.

Sous l'empire du Code de 1791, pour que la participation à une infraction constituât un acte de complicité punissable, il fallait : 1° avoir participé à un fait principal punissable, qualifié crime, 2° de la manière définie par la loi, 3° avec accord de volonté.

Tout d'abord, il fallait un fait principal qualifié crime, les articles 1, 2 et 3 du titre III, 2ᵉ partie, le disent expressément : « Lorsqu'un crime aura été commis. » C'est en effet de ce fait principal que l'acte de participation tire toute sa gravité. Si ce fait n'existe pas, il n'y a plus de complicité possible, il peut y avoir, certes, des actes de provocation

____

1. V. Motifs du Livre II du Code de 1810 par les Conseillers d'État, Faure Berlier et Portalis.

répréhensibles en eux-mêmes, mais il n'y a point de participation. Aujourd'hui la loi punit la complicité alors même que le fait principal est un délit. Pendant la période intermédiaire il en était autrement, aucune loi n'avait prévu et puni la complicité des délits et pour ne point la laisser impunie l'usage avait dû étendre aux délits les dispositions du Code pénal relatives à la complicité des crimes (1).

De ce que les textes que nous étudions ne punissent la complicité que s'il y a eu un crime *commis* il semblerait résulter que la complicité d'un crime simplement *tenté* devait rester sans répression. Il est évident cependant que dans les cas où le Code pénal de 1791 punissait la tentative, le complice devait être puni de la même peine que l'auteur principal. Quant aux autres crimes, la tentative n'en ayant pas été punie et les faits accomplis étant poursuivis, nous l'avons vu, sous la qualification qu'ils méritaient sans souci de l'intention tout autre du coupable, le complice devait également être poursuivi sous cette qualification. Enfin, quant à la question que nous agitons aujourd'hui de savoir si la tentative de complicité est punissable, disons seulement qu'elle ne pouvait se poser sous l'empire du Code de 1791 qui exige expressément que l'individu ait été *convaincu d'avoir participé* au fait principal de la manière qu'il détermine. Telle est en effet la seconde condition nécessaire pour qu'un individu puisse être condamné comme complice. Le juge ne peut punir que les actes limitativement énumérés dans la loi, ce qui est l'application de la règle *nulla pœna sine lege*. Pour empêcher qu'on éludât cette obligation, et qu'au moyen de formules très compréhensives comme par exemple celle-ci : « attendu que X. est coupable par compli-

2. Motifs du livre II du Code pénal de 1810.

cité » on en arrivât, en rendant tout contrôle du tribunal de Cassation impossible, à punir des faits qui aux yeux de la loi ne constituaient pas la participation punissable et à rétablir ainsi l'arbitraire du juge, le tribunal de Cassation exigea que le jury s'expliquât sur les faits constitutifs de la complicité et que les arrêts sur ce point fussent motivés. « Attendu, dit en effet un arrêt, que dans le nombre des modes de complicité, il en est plusieurs dans lesquels la connaissance ne constitue pas essentiellement le délit ; que l'on peut acheter, recevoir gratuitement, recéler, c'est-à-dire serrer, enfermer la chose volée, sachant qu'elle provient d'un vol, sans avoir l'intention criminelle ; que l'on peut, y étant contraint par la force, aider et assister le coupable sans que la connaissance de son dessein pervers rende le complice criminel ; que dans le cas présent le mode de complicité n'étant pas exprimé on peut supposer que c'est un de ceux rapportés ci-dessus » (1).

Dans un autre arrêt même, le tribunal prend soin d'indiquer les questions à poser au jury en matière de complicité : « Attendu que, dit-il, par la troisième question le Tribunal criminel s'est borné à demander si l'accusé était le complice de l'enlèvement, sans poser celle essentielle de savoir de quelle manière il s'était rendu complice, en demandant, d'après le dispositif de l'article 1er, titre 3 du Code pénal, s'il avait aidé ou assisté le coupable ou les coupables soit dans les faits qui avaient préparé ou facilité l'exécution du vol dans l'acte même qui l'avait consommé ; qu'il s'agissait ensuite de poser la question de savoir si cette aide ou assistance avait eu lieu de la part de l'accusé sciemment et dans

1. Cass., 17 brumaire an V, dans le même sens, 20 décembre 1792 et 27 vendémiaire an VII, S. et P. chr.

le dessein du crime; que la question intentionnelle ainsi posée eût été bien plus claire, plus précise et plus régulière (1). »

L'intention criminelle dont parle cet arrêt c'est ce que nous avons appelé l'accord de volonté qui doit exister entre l'auteur principal et le complice, accord qui constitue la troisième condition de la complicité. Il faut, en effet, que le complice ait connu la criminalité de l'acte auquel il s'associait et qu'il ait voulu y participer, autrement dit il est nécessaire aux termes de l'article 1er alinéa 2 qu'il ait agi *sciemment et dans le dessein du crime*, de là les conséquences suivantes : si l'inculpé n'a pas su qu'il participait à un crime on doit nécessairement l'absoudre, de même s'il n'a agi que contraint et forcé, dans ce cas sans doute il a bien eu connaissance du crime auquel il coopérait mais il n'a pas voulu s'y associer, il n'y a pas eu chez lui « dessein du crime ».

Cette expression, d'ailleurs, doit s'entendre dans son sens littéral, il ne suffit pas en effet que l'inculpé ait eu en aidant au crime une intention coupable quelconque, il faut qu'il ait voulu participer au fait incriminé tel qu'il est déterminé par la loi, autrement dit, il ne suffit pas qu'il ait eu l'intention de mal faire ou de coopérer à un acte quelconque défendu par la loi, mais à tel crime déterminé, à un assassinat par exemple. Ainsi, le Tribunal de cassation a décidé que pour qu'un individu fût condamné pour complicité d'assassinat, il était nécessaire que le jury eût été interrogé sur la question de préméditation, l'article 13, première partie, titre II du Code pénal de 1791 exigeant cet élément pour que l'assassinat soit réalisé. Par la même raison celui qui, sans préméditation, aurait aidé à commettre un homicide prémé-

_____

2. Cass , 5 brumaire an VII, et conf., 28 vendém. an IX, S. et P. chr.

dité par l'auteur principal ne pourrait être puni comme assassin mais comme coupable d'homicide volontaire (1).

Enfin c'est en vertu du même principe, qu'on ne peut, nous dit Merlin, punir de mort le receleur d'un effet dont le vol aurait été accompagné d'homicide parce qu'il s'est bien rendu complice d'un vol mais non d'un homicide. Par contre, le tribunal de Cassation s'est montré plus large à propos de l'homicide. Les articles 7 et 8, première partie, titre II punissent l'homicide commis *volontairement* et sans préméditation, à première vue il faut donc que l'auteur du meurtre ait eu l'intention de tuer. Le tribunal de Cassation en a décidé autrement : à son sens il faut qu'il y ait eu des violences et excès qui ont déterminé la mort et que l'auteur principal ait commis volontairement ces excès. Quant au complice il suffit « qu'il l'ait assisté sciemment et dans le dessein du crime, c'est-à-dire le dessein de favoriser ces excès » (2).

Telles sont donc les trois conditions nécessaires d'après le Code de 1791 pour qu'il y ait complicité, examinons maintenant les faits qui constituent d'après la loi la participation punissable.

De même que l'ancien droit, le Code de 1791 ne punit comme complice que celui qui a coopéré au fait principal non seulement sciemment et à dessein du crime mais encore de telle sorte que sans son intervention, le crime tel qu'il a été réalisé n'aurait pu se produire ; c'est lui qui a provoqué l'auteur principal par ses conseils, ses menaces ou son ordre, il l'a aidé dans l'exécution, ou bien enfin, pour le vol en permettant aux voleurs de trouver chez lui un asile et d'écouler le produit de leurs forfaits, il a encouragé les vols et

1. Cass., 4 pluviôse an XIII, S. et P. chr., Merlin, v° *Complicité*.
2. Cass., 6 juin 1806 et 15 déc. 1808, S. et P. chr., Merlin, *ibid*.

entravé la répression. A ce titre donc le complice est aussi coupable que l'auteur principal ; autrement dit, il est responsable du fait accompli au même degré que ce dernier et doit encourir le même châtiment. Telle est la théorie que le législateur de 1791 emprunte à l'ancien droit et que reproduira le Code de 1810. Cette théorie est aujourd'hui, on le sait, battue en brèche et à juste titre. En apparence en effet elle est logique et juste mais en réalité elle est contraire à la réalité des faits et elle aboutit à des conséquences pratiques dangereuses. Il n'est pas vrai de dire que l'auteur principal et le complice sont toujours et au même titre également responsables du fait accompli, l'auteur peut n'avoir été entre les mains du complice qu'un instrument et dans ce cas le complice est infiniment plus coupable que lui ; la réciproque d'ailleurs serait vraie. De même le complice peut être un criminel endurci, plusieurs fois condamné déjà, ou bien possédant une qualité telle qu'elle serait de nature à augmenter la peine du crime s'il était auteur principal ; il évitera cette aggravation en se contentant de provoquer au crime qu'il a médité, un individu non encore condamné par exemple.

Toutes ces conséquences avaient échappé aux criminalistes de l'ancien droit parce qu'à la différence de ce qui se passe aujourd'hui, au lieu de rechercher la responsabilité de l'individu on recherchait le degré de gravité du fait accompli d'après lequel on arbitrait la peine qui était la même pour tous. Il devait en être de même avec un code basé sur un principe identique. Le législateur de 1791 n'avait donc pas eu besoin de faire de la complicité un *délit distinct*, il lui suffisait de déterminer la peine due au fait principal et d'infliger cette peine à tous ceux qui avaient coopéré au crime. Sur un point cependant l'œuvre de la Constituante était défectueuse et une des conséquences dangereuses que nous voulons enrayer aujourd'hui risquait de se produire. En matière de récidive en effet, pour que le coupable soit condamné à la déportation (art. 1ᵉʳ) ou à une peine aggravée (art. 2), il fallait qu'il eût une seconde fois « *commis un crime* » emportant l'une des peines énumérées dans ces textes. Si l'on interprétait cette expression dans son sens littéral, on arrivait forcément à la conséquence que voici: Un individu, pour éviter les peines de la récidive, pouvait provoquer à commettre un crime une personne n'ayant encore subi aucune condamnation pour crime. Il aurait été condamné à la même peine que l'auteur principal ; mais, comme il n'avait pas « commis le crime », il n'aurait pas encouru la déportation. La jurisprudence ne paraît pas avoir été appelée à statuer sur ce point. Il y avait certes là un défaut de rédaction de la loi, mais il suffisait de modifier les articles concernant la récidive pour rendre le système parfait, d'autant plus, nous l'avons dit, que la loi avait limitativement énuméré les faits de complicité punissables. Ces faits constitutifs de la complicité sont au nombre de quatre : 1° La provocation directe au crime soit par dons, promesses, etc., soit par des discours et écrits rendus publics. 2° Le fait d'avoir procuré des moyens matériels pour commettre le crime. 3° Le fait d'avoir aidé sciemment le coupable ou les coupables dans les actes qui ont préparé ou facilité l'exécution du crime ou dans cette exécution même. 4° Le recel de choses volées et du cadavre d'une personne homicidée (1).

---

1. Sur ce point le Code de 1791 diffère de celui de 1810 en ce qu'il ne punit point ceux qui donnent asile aux malfaiteurs, article 61. Cette disposition a été empruntée par le Code de 1810 à la loi du 29 nivôse an VI. Pendant la Révolution on punissait encore comme receleurs ceux qui avaient caché des prêtres sujets à la déportation. Loi du 22 germinal an II.

De là une double classification des actes de complicité :
1° Considérée sous le rapport des faits qui la constituent, la
complicité est *morale* ou *matérielle* ; 2° Envisagée sous le
rapport du temps où elle se produit, la complicité peut intervenir *avant, pendant* ou *après* la consommation du crime,
c'est à ce triple point de vue que nous allons nous placer
pour examiner chacun des faits d'où le législateur de 1791
a fait résulter la participation punissable.

a) *Complicité par des faits antérieurs à l'exécution du
crime.* — Le premier mode de complicité est la *provocation*,
elle peut s'exercer de deux façons différentes suivant qu'elle
s'adresse à un individu déterminé ou à la foule.

Pour que la provocation adressée à l'auteur d'un crime
soit punissable il est nécessaire, d'après l'article 1er, qu'elle
ait été faite par dons, promesses, ordre ou menaces antérieures à la perpétration du crime, c'est-à-dire qu'il faut que le
complice ait employé des moyens de nature à peser sur la
volonté du coupable pour le déterminer à accomplir le crime,
qu'il ait par exemple usé de son pouvoir sur lui, ou excité sa
convoitise par l'appât d'un gain. Il ne suffirait pas en effet qu'il
se fût borné à lui donner des conseils que l'auteur eût été
libre de ne pas suivre (1). Enfin, le Code de 1791 ne parle
pas de l'abus d'autorité ou de pouvoir, des machinations ou
artifices coupables que nous voyons mentionnés dans l'article 59 du Code de 1810. La raison de ce silence est que sur
ce point le législateur de 1791 n'a fait que codifier Jousse
qui ne mentionne point ces faits.

En ce qui concerne la provocation collective, elle est prévue par l'article 2. Il faut, pour qu'elle soit punissable, que
le complice ait provoqué *directement* au crime soit par des

---

1. Cass., 18 août 1809, S. et P. chr. Merlin, v° *Complicité.*

discours prononcés dans les lieux publics, soit par des placards ou bulletins affichés ou répandus dans lesdits lieux, soit par des écrits rendus publics par la voie de l'impression. C'est la publicité donnée à cette provocation qui la rend dangereuse car en s'adressant à la foule on risque toujours d'être entendu. Cette publicité est un élément essentiel de cette sorte de provocation et le jury doit toujours être interrogé sur la question de savoir si les discours ou écrits ont été rendus publics (1).

Le Code de 1791 ne reproduit point un mode de complicité qui présente avec la provocation collective beaucoup d'analogie et que punissait l'ancien droit, c'est la complexité par approbation d'un crime, nous disons aujourd'hui par apologie, peut-être le législateur de 1791 avait-il pensé que la formule qu'il employait dans l'article 2 était assez large pour englober cette sorte de provocation que nous punissons actuellement à propos de certains faits de nature à troubler profondément l'ordre social (2).

Le second mode de complicité par des faits antérieurs à l'exécution du crime est constitué par le fait de procurer au coupable des armes, moyens ou instruments destinés à servir à l'exécution du crime (art. 1ᵉʳ, al. 2). La jurisprudence a fait rentrer dans cette disposition les instructions fournies par le complice afin de permettre l'exécution du crime (3).

b) *Complicité par des faits qui se produisent en même*

---

1. Cass., 27 floréal an VI. S. et P. dhr,

2. Art. 24 § 1ᵉʳ de la loi du 25 juillet 1881, modifié par la loi du 13 déc. 1893. L'art. 2 de la loi du 25 juillet 1894. Cependant le texte du Code de 1791 exige que la provocation ait été *directe* car l'apologie en général est une provocation indirecte.

3. Cass., 18 août 1809, précité.

temps que ceux qui constituent le délit. — C'est l'aide ou assistance accordée au coupable soit dans les faits qui ont préparé ou facilité l'exécution, soit dans l'acte même qui l'a consommée, il faut dans ce dernier cas que la participation du complice n'ait pas été telle que sans son intervention le crime n'eût pu être commis, il serait alors en effet non plus un complice mais un auteur. Aussi, le tribunal de Cassation exige-t-il que le jury ait dit expressément en quoi avaient consisté l'aide et l'assistance (1).

c) *Complicité par des faits postérieurs à la perpétration du crime.* — Le recel des choses volées et celui du cadavre d'une personne homicidée sont, nous l'avons vu, les seuls faits de complicité postérieure au crime que punit le Code de 1791. Le recel en lui-même n'est pas un fait de complicité mais plutôt une infraction distincte, c'est d'ailleurs ce qu'admettent aujourd'hui la plupart des codes pénaux modernes (2). Suivant en cela l'exemple de l'ancien droit le législateur de 1791 a considéré le recel comme un cas de complicité car, le receleur en fournissant au voleur le moyen de mettre à l'abri le produit de ses vols et d'en tirer un gain, participe certainement au crime d'autant plus qu'il en tire le plus souvent un bénéfice.

Pour qu'il y ait complicité par recel d'après l'article 9, il faut donc que l'individu ait été convaincu d'avoir reçu gratuitement ou acheté ou recelé, c'est-à-dire caché les choses provenant du vol, sachant leur provenance.

Quant au receleur du cadavre d'une personne homicidée (art. 4), il était puni pour ce fait de la peine de quatre années de détention alors qu'il n'avait pas été complice de l'homicide par un des moyens énumérés dans les articles 1ᵉʳ

1. Cass., 28 vend. an IX.
2. *Bull. Soc. des prisons*, 1890, p. 897.

et 2. L'ancien droit punissait déjà ce fait comme un cas de complicité, en réalité, il y a plutôt là une infraction spéciale; c'est ce qu'a compris le Code de 1810 qui punit le même fait sous la rubrique des infractions aux lois sur les inhumations (art. 359).

Il ne nous reste plus, pour en finir avec la complicité, qu'à rechercher quelle peine le juge devait infliger au complice. Aujourd'hui avec la théorie de l'individualisation subjective de la peine le point soulève plusieurs questions importantes. Sous l'empire du Code pénal de 1791 il n'en était pas de même. La Constituante en effet avait simplifié sur ce point l'ancien droit qui, suivant les cas de complicité, infligeait souvent à l'auteur principal une peine plus ou moins grave que celle du complice. Elle avait adopté comme règle que le complice serait toujours puni de la même peine que l'auteur principal et comme les peines étaient fixes et mesurées d'après la gravité du délit, il suffisait au juge d'ouvrir la loi et d'appliquer sans atténuation ni aggravation la peine qu'elle portait contre le crime.

Il ne s'ensuit pas cependant que dans tous les cas la peine du complice et celle de l'auteur principal étaient identiques, et ceci nous amène à examiner quels étaient l'effet de l'impunité de l'auteur principal, et l'effet des circonstances aggravantes sur la peine du complice.

De ce que la peine est la même pour l'auteur principal et le complice il ne résulte pas cependant que la culpabilité du complice soit la même que celle de l'auteur, elle en est distincte, de là, si l'un des deux vient à être impuni, il n'en résulte pas forcément que l'autre doive l'être toujours.

Tout d'abord, une difficulté s'éleva sur le point de savoir si la mort du principal accusé éteignait le procès à l'égard des complices. La Convention fut saisie de cette question par le tribunal criminel du Doubs et elle y répondit par un décret du 26 messidor an II, disant « qu'il n'y a rien, soit dans le Code pénal, soit dans toute autre loi qui puisse faire douter si le complice d'un criminel doit être puni lorsqu'il est convaincu quoique l'auteur principal du crime soit mort, avant sa condamnation et que c'est se jouer de la justice que d'en arrêter le cours » (1).

Si maintenant nous recherchons quel était pendant la période intermédiaire l'effet de l'acquittement de l'auteur principal sur le sort du complice, nous voyons que la Cour de cassation a déclaré tout d'abord que l'acquittement de l'auteur principal entraînait nécessairement celui du complice, car un innocent ne peut avoir de complice (2). Cependant, elle a dû admettre des exceptions à ce principe, notamment quand l'auteur principal a été acquitté parce qu'un des éléments du délit manquait ; c'est la théorie que Merlin fit admettre dans une espèce de suppression de titres où l'accusé principal avait été acquitté à raison de son intuition (3). Dans cette affaire l'absolution de l'auteur principal « motivée, dit Merlin, sur ce qu'en détruisant la contre-lettre il a été plus imprudent que coupable », ne devrait pas vraiment entraîner l'absolution du complice considéré comme provocateur et comme aide de cette destruction, car ce serait « demander si celui qui provoquerait ou aiderait un homme en démence, un enfant, à commettre un homicide devrait profiter de l'absolution qui serait prononcée en faveur de l'enfant ou de l'homme en démence ».

Enfin, peu de temps avant la promulgation du Code de

1. Merlin Répertoire. v⁰ˢ *Escroquerie*, 13, et *Complicité*.
2. Cass., 8 vendémiaire an VIII.
3. Cass., 20 fructidor an XII. Merlin. *Questions de droits*, v⁰ *Suppression de titres*.

1810 la Cour de cassation eut à statuer sur le point de savoir si l'amnistie du fait principal devait profiter au complice ; à juste titre elle répondit en faveur de l'affirmation car « le crime en lui-même ayant été amnistié et ne restant conséquemment plus un crime aux yeux de la loi, il ne peut plus y avoir de complice de ce crime à poursuivre et à punir » (1). Ainsi donc hors ce dernier cas où la loi cessant de punir le crime le complice, pas plus que l'auteur principal, ne pouvait être poursuivi, l'impunité de l'auteur n'entraînait pas forcément et dans tous les cas celle du complice.

En ce qui concerne les circonstances aggravantes enfin, il faut faire une distinction au point de vue de l'influence qu'elles ont sur la pénalité à infliger au complice, entre : 1° Les circonstances aggravantes *objectives* ou *réelles* et 2° les circonstances subjectives ou personnelles. Les preuves sont celles qui sont inhérentes à l'infraction elle-même. Il en est ainsi par exemple en matière de vol commis avec les circonstances d'escalade, de fausses clefs, de maison habitée, etc. dont la réunion constitue le vol qualifié. Or, tous ceux qui ont participé à l'infraction ainsi aggravée sont censés en avoir accepté d'avance la responsabilité alors même qu'ils n'auraient pas connu certaines de ces circonstances. Par suite le complice encourra comme l'auteur principal la peine aggravée. Cette solution parut excessive dans un cas, celui où la complicité a eu lieu après le crime. Ainsi, nous dit Bexon (2) : « Un vol est commis à force ouverte, avec armes, la nuit, par plusieurs personnes, dans une maison habitée, avec effraction ; en un mot avec toutes les circonstances qui le rendent le plus grave, et appellent sur les auteurs du vol, et sur les complices, avant le crime, la peine

1. Cass., 7 janv. 1800. Merlin. *Questions de droit*, v° *Amnistie*, § 4.
2. *Parallèle*, p. 134.

la plus sévère, et qui dans nos lois actuelles peut aller jusqu'à vingt-quatre ans de fers, ou vingt-quatre ans de réclusion pour une femme. Quelqu'un recevra tout ou partie des
effets volés; en recèlera ou en achètera une faible portion,
une chemise, un habit peut-être, le juré décidera qu'il sa-
vait que cela provenait d'un vol, il sera jugé complice après
le crime. On me demande s'il sera condamné à la même
peine que celui ou ceux qui auront commis le vol, avec violence, avec armes, dans une maison habitée, avec effraction,
la nuit; et si je réponds que oui, on hésitera de me croire.
Cependant c'est l'application journalière de l'article 3 du
Code pénal sur les complices... « Je me trompe peut-être ;
mais ma conscience me dit que je ne dois pas tirer contre
le complice, après le crime, une conséquence aussi terrible
et aussi sévère ». Ces raisons étaient justes et la Cour de
cassation, pour éviter de condamner à une peine trop sévère,
l'individu coupable seulement d'avoir recélé quelques objets
provenant d'un vol alors qu'il avait pu ignorer les circonstances qui l'avaient accompagné, n'hésita pas à forcer le
texte de la loi et par un arrêt du 8 septembre 1809 (1) rendu
au rapport de Brillat-Savarin elle décida que « d'après l'article 3 du titre 3 de la deuxième partie du Code pénal on doit
appliquer au receleur la peine du vol dans toute son intensité bien qu'il ait cru ou pu croire, en recélant les effets
volés, que le vol n'avait été accompagné d'aucune circonstance aggravante, il y a une exception à cette règle et la
peine du receleur est diminuée quand il n'a pas eu connaissance en recélant des circonstances aggravantes du vol qui
emportait la peine de mort ou une peine perpétuelle. » C'est
cette jurisprudence qui a été consacrée avec raison par l'article 63 du Code de 1810. Par cet arrêt du 8 septembre 1809

1. Merlin, v° *Complicité*.

la Cour de cassation apportait une restriction au principe qu'elle avait sur sa jurisprudence antérieurement posé. Tout d'abord en effet elle avait appliqué la loi dans toute sa rigueur. C'est ainsi que le 25 nivôse an VII elle avait déclaré « que la peine du complice est la même que celle de l'auteur principal sans considérer s'il a eu ou non connaissance des circonstances aggravantes ; car il s'approprie toutes les circonstances du crime, qu'ainsi il n'y a aucune distinction à faire (1). » En conséquence elle avait même décidé que la peine du complice serait la même que celle de l'auteur alors même qu'il n'aurait pas connu la circonstance aggravante de domesticité applicable à ce dernier (2), ce qui était appliqué au complice des circonstances *aggravantes subjectives*, c'est-à-dire personnelles à l'auteur principal. Ce qui est excessif puisque évidemment, le complice participe à un fait punissable et ne participe pas à la circonstance qui aggrave la culpabilité de l'auteur, circonstance que même il a pu ignorer, ce qui est juste cependant, puisque en participant à une entreprise comme celle à laquelle il a pris part, il a dû logiquement en accepter d'avance tous les risques et toutes les conséquences ; aussi la jurisprudence moderne qui sur ce point continue la tradition des arrêts que nous venons de citer (3) nous paraît-elle devoir être approuvée.

Sous l'empire du Code de 1791 cependant la Cour de cassation avait déjà reconnu qu'il y a des circonstances aggravantes personnelles qu'il est impossible d'étendre au complice parce qu'elles ne réagissent point comme la précédente sur la criminalité du fait lui-même. C'est ainsi qu'elle avait déclaré que si l'auteur principal du crime était à raison

---

1. S. et P. chr.
2. Garçon. *Code pénal annoté*, art. 59.
3. Cass., 3 juillet 1806. Merlin, *Répertoire*, v° *Complicité*.

d'une récidive dans le cas de subir l'aggravation de peine prévue par les articles 1 et 2, du titre 2, première partie, du Code pénal on ne pouvait punir son complice que de la peine ordinaire du crime (1).

Telle était l'interprétation que la jurisprudence avait donnée des articles du Code pénal concernant la complicité pour crime dont elle avait essayé, dans la mesure du possible, d'adoucir la sévérité trop excessive parfois, de telle sorte que la plupart des solutions qu'elle a données ont été ensuite codifiées par le législateur de 1810 et aujourd'hui encore sont admises en pratique.

1. Cass., 22 pluviôse an XI, S. et P. chr.

CONCLUSION

C'est aujourd'hui un lieu commun que le Code pénal de 1791 est une construction juridique, œuvre de juristes, dans lequel prédominent les règles abstraites, les fictions et les formules juridiques : il envisage le criminel comme un type abstrait, imaginé par la raison en dehors de la réalité et de la vie et non comme un être réel, vivant, agissant et obéissant à des passions et à des mobiles variables : il conçoit le délit, non comme l'œuvre du criminel manifestant les passions, le caractère et le tempérament de l'homme, mais comme une entité juridique abstraite, ayant une nature propre invariable : la responsabilité pénale est par suite exclusivement objective, calculée d'après le mal du délit et non d'après l'état d'âme du délinquant : la peine doit, en conséquence, être la même et égale pour tous les auteurs du même délit : prenant pour point de départ le type fictif et conventionnel de l'homme raisonnable et procédant par voie de généralisation, la loi suppose tous les délinquants coulés dans le même moule, identiques en face d'un même crime et susceptibles d'être retenus ou amendés par la même peine.

Ce jugement certes contient une grande part de vérité, il a cependant le grave défaut d'être un jugement conçu *in abstracto* sans tenir compte des faits et de la réalité historique. Le Code de 1791 appartient désormais à l'histoire, c'est donc en historien du droit qu'il faut l'étudier. Non il n'est pas exclusivement une œuvre de juristes, c'est au contraire, nous croyons l'avoir suffisamment démontré, le résultat de tout l'effort philosophique, *de la pensée* du xviiie siècle. Si Montesquieu, si Servan étaient des légistes, Voltaire, Rousseau, Beccaria, Mably, Mirabeau et tant d'autres que couronnèrent les académies de province pour leurs études sur les questions pénales n'avaient pas étudié le droit. Quant aux Constituants ils ne firent guère qu'enregistrer les résultats acquis.

Le Code de 1791, œuvre de philosophes, de philanthropes et de publicistes, tire de ce fait toutes ses qualités et aussi tous ses défauts.

Ce qui choquait les hommes « sensibles et éclairés » c'était l'inégalité des individus devant la loi pénale, l'extrême sévérité des peines et l'arbitraire. Or l'arbitraire était partout. Pouvoir sans limite du juge pour déterminer les faits punissables et les peines. Arbitraire dans l'exécution des châtiments puisque le roi avait le droit de grâce. Pour supprimer radicalement tous ces abus, ils demandent que la loi se substitue partout au juge, c'est-à-dire que le législateur fasse le travail des magistrats de façon qu'ils n'eussent plus qu'à appliquer la loi. Mais il faut que le législateur *fasse comme les magistrats autrefois*, qu'il détermine le fait punissable et ensuite la peine qui lui paraît proportionnée à ce fait. La peine, en effet, doit être la même pour tous ceux qui ont commis le même fait, et aucun pouvoir ne peut en atténuer la durée car ils ont tous le même degré de perversité. Et le châtiment, s'il est humain, proportionné à cette perversité, et bien organisé, doit tous également les rendre meilleurs, car le législateur doit édicter des peines douces. Les philosophes, en effet, montrent que les criminels ne sont point des monstres, des êtres anormaux, mais au contraire des hommes. Ils ne voient pas sans doute les *individus* mais c'est un défaut de leur conception. Il n'y a pour eux qu'un seul type, l'*homme* statue d'argile, selon l'expression de Condillac, que la nature a faite bonne mais malléable et que les lois et l'état de société ont rendue perverse. Si les lois sont changées et conçues selon les principes de la raison et de la nature, tout cela changera, l'*homme* redeviendra bon. Le tout est de trouver la peine efficace et de l'appliquer à tous. Or, ces peines ce ne furent point les juristes qui les trouvèrent, ce furent des philanthropes et des philosophes.

Les seules parties du Code que rédigèrent les juristes seuls, ce furent celles qui concernaient des questions purement juridiques et dont l'opinion publique ne s'était pas préoccupée, la complicité, par exemple, ou la tentative. Les juristes se montrèrent traditionnalistes, ils se bornèrent à reproduire les règles admises par les vieux criminalistes et sur ce point l'œuvre est souvent défectueuse.

Quoi qu'il en soit, par les principes qu'il consacre et qui sont encore aujourd'hui à la base de notre système pénal, le Code de 1791 marque le premier stade de l'évolution du droit criminel moderne et de la science pénitentiaire. On sait comment cette évolution fut retardée. De nos jours seulement les principes du Code de 1791 commencent à recevoir leur application. Sans doute, nous n'avons plus, ni la même conception du criminel, ni le même idéal que les hommes du xviiie siècle. Mais, en montrant pour la première fois que le criminel est un homme, en organisant des châtiments humains capables d'améliorer le condamné, ils ont ouvert la voie, dans laquelle aujourd'hui, définitivement, nous sommes engagés.

Vu : le Président de la thèse,
GARÇON

Vu : le Doyen,
LYON-CAEN

Vu et permis d'imprimer :
Le Vice-Recteur de l'Académie de Paris
LIARD

APPENDICE I

Projet de la loi du Code Pénal

PREMIÈRE PARTIE

Des peines

TITRE I

Des peines en général

Article premier. — Les peines qui seront prononcées contre les accusés trouvés coupables par le juré, sont de deux sortes :

Les peines afflictives ;

Les peines infamantes.

Art. 2. — Les peines afflictives sont : le cachot, la gêne, la prison, auxquelles sera toujours jointe l'exposition au regard du peuple.

Art. 3. — Les peines infamantes sont : pour les hommes, la dégradation civique ; pour les femmes, le carcan.

Art. 4. — Les peines afflictives les plus graves, le cachot et la gêne, se termineront par un temps des peines moindres. Ainsi, la peine du cachot sera suivie d'un temps de gêne et d'un temps de prison ; la peine de la gêne sera suivie d'un temps de prison : le tout dans les proportions qui seront fixées ci-après.

Art. 5. — Toute peine afflictive sera infamante.

TITRE II

De la peine du cachot.

Article premier. — Le condamné qui subira cette peine sera attaché dans un cachot, sans jour ni lumière, avec une chaîne et une ceinture de fer : il portera des fers aux pieds et aux mains.

Il n'aura pour nourriture que du pain et de l'eau.

Il lui sera donné de la paille pour se coucher.

Il sera toujours seul.

Il ne pourra avoir communication avec autres personnes que les geôliers et les commissaires de la maison de peine.

Art. 2. — Il sera procuré du travail au condamné deux jours par semaine pendant la première moitié du temps qu'il doit passer au cachot ; trois jours par semaine durant la seconde moitié.

Les jours de travail le condamné sortira de son cachot, il travaillera dans un lieu éclairé, ses chaînes lui seront ôtées ; mais il ne pourra sortir de l'enceinte de la maison, ni même communiquer avec les autres prisonniers.

Sur le produit de son travail un tiers sera appliqué à la dépense commune de la maison.

Sur une partie des deux autres tiers, il lui sera permis de se procurer une nourriture meilleure et plus abondante.

Le surplus sera réservé pour être remis au condamné, au moment de la sortie, après que le temps de la peine sera expiré.

Art. 3. — Un jour, chaque mois, la porte du cachot sera ouverte. Le condamné sera exposé dans son cachot avec ses chaînes, aux yeux du public, en présence du geôlier ; son nom, la cause de sa condamnation et le jugement rendu contre lui seront écrits extérieurement sur la porte de son cachot.

Art. 4. — Les femmes qui subiront cette peine, ne porteront point de chaînes ni de fers.

Art. 5. — La peine du cachot sera terminée par une seconde époque dont la durée sera égale à la moitié de la première.

Cette seconde époque se partagera en deux parties égales :

Pendant la première, le condamné subira la peine de la gêne. Pendant la deuxième, celle de la prison.

Ainsi, lorsque le jugement portera : condamné à la peine du cachot pour douze ans le condamné subira pendant huit ans la peine qui vient d'être décrite ; il passera à la gêne les deux années suivantes, et enfin il subira la peine de la prison pendant les deux dernières années.

Art. 6. — La durée de cette peine ne pourra être moindre de douze années, ni s'étendre au delà de vingt-quatre, dans lesquelles seront compris le temps de gêne et celui de prison dont le cachot doit être suivi conformément aux dispositions et aux proportions qui viennent d'être établies ci-dessus.

TITRE III

De la peine de la gêne.

Article premier. — Le coupable qui aura été condamné à cette peine, sera enfermé seul dans un lieu éclairé.

Il sera attaché avec une chaîne et une ceinture de fer, pieds et mains libres.

Il lui sera fourni, pour nourriture, du pain et de l'eau aux dépens de la maison ; le surplus, sur le produit de son travail.

Il lui sera donné de la paille pour se coucher.

Art. 2. — Tous les jours il lui sera procuré du travail.

Deux jours par semaine, les condamnés à cette peine pourront se réunir ensemble pour un travail commun, mais sans sortir de l'enceinte de la maison. Ces jours-là leurs chaînes leur seront ôtées.

Les autres jours, ils travailleront seuls, chacun dans le lieu de sa détention.

Le produit de leur travail sera employé, ainsi qu'il est expliqué ci-dessus à l'article 2 du titre précédent.

Art. 3. — L'un des deux jours du travail commun, après que les condamnés seront rentrés dans le lieu de leur détention, ils pourront

communiquer avec des personnes autres que les geôliers et commis·
saires de la maison, toutefois en présence d'un geôlier, et avec la
permission d'un commissaire. Tous les autres jours, les condamnés ne
pourront communiquer ni ensemble, ni avec les personnes du dehors.

Art. 4. — Une fois par mois, le lieu de la gêne sera ouvert et le
condamné sera exposé aux regards du public, avec ses chaînes en
présence d'un geôlier.

Son nom, la cause de sa condamnation et le jugement rendu contre lui seront écrits extérieurement au-dessus de la porte du lieu
où il est détenu.

Art. 5. — Les femmes qui subiront cette peine ne porteront point
de chaînes.

Art. 6. — Lorsque cette peine sera prononcée seule, et ne sera
pas une suite de la peine du cachot, sa durée ne pourra être moindre de quatre années, ni s'étendre au delà de quinze ans, dans le
nombre desquels sera comprise une année de la peine de la gêne,
qui sera toujours suivie.

TITRE IV
De la peine de la prison.

Article premier. — Le coupable qui aura été condamné à cette
peine sera enfermé seul sans fers, ni liens.

Il aura un lit pour se coucher.

Il lui sera donné pour nourriture du pain et de l'eau aux dépens
de la maison, le surplus sur le produit de son travail.

Art. 2. — Il lui sera fourni tous les jours du travail dans l'en-
cente de la maison. Les condamnés à cette peine pourront se réunir ensemble pour un travail commun.

Les hommes et les femmes travailleront dans des enceintes séparées.

Le produit de leur travail sera employé comme il est expliqué
ci-dessus.

Art. 3. — Une fois par semaine le condamné pourra communiquer avec des personnes autres que les geôliers et les commissaires

en présence toutefois d'un geôlier, et avec la permission d'un commissaire ; mais il ne paraîtra qu'enfermé dans la prison.

Un jour, chaque mois, la prison sera ouverte et le condamné sera exposé aux regards du public en présence d'un geôlier. Son nom, la cause de sa condamnation et le jugement rendu contre lui seront écrits extérieurement au-dessus de la porte de sa prison.

Art. 5 (*sic*). — Lorsque cette peine sera prononcée seule, et ne sera pas une suite de la peine du cachot ou de celle de la gêne, la durée de cette peine ne pourra être moindre de deux années, ni s'étendre au delà de six ans.

En conséquence, et pour l'exécution des dispositions précédentes, il sera fait choix dans chaque département, soit dans la ville où le tribunal criminel est fixé, d'une enceinte propre pour réunir l'établissement des cachots, des lieux de gêne et des chambres de détention.

La municipalité de la dite ville, sous l'inspection et l'autorité du directoire du département, sera chargée de pourvoir à la sûreté, salubrité, police intérieure, régie et administration de la dite maison, à la nourriture, aux besoins des condamnés et à leur soulagement en cas de maladie ou d'infirmité; de leur fournir un travail proportionné à leurs forces et à leur industrie ; de faire l'emploi du produit du dit travail, conformément aux précédentes dispositions; enfin de veiller à ce que les geôliers et gardiens remplissent leurs fonctions avec humanité et exactitude.

Expresses défenses seront faites aux gardiens des condamnés de les maltraiter et de leur porter aucun coup, sous peine de destitution.

Les condamnés seront toujours conduits pour subir leur jugement dans la maison de peine du département dans l'étendue duquel le crime aura été commis. Seront toutefois exceptés de la présente disposition les délits de lèse-nation qui auraient été commis hors du royaume ; ceux qui auront été condamnés pour ces délits seront conduits dans la maison de peine du département dans l'enceinte duquel siégeait le corps législatif, lorsqu'il a déclaré qu'il y avait lieu à accusation contre les prévenus des dits crimes.

TITRE V

De l'exposition des condamnés aux regards du peuple.

Article premier. — Quiconque aura été condamné, soit à la peine du cachot, soit à la peine de la gêne, soit à celle de la prison, sera préalablement placé sur un échafaud au milieu de la place publique.

Art. 2. — Il y sera attaché à un poteau, chargé des mêmes fers qu'il doit conserver dans le cachot, si c'est à cette peine qu'il est condamné, ou de ceux qu'il doit porter dans la gêne, si la gêne est la peine qu'il doit subir.

Art. 3. — Au-dessus de sa tête, sur un écriteau, seront inscrits en gros caractères son nom, la cause de sa condamnation et le jugement rendu contre lui.

Art. 4. — Il demeurera ainsi exposé aux regards du peuple pendant trois jours consécutifs, six heures par jour s'il est condamné à la peine du cachot.

Pendant deux jours consécutifs, quatre heures par jour, s'il est condamné à la peine de la gêne.

Un seul jour et pendant deux heures, s'il est condamné à la peine de la prison.

Art. 5. — Le condamné sera exposé publiquement dans le même appareil et durant le même nombre de jours ci-dessus prescrit, tant dans la ville où le juré d'accusation a été convoqué, que dans celle où est située la maison de peine dans laquelle il doit être conduit.

Art. 6. — Si la maison de peine est située dans la ville où le juré d'accusation a été convoqué, l'exposition aura lieu tant dans la dite ville que dans celle où a été convoqué le juré du jugement (1).

---

1. Ce cas a lieu lorsque le crime a été commis dans l'étendue du district où siège le tribunal criminel.

D'après le décret des jurés, le juré du jugement ne peut pas être convoqué dans ce district; mais la procédure est renvoyée à un tribunal criminel du département voisin.

TITRE VI

De la peine de la dégradation civique.

Article premier. — Le coupable qui aura été condamné à cette peine sera conduit au milieu de la place publique de la ville où siège le tribunal criminel qui l'aura jugé. Le greffier du tribunal lui adressera ces mots, à haute voix: « Votre pays vous a trouvé convaincu d'une action infâme. La loi et le tribunal vous dégradent de la qualité de citoyen français. »

Le condamné sera ensuite mis au carcan au milieu de la place publique ; il y restera pendant deux jours exposé aux regards du peuple. Sur un écriteau seront gravés en gros caractères son nom, le crime qu'il a commis, et le jugement rendu contre lui.

Art. 2. — Dans le cas où la loi prononcera la peine de la dégradation civique, si c'est une femme ou une fille qui est convaincue de s'être rendue coupable desdits crimes, le jugement portera: telle est condamnée à la peine du carcan.

Art. 3. — Toute femme ou fille qui aura été condamnée à cette peine sera conduite au milieu de la place publique de la ville où siège le tribunal criminel qui l'aura jugée.

Elle y sera mise au carcan, et restera pendant deux heures exposée aux regards du peuple.

Sur un écriteau seront tracés en gros caractères son nom, le crime qu'elle a commis et le jugement rendu contre elle.

TITRE VII

Des effets des condamnations.

Article premier. — Quiconque aura été condamné à l'une des peines établies dans les titres précédents sera déchu de tous les droits attachés à la qualité de citoyen actif, ou rendu incapable de les acquérir.

Son témoignage et son affirmation ne seront point admis en justice.

Il ne pourra être rétabli dans ses droits que dans les délais et sous les conditions prescrits ci-après.

Art. 2. — Quiconque aura été condamné aux peines du cachot, de la gêne ou de la prison, indépendamment des déchéances portées en l'article précédent, sera inhabile, pendant la durée de sa peine, à l'exercice d'aucun droit civil.

Art. 3. — En conséquence il sera nommé par le président du tribunal criminel qui aura prononcé son jugement, un curateur pour gérer et administrer ses biens.

Art. 4. — Les biens lui seront restitués à l'instant de sa sortie, et le curateur lui rendra compte de son administration et de l'emploi de ses revenus.

Art. 5. — Pendant le temps de sa détention il ne pourra être remis au condamné aucune portion de ses revenus.

Art. 6. — Seulement il pourra être prélevé sur ses biens les sommes nécessaires pour élever et doter ses enfants, ou pour fournir les aliments à sa femme, à ses enfants, à son père ou à sa mère, s'ils sont dans le besoin.

Art. 7. — Ces sommes ne pourront être prélevées sur ses biens qu'en vertu d'un jugement rendu par le tribunal criminel, à la requête des demandeurs, avec l'avis du curateur et sur les conclusions du commissaire du roi.

Art. 8. — Les commissaires et gardiens de la maison de peine ne permettront pas que les condamnés reçoivent pendant la durée de leur détention aucun don, argent, secours, vivres ou aumônes, attendu qu'il ne peut leur être accordé de soulagement que sur le produit de leur travail (1).

---

1. Cette disposition paraîtra bien nécessaire si l'on est instruit que, sur les galères, tout forçat qui a quelque patrimoine, ou des parents aisés qui lui fournissent de l'argent, est bien traité, bien nourri, bien vêtu et reçoit toute sorte d'égards de la part des gardiens toujours disposés favorablement pour un pensionnaire utile.

Ils seront responsables de l'exécution de l'article, sous peine de destitution.

TITRE VIII

De l'influence de l'âge des condamnés sur la nature et la durée des peines du cachot, de la gêne et de la prison.

Article premier. — Lorsqu'un accusé, déclaré coupable par le juré, aura commis le crime pour lequel il est poursuivi avant l'âge de 16 ans accomplis, les jurés décideront dans les formes ordinaires de leur délibération la question suivante :

Le coupable a-t-il commis le crime avec ou sans discernement ?

Art. 2. — Si les jurés décident que le coupable a commis le crime sans discernement, il sera acquitté du crime ; mais le tribunal criminel pourra, suivant les circonstances, ordonner que l'enfant sera rendu à ses parents ou qu'il sera conduit dans la maison de correction pour y être élevé et détenu pendant tel nombre d'années que le jugement déterminera, et qui toutefois ne pourra excéder l'époque de la majorité de l'enfant.

Art. 3. — Si les jurés décident que le coupable a commis le crime avec discernement, la peine prononcée par la loi contre ledit crime sera abrogée d'un tiers quant à sa durée ; elle sera en outre commuée à raison de l'âge du coupable ; savoir la peine du cachot et de la gêne dans la peine de la prison, si le coupable était âgé de moins de 14 ans accomplis lorsqu'il a commis le crime.

Et la peine du cachot dans la peine de la gêne si le coupable avait moins de 16 ans accomplis.

Par exemple, l'enfant de moins de 14 ans accomplis qui, en raison de son crime, aurait encouru la peine de dix-huit années de cachot, subira à raison de son âge, douze ans de prison, celui qui aurait encouru douze ans de gêne subira huit ans de prison.

Quant à l'enfant de plus de 14 ans, mais de moins de 16 ans accomplis qui aurait encouru la peine de douze ans de gêne, il subira cette peine pendant huit ans ; et s'il a encouru la peine de dix-huit années de cachot, il subira douze années la peine de la gêne.

Art. 4. — Nul ne pourra être condamné à la peine du cachot après l'âge de 60 ans accomplis ; mais cette peine sera commuée pour un temps égal, dans la peine de la prison.

Les condamnés qui auraient commencé à subir leur peine lorsqu'ils seront parvenus à cet âge, en fourniront la preuve au tribunal criminel qui aura prononcé leur jugement, et sur leur requête, le tribunal ordonnera qu'ils soient transférés à la gêne pour achever d'y remplir le temps de leur condamnation.

Art. 5. — Nul ne pourra être condamné à la peine de la gêne après l'âge de 70 ans accomplis, mais cette peine sera commuée, pour un temps égal dans la peine de prison.

Les condamnés qui auraient commencé à subir leur peine lorsqu'ils seront parvenus à cet âge, en fourniront la preuve au tribunal criminel qui aura prononcé leur jugement, et sur leur requête, le tribunal ordonnera qu'ils soient transférés à la prison pour achever d'y remplir le temps de leur condamnation.

Art. 6. — Tout condamné qui aura atteint l'âge de 80 ans, quelle que soit la nature de la peine encourue, sera mis en liberté par jugement du tribunal criminel, rendu sur sa requête, s'il a subi au moins cinq années de sa peine.

S'il avait subi moins de cinq ans de détention, il serait mis en liberté dans les mêmes formes aussitôt que ces cinq années seront accomplies.

Art. 7. — Nul ne pourra être condamné à plus forte peine que celle de cinq ans de prison, après 80 ans accomplis. Si la peine prononcée par la loi à raison du crime commis excède cinq ans de prison, la condamnation sera restreinte à ce terme, en considération de l'âge du coupable.

TITRE IX

De la récidive.

Article premier. — Quiconque aura été condamné à une peine afflictive ou infamante, encore que ledit jugement ait été rendu par contumace, s'il est convaincu d'avoir depuis le jugement commis un crime emportant peine infamante, mais non afflictive, sera, à raison de la récidive, condamné à la peine de deux années de prison.

Art. 2. — Quiconque aura été condamné à une peine afflictive ou infamante, encore que ledit jugement ait été rendu par contumace, s'il est convaincu d'avoir, depuis ce temps, commis un crime emportant peine afflictive, subira ladite peine ; et après l'expiration du temps de cette seconde condamnation, le condamné sera transféré pour le reste de sa vie au lieu qui sera incessamment fixé pour la déportation des malfaiteurs (1).

Art. 3. — Nul ne pourra être déporté s'il est âgé de 66 ans accomplis.

TITRE X

De l'exécution des jugements rendus contre un accusé contumace.

Article premier. — Lorsqu'un accusé contumace aura été condamné à l'une des peines établies ci-dessus, il sera dressé dans la place publique un poteau auquel on appliquera un écriteau indi-

1. Les comités de constitution de mendicité et de législation criminelle se sont concertés avec les ministres de la Marine sur la nécessité de faire choix d'un lieu où les malfaiteurs et les mendiants dangereux puissent être déportés.

L'indication de l'île dont il aura été fait choix pour cet établissement, et les mesures qui y sont relatives seront mises incessamment sous les yeux de l'Assemblée Nationale.

L'Angleterre a pratiqué avec succès ce moyen de purger la société des humeurs vicieuses dont elle peut être infectée.

catif du nom du condamné, du crime qu'il a commis et du jugement rendu contre lui.

Art. 2. — Cet écriteau restera exposé au yeux du peuple pendant trois jours consécutifs, si la condamnation emporte la peine du cachot.

Pendant deux jours consécutifs, si la condamnation emporte la peine de la gêne ;

Pendant un jour si la condamnation emporte la peine de la prison ;

Pendant quatre heures si la condamnation emporte la peine de la dégradation civique ou celle du carcan.

Art. 3. — Lorsque la condamnation prononcée contre un accusé contumace emportera peine afflictive, le dit écriteau sera exposé en la forme qui vient d'être prescrite dans les villes où, d'après les dispositions du titre V ci-dessus, l'exposition du condamné aurait lieu si le condamné était présent.

Lorsque la dite condamnation emportera peine infamante mais non afflictive, ledit écriteau sera exposé seulement dans la place publique de la ville ou siège le tribunal criminel qui aura prononcé ledit jugement.

TITRE XI

De la réhabilitation des condamnés.

Article premier. — Tout condamné qui aura subi sa peine pourra demander à la municipalité du lieu de son domicile une attestation à l'effet d'être réhabilité.

Savoir : les condamnés aux peines du cachot, de la gêne, de la prison, dix ans après l'expiration de leur peine.

Les hommes condamnés à la peine de la dégradation civique ; les femmes condamnées à celle du carcan, après dix ans, à compter du jour de leur jugement.

Art. 2. — Huit jours au plus après la demande, le conseil général de la commune sera convoqué, il lui en sera donné connaissance.

Art. 3. — Le conseil général de la commune sera de nouveau convoqué au bout d'un mois ; pendant ce temps chacun de ses membres pourra prendre sur la conduite de l'accusé tels renseignements qu'il jugera convenables.

Art. 4. — Les avis seront recueillis par la voie du scrutin, et il sera décidé à la majorité si l'attestation sera accordée.

Art. 5. — Si la majorité est pour que l'attestation soit accordée, deux officiers municipaux, revêtus de leur écharpe, conduiront le condamné devant le tribunal criminel où le jugement de condamnation aura été prononcé.

Ils y paraîtront avec lui dans l'auditoire en présence des juges et du public.

Après avoir fait lecture du jugement prononcé contre le condamné, ils diront à haute voix : un tel... a expié son crime en subissant sa peine ; maintenant sa conduite est irréprochable ; nous demandons, au nom de son pays, que la tache de son crime soit effacée.

Art. 6. — Le président du tribunal, sans délibération, prononcera ces mots : sur l'attestation et la demande de votre pays, la loi et le tribunal effacent la tache de votre crime.

Il sera dressé du tout procès-verbal, et mention en sera faite sur le registre du tribunal criminel, en marge du jugement de condamnation.

Art. 7. — Cette réhabilitation dans la personne du condamné a tous les effets et toutes les incapacités résultant des condamnations.

Art. 8. — Si la majorité des voix par corps municipal est pour refuser l'attestation, le condamné ne pourra former une nouvelle demande que deux ans après, et ainsi de suite de deux ans en deux ans (1) tant que l'attestation ne lui aura pas été accordée.

1. L'usage des lettres de grâce, de rémission, d'abolition, de pardon, de commutation de peine est aboli.

Toutes les peines usitées autres que celles qui sont établies ci-dessus sont abrogées.

DEUXIEME PARTIE

TITRE III

Complicité des crimes.

Article premier. — Lorsqu'un crime aura été commis, quiconque sera convaincu d'avoir par dons, promesses, ordres ou menaces, provoqué le coupable ou les coupables à le commettre ;

Ou d'avoir sciemment et dans le dessein du crime procuré aux coupables les moyens, armes ou instruments qui ont servi à son exécution ;

Ou d'avoir sciemment ou dans le dessein du crime, aidé et assisté le coupable ou les coupables, soit dans les faits qui ont préparé ou facilité son exécution, soit dans l'acte même qui l'a consommé, sera puni de la même peine prononcée par la loi contre les auteurs dudit crime.

Art. 2. — Lorsqu'un crime aura été commis, quiconque sera convaincu d'avoir provoqué directement à le commettre, soit par des discours prononcés dans des lieux publics, soit par des placards ou bulletins affichés ou répandus dans lesdits lieux, soit par des écrits rendus publics par la voie de l'impression, sera puni de la même peine prononcée par la loi contre les auteurs dudit crime.

Art. 3. — Quiconque sera convaincu d'avoir reçu gratuitement, ou acheté, ou recélé tout ou partie d'effets volés sachant que lesdits effets provenaient d'un vol, sera puni de la peine de deux années de prison, si le vol a été commis avec quelques-unes des circonstances spécifiées au présent Code.

Il sera poursuivi et puni par voie de police correctionnelle, si le vol provient d'un vol simple.

Art. 4. — Quiconque sera convaincu d'avoir caché ou recélé le cadavre d'une personne homicidée, encore qu'il n'a pas été complice de l'homicide, sera puni de la peine de quatre ans de prison.

Pour tout fait antérieur à la publication du présent Code, si le fait est qualifié crime par les lois actuellement existantes, et qu'il ne le soit pas par le présent décret ; ou si le fait est qualifié crime par le présent Code, et qu'il ne le soit pas par les lois anciennes, l'accusé sera acquitté.

Sans toutefois rien préjuger, par le présent article, pour les faits qui seront du ressort, soit de la police municipale, soit de la police correctionnelle, soit de la police constitutionnelle.

Si le fait est qualifié crime par les lois anciennes et par le présent décret, l'accusé qui aura été déclaré coupable sera condamné aux peines portées par le présent Code.

APPENDICE II

Code pénal

DU 25 SEPTEMBRE, SANCTIONNÉ LE 6 OCTOBRE 1791

PREMIÈRE PARTIE

Des condamnations

TITRE I

Des peines en général

Article premier. — Les peines qui seront prononcées contre les accusés trouvés coupables par le jury, sont la peine de mort, les fers, la réclusion dans la maison de force, la géne, la détention, la déportation, la dégradation civique, le carcan.

Art. 2. — La peine de mort consistera dans la simple privation de la vie, sans qu'il puisse jamais être exercé aucune torture envers les condamnés.

Art. 3. — Tout condamné aura la tête tranchée.

Art. 4. — Quiconque aura été condamné à mort pour crime d'assassinat, d'incendie ou de poison, sera conduit au lieu de l'exécution revêtu d'une chemise rouge.

Le parricide aura la tête et le visage voilés d'une étoffe noire; il ne sera découvert qu'au moment de l'exécution.

Art. 5. — L'exécution des condamnés à mort se fera dans la place publique de la ville où le jury d'accusation aura été convoqué.

Art. 6. — Les condamnés à la peine des fers seront employés à des travaux forcés, au profit de l'État, soit dans l'intérieur des maisons de force, soit dans les ports et arsenaux, soit pour l'extraction des mines, soit pour le desséchement des marais, soit enfin pour tous autres ouvrages pénibles. qui, sur la demande des départements, pourront être déterminés par le corps législatif.

Art. 7. — Les condamnés à la peine des fers traîneront à l'un des pieds un boulet attaché avec une chaîne de fer.

Art. 8. — La peine des fers ne pourra, en aucun cas, être perpétuelle.

Art. 9. — Dans le cas où la loi prononce la peine des fers pour un certain nombre d'années, si c'est une femme ou une fille qui est convaincue de s'être rendue coupable desdits crimes, ladite femme ou fille sera condamnée, pour le même nombre d'années, à la peine de la réclusion dans la maison de force.

Art. 10. — Les femmes et les filles condamnées à cette peine, seront enfermées dans une *maison de force*, et seront employées dans l'enceinte de ladite maison, à des travaux forcés, au profit de l'État.

Art. 11. — Les corps administratifs pourront déterminer le genre des travaux auxquels les condamnés seront employés dans lesdites maisons.

Art. 12. — Il sera statué par un décret particulier, dans quel nombre et dans quels lieux seront formés les établissements desdites maisons.

Art. 13. — La durée de cette peine ne pourra, dans aucun cas, être perpétuelle.

Art. 14. — Tout condamné à la peine de la gêne sera enfermé seul, dans un lieu éclairé, sans fers ni liens ; il ne pourra avoir, pendant la durée de sa peine, aucune communication avec les autres condamnés ou avec des personnes du dehors.

Art. 15. — Il ne sera fourni au condamné à ladite peine que du pain et de l'eau, aux dépens de la maison; le surplus sur le produit de son travail.

Art. 16. — Dans le lieu où il sera détenu, il lui sera procuré du travail à son choix, dans le nombre des travaux qui seront autorisés par les administrateurs de ladite maison.

Art. 17. — Le produit de son travail sera employé ainsi qu'il suit :

Un tiers sera employé à la dépense commune de la maison;

Sur une partie des deux autres tiers, il sera permis au condamné de se procurer une meilleure nourriture;

Le surplus sera réservé pour lui être remis au moment de sa sortie, après que le temps de sa peine sera expiré.

Art. 18. — Il sera statué, par un décret particulier, dans quel nombre et dans quels lieux seront formés les établissements destinés à recevoir les condamnés à la peine de la gêne.

Art. 19. — Cette peine ne pourra, en aucun cas, être perpétuelle.

Art. 20. — Les condamnés à la peine de la détention seront enfermés dans l'enceinte d'une maison destinée à cet effet.

Art. 21. — Il leur sera fourni du pain et de l'eau aux dépens de la maison ; le surplus sur le produit de leur travail.

Art. 22. — Il sera fourni aux condamnés du travail à leur choix, dans le nombre des travaux qui seront autorisés par les administrateurs de ladite maison.

Art. 23. — Les condamnés pourront, à leur choix, travailler ensemble ou séparément, sauf toutefois les réclusions momentanées qui pourront être ordonnées par ceux qui seront chargés de la police de la maison.

Art. 24. — Les hommes et les femmes seront enfermés, et travailleront dans des enceintes séparées.

Art. 25. — Le produit du travail des condamnés à cette peine, sera employé ainsi qu'il est spécifié en l'article 17 ci-dessus.

Art. 26. — La durée de cette peine ne pourra excéder six années.

Art. 27. — Il sera statué, par un décret particulier, dans quel nombre et dans quels lieux seront formés les établissements desdites maisons de détention.

Art. 28. — Quiconque aura été condamné à l'une des peines des fers, de la réclusion dans la maison de force, de la gêne, de la détention, avant de subir sa peine, sera préalablement conduit sur la place publique de la ville où le jury d'accusation aura été convoqué.

Il y sera attaché à un poteau placé sur un échafaud, et il y demeurera exposé aux regards du peuple ; pendant six heures, s'il est condamné à la peine des fers ou de la réclusion dans la maison de force ; pendant quatre heures, s'il est condamné à la peine de la gêne ; pendant deux heures, s'il est condamné à la détention. Au-dessus de sa tête, sur un écriteau seront inscrits en gros caractères son nom, sa profession, son domicile, la cause de sa condamnation, et le jugement rendu contre lui.

Art. 29. — La peine de la déportation aura lieu dans le cas et dans les formes qui seront déterminés ci-après.

Art. 30. — Le lieu où seront conduits les condamnés à cette peine sera déterminé incessamment par un décret particulier.

Art. 31. — Le coupable qui aura été condamné à la peine de la dégradation civique, sera conduit au milieu de la place publique où siège le tribunal qui l'aura jugé.

Le greffier du tribunal lui adressera ces mots à haute voix : *Votre pays vous a trouvé convaincu d'une action infâme ; la loi et le tribunal vous dégradent de la qualité de citoyen Français.*

Le condamné sera ensuite mis au carcan au milieu de la place publique : il y restera pendant deux heures exposé aux regards du peuple. Sur un écriteau seront tracés, en gros caractères, son nom, son domicile, sa profession, le crime qu'il a commis et le jugement rendu contre lui.

Art. 32. — Dans le cas où la loi prononce la peine de la dégradation civique, si c'est une femme ou une fille, un étranger ou un repris de justice, qui est convaincu de s'être rendu coupable desdits crimes, le jugement portera : « Tel, ou telle... est condamnée « à la peine du carcan. »

Art. 33. — Le condamné sera conduit au milieu de la place publique de la ville où siège le tribunal criminel qui l'aura jugé.

Le greffier du tribunal criminel lui adressera ces mots à haute voix: *Le pays vous a trouvé convaincu d'une action infâme.*

Le condamné sera ensuite mis au carcan, et restera pendant deux heures exposé aux regards du peuple. Sur un écriteau seront tracés en gros caractères son nom, sa profession, son domicile, le crime qu'il a commis et le jugement rendu contre lui.

Art. 34. — Les dommages et intérêts et réparations civiles seront prononcés lorsqu'il y écherra, indépendamment des peines ci-dessus spécifiées.

Art. 35. — Toutes les peines actuellement usitées, autres que celles qui sont établies ci-dessus, sont abrogées.

TITRE II

De la récidive.

Article premier. — Quiconque aura été repris de justice pour crime, s'il est convaincu d'avoir, postérieurement à la première condamnation, commis un second crime emportant l'une des peines des fers, de la réclusion dans la maison de force, de la gêne, de la détention, de la dégradation civique ou du carcan, sera condamné à la peine prononcée par la loi contre ledit crime ; et, après l'avoir subie, il sera transféré, pour le reste de sa vie, au lieu fixé pour la déportation des malfaiteurs.

Art. 2. — Toutefois, si la première condamnation n'a emporté autre peine que celle de la dégradation civique ou du carcan, et que la même peine soit prononcée par la loi contre le second crime dont le condamné est trouvé convaincu, en ce cas le condamné ne sera pas déporté ; mais attendu la récidive, la peine de la dégradation civique ou carcan sera convertie dans celle de deux années de détention.

TITRE III

De l'exécution des jugements contre un accusé contumax.

Article premier. — Lorsqu'un accusé aura été condamné à l'une des peines établies ci-dessus, il sera dressé dans la place publique de la ville où le jury d'accusation aura été convoqué, un poteau auquel on appliquera un écriteau indicatif du nom du condamné, de son domicile, de sa profession, du crime qu'il a commis et du jugement rendu contre lui.

Art. 2. — Un écriteau restera exposé aux yeux du peuple pendant douze heures, si la condamnation emporte la peine de mort ; pendant six heures, si la condamnation emporte la peine des fers ou de la réclusion dans la maison de force ; pendant quatre heures, si la condamnation emporte la peine de la gêne ; pendant deux heures, si la condamnation emporte la peine de la détention, et de la dégradation civique ou du carcan.

TITRE IV

Des effets et des condamnations.

Article premier. — Quiconque aura été condamné à l'une des peines des fers, de la réclusion dans la maison de force, de la gêne, de la détention, de la dégradation civique ou du carcan, sera déchu de tous les droits attachés à la qualité de citoyen actif, et rendu incapable de les acquérir.

Il ne pourra être rétabli dans ses droits, ou rendu habile à les acquérir que sous les conditions et dans les délais qui seront prescrits au titre de la réhabilitation.

Art. 2. — Quiconque aura été condamné à l'une des peines des fers, de la réclusion dans la maison de force, de la gêne ou de la détention, indépendamment des déchéances portées en l'article précédent, ne pourra, pendant la durée de la peine, exercer par lui-même aucun droit civil : il sera, pendant ce temps, en état d'interdiction légale, et il lui sera nommé un curateur pour gérer et administrer ses biens.

Art. 3. — Le curateur sera nommé dans les formes ordinaires et accoutumées pour la nomination des curateurs aux interdits.

Art. 4. — Les biens du condamné lui seront remis après qu'il aura subi sa peine, et le curateur lui rendra compte de son administration et de l'emploi de ses revenus.

Art. 5. — Pendant la durée de sa peine, il ne pourra lui être remis aucune portion de ses revenus, mais il pourra être prélevé sur ses biens les sommes nécessaires pour élever et doter ses enfants,

Art. 6. — Ces sommes ne pourront être prélevées sur ses biens, qu'en vertu d'un jugement rendu à la requête des demandeurs sur l'avis des parents et du curateur, et sur les conclusions du commissaire du pouvoir exécutif.

Art. 7. — Les conducteurs des condamnés, les commissaires et gardiens des maisons où ils seront enfermés, ne permettront pas qu'ils reçoivent, pendant la durée de leur peine, aucun don, argent, secours, vivres ou aumônes, attendu qu'il ne peut leur être accordé de soulagement qu'en considération et sur le produit de leur travail.

Ils seront responsables de leur négligence à exécuter cet article, sous peine de destitution.

Art. 8. — Les effets résultants de la déportation seront déterminés lors du règlement qui sera fait pour la formation de l'établissement destiné à recevoir les malfaiteurs qui auront été déportés.

TITRE V

De l'influence de l'âge des condamnés sur la nature
et la durée des peines.

Article premier. — Lorsqu'un accusé, déclaré coupable par le jury, aura commis le crime pour lequel il est poursuivi, avant l'âge de seize ans accomplis, les jurés décideront, dans les formes ordinaires de leur délibération, la question suivante : *Le coupable a-t-il commis le crime avec ou sans discernement ?*

Art. 2. — Si les jurés décident que le coupable a commis le crime sans discernement, il sera acquitté du crime ; mais le tribunal criminel pourra, suivant les circonstances, ordonner que le coupable sera rendu à ses parents, ou qu'il sera conduit dans une maison de correction pour y être élevé et détenu pendant tel nombre d'années que le jugement déterminera, et qui toutefois ne pourra communiquer le jugement.

Art. 3. — Si les jurés décident que le coupable a commis le crime avec discernement, il sera condamné ; mais à raison de son âge, les peines suivantes seront commuées.

Si le coupable a encouru la peine de mort, il sera condamné à vingt années de détention dans une maison de correction.

S'il a encouru la peine des fers, de la réclusion dans la maison de force, de la gêne ou de la détention, il sera condamné à être renfermé dans la maison de correction pendant un nombre d'années égal à celui pour lequel il aurait encouru l'une desdites peines à raison du crime qu'il a commis.

Art. 4. — Dans les cas portés en l'article précédent, le condamné ne subira que l'exposition aux regards du peuple, sinon lorsque la peine de mort aura été commuée en vingt années de détention dans une maison de correction; auquel cas l'exposition du condamné aura lieu pendant six heures, dans les formes qui sont ci-dessus prescrites.

Art. 5. — Nul ne pourra être déporté, s'il a soixante-quinze ans accomplis.

Art. 6. — Dans le cas où la loi prononce l'une des peines des fers, de la réclusion dans la maison de force, de la gêne ou de la détention pour plus de cinq années, la durée de la peine sera réduite à cinq ans, si l'accusé trouvé coupable est âgé de soixante-quinze ans accomplis ou au delà.

Art. 7. — Tout condamné à l'une desdites peines, qui aura atteint l'âge de quatre vingts ans accomplis, sera mis en liberté par jugement du tribunal criminel, rendu sur sa requête, s'il a subi au moins cinq années de sa peine.

TITRE VI

De la prescription en matière criminelle.

Article premier. — Il ne pourra être intenté aucune action criminelle pour raison d'un crime, après trois années révolues, lorsque dans cet intervalle il n'aura été fait aucune poursuite.

Art. 2. — Quand il aura été commencé des poursuites à raison d'un crime, nul ne pourra être poursuivi pour raison dudit crime, après six années révolues, lorsque dans cet intervalle aucun jury d'accusation n'aura déclaré qu'il y a lieu à accusation contre lui ; soit qu'il ait été ou non impliqué dans des poursuites qui auront été faites. Les délais portés au présent article et au précédent commenceront à courir du jour où l'existence du crime aura été connue ou légalement constatée.

Art. 3. — Aucun jugement de condamnation rendu par un tribunal criminel ne pourra être mis à exécution, quant à la peine, après un laps de vingt années révolues, à compter du jour où ledit jugement aura été rendu.

TITRE VII

De la réhabilitation des condamnés.

Article premier. — Tout condamné qui aura subi sa peine, pourra demander à la municipalité du lieu de son domicile une attestation à l'effet d'être réhabilité ;

Savoir : les condamnés aux peines des fers, de la réclusion dans la maison de force, de la gêne, de la détention, dix ans après l'expiration de leurs peines ; les condamnés à la peine de la dégradation civique ou du carcan, après dix ans à compter du jour de leur jugement.

Art. 2. — Aucun condamné ne pourra demander sa réhabilitation, si, depuis deux ans accomplis, il n'est pas domicilié dans le territoire de la municipalité à laquelle sa demande est adressée, et

s'il ne joint à ladite demande des certificats et attestations de bonne
conduite, qui lui auront été délivrés par les municipalités sur le
territoire desquelles il a pu avoir son habitation ou son domicile
pendant les dix années qui ont précédé sa demande ;

Lesquels certificats ou attestations de bonne conduite ne pourront lui être délivrés qu'à l'instant où il quittera lesdits domicile
ou habitation.

Art. 3. — Huit jours au plus après la demande, le conseil général de la commune sera convoqué, et il lui sera donné connaissance
de la demande.

Art. 4. — Le conseil général de la commune sera de nouveau
convoqué au bout d'un mois ; pendant ce temps, chacun de ses
membres pourra prendre sur la conduite du condamné les renseignements qu'il jugera convenables.

Art. 5. — Les avis seront recueillis par la voie du scrutin, et il
sera décidé à la majorité des voix si l'attestation sera ou non
accordée.

Art. 6. — Si la majorité est pour que l'attestation soit accordée,
deux officiers municipaux revêtus de leur écharpe, ou, avec leur
procuration, deux officiers municipaux de la ville où siège le tribunal criminel du département dans le territoire duquel le condamné est actuellement domicilié, conduiront le condamné devant
ledit tribunal criminel.

Ils y paraîtront avec lui dans l'auditoire, en présence des juges
et du public.

Après avoir fait lecture du jugement prononcé contre le condamné, ils diront à haute voix : *Un tel a expié son crime en subissant sa peine ; maintenant sa conduite est irréprochable: nous
demandons, au nom de son pays, que la tache de son crime soit
effacée.*

Art. 7. — Le président du tribunal, sans délibération, prononcera ces mots : *Sur l'attestation et la demande de votre pays, la
loi et le tribunal effacent la tache de votre crime.*

Art. 8. — Il sera dressé du tout procès-verbal.

Art. 9. — Si le tribunal criminel où le jugement de réhabilitation sera prononcé, est autre que celui où a été rendu le jugement de condamnation, la copie dudit procès-verbal sera envoyée pour être transcrite sur le registre, en marge du jugement de condamnation.

Art. 10. — La réhabilitation fera cesser dans la personne du condamné tous les effets et toutes les incapacités résultantes de la condamnation.

Art. 11. — Toutefois, l'exercice des droits de citoyen actif du condamné demeurera suspendu à l'égard du réhabilité, jusqu'à ce qu'il ait satisfait aux dommages et intérêts, ainsi qu'aux autres condamnations pécuniaires qui auront pu être prononcées contre lui.

Art. 12. — Si la majorité des voix du corps municipal est pour refuser l'attestation, le condamné ne pourra former une nouvelle demande que deux ans après ; et ainsi de suite de deux ans en deux ans, tant que l'attestation n'aura pas été accordée.

Art. 13. — L'usage de tous actes tendant à empêcher ou à suspendre l'exercice de la justice criminelle, l'usage des lettres de grâce, de rémission, d'abolition, de pardon et de commutation de peine, sont abolis pour tout crime poursuivi par voie de jurés.

TITRE VIII

Des complices des crimes.

Article premier. — Lorsqu'un crime aura été commis, quiconque sera convaincu d'avoir par *dons, promesses, ordre ou menaces,* provoqué le coupable ou les coupables à le commettre ;

Ou d'avoir sciemment et dans le dessein du crime, procuré au coupable ou aux coupables les moyens, armes ou instruments qui ont servi à son exécution ;

Ou d'avoir sciemment et dans le dessein du crime, aidé et assisté le coupable ou les coupables, soit dans les faits qui ont préparé ou facilité son exécution, soit dans l'acte même qui l'a consommé, sera puni de *la même peine* prononcée par la loi contre les auteurs dudit crime.

Art. 2. — Lorsqu'un crime aura été commis, quiconque sera convaincu d'avoir *provoqué directement à le* commettre, soit par des discours prononcés dans les lieux publics, soit par des placards ou bulletins affichés ou répandus dans lesdits lieux, soit par des écrits rendus publics par la voie de l'impression, sera puni de la même peine prononcée par la loi contre les auteurs du crime.

Art. 3. — Lorsqu'un vol aura été commis avec l'une des circonstances spécifiées au *présent* article, quiconque sera convaincu d'avoir reçu gratuitement, ou acheté ou recélé tout ou partie des effets volés, sachant que lesdits effets provenaient d'un vol, sera réputé complice, et puni de la peine prononcée par la loi contre les auteurs dudit crime.

Art. 4. — Quiconque sera convaincu d'avoir caché ou recélé le cadavre d'une personne homicidée, encore qu'il n'ait pas été complice d'homicide, sera puni de la peine de quatre années de détention.

TABLE DES MATIERES

DEUXIÈME PARTIE

Théories générales

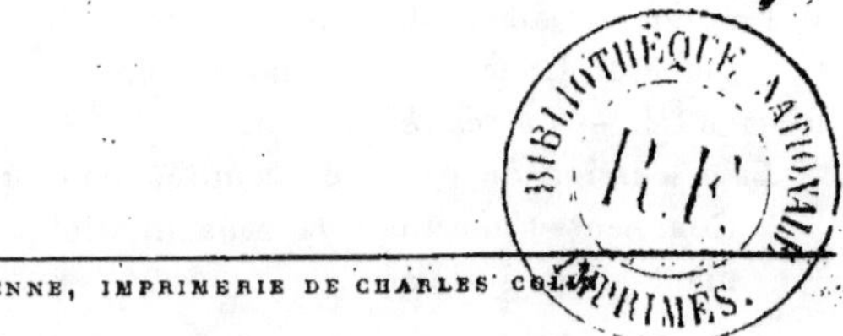

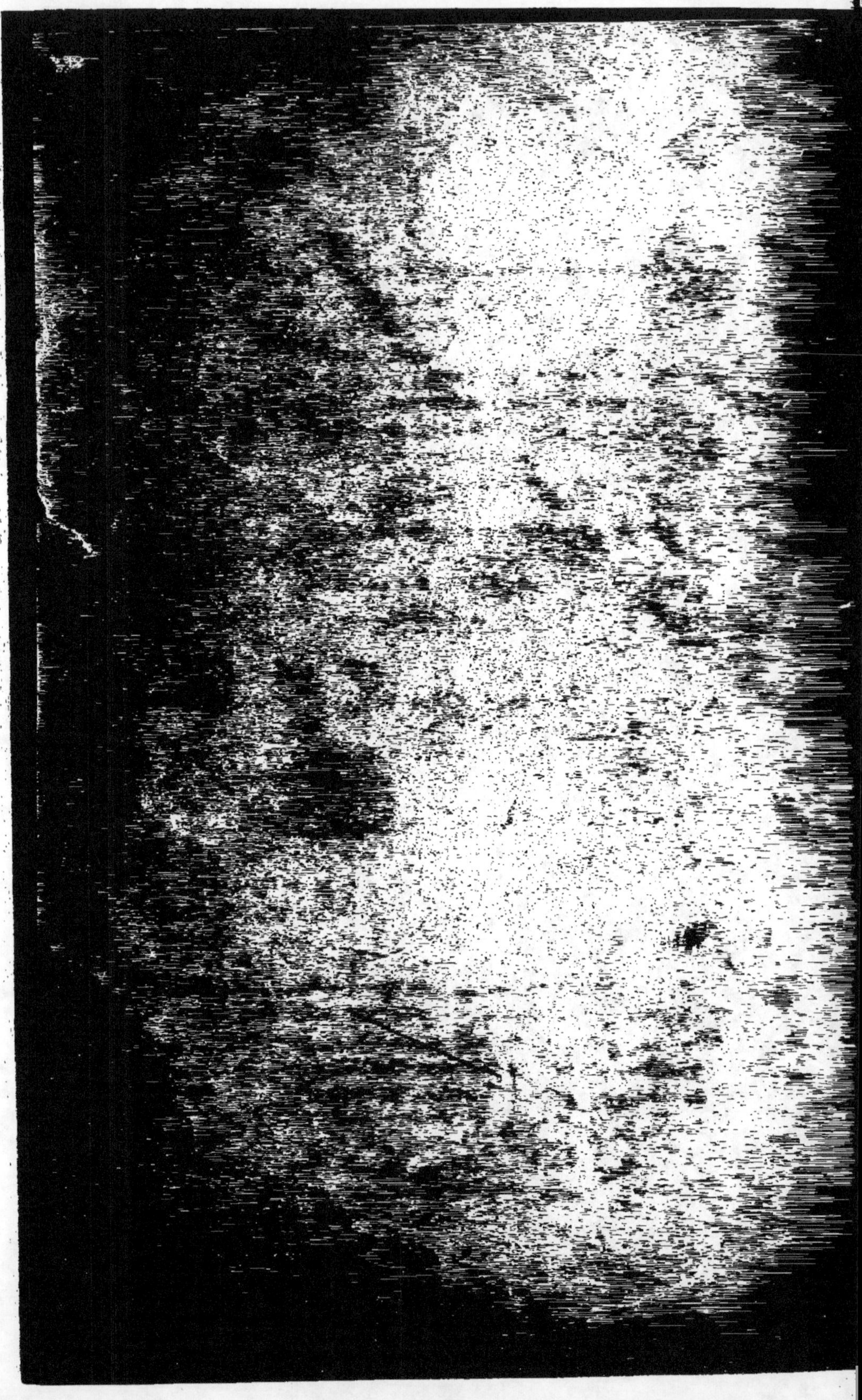

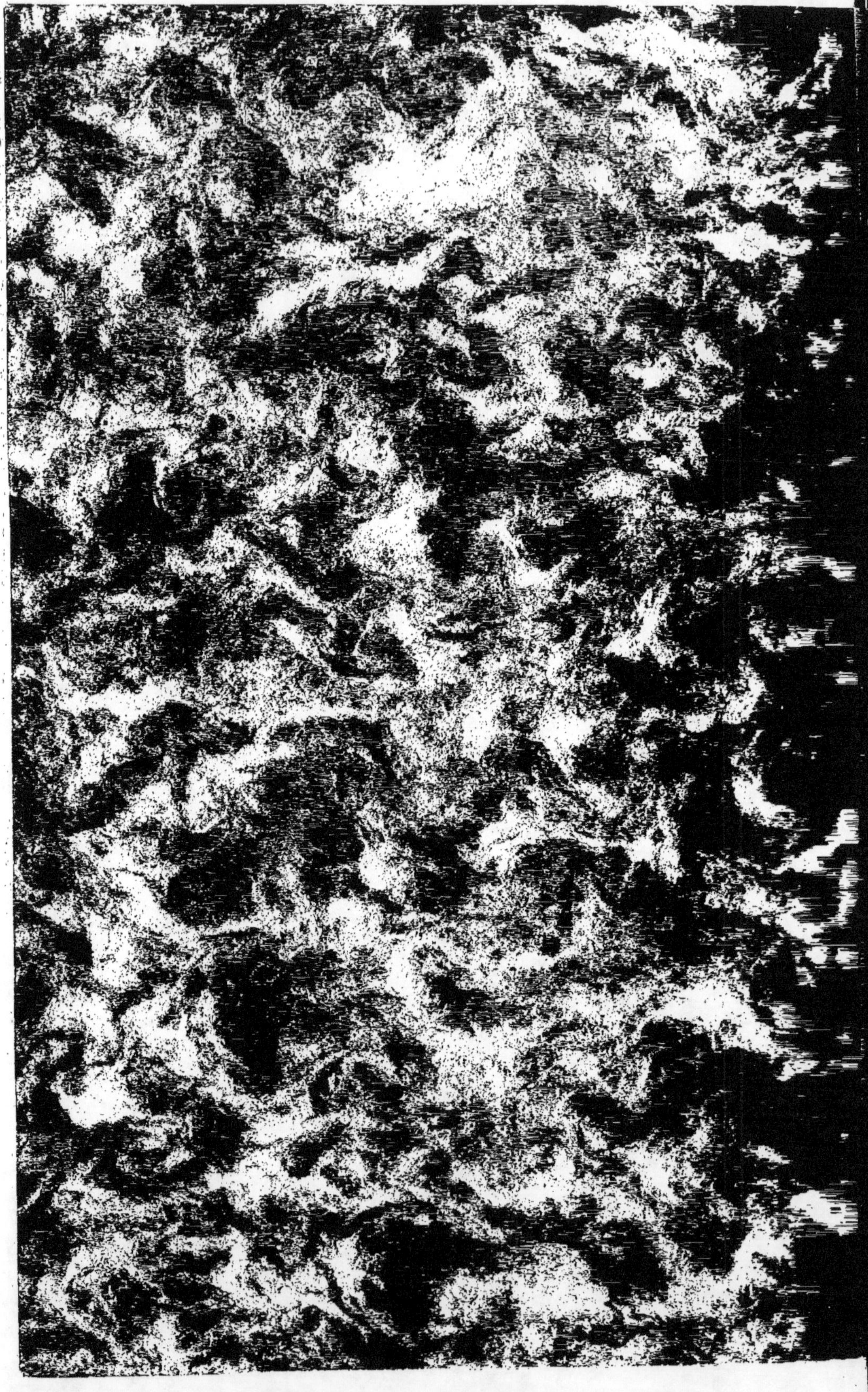

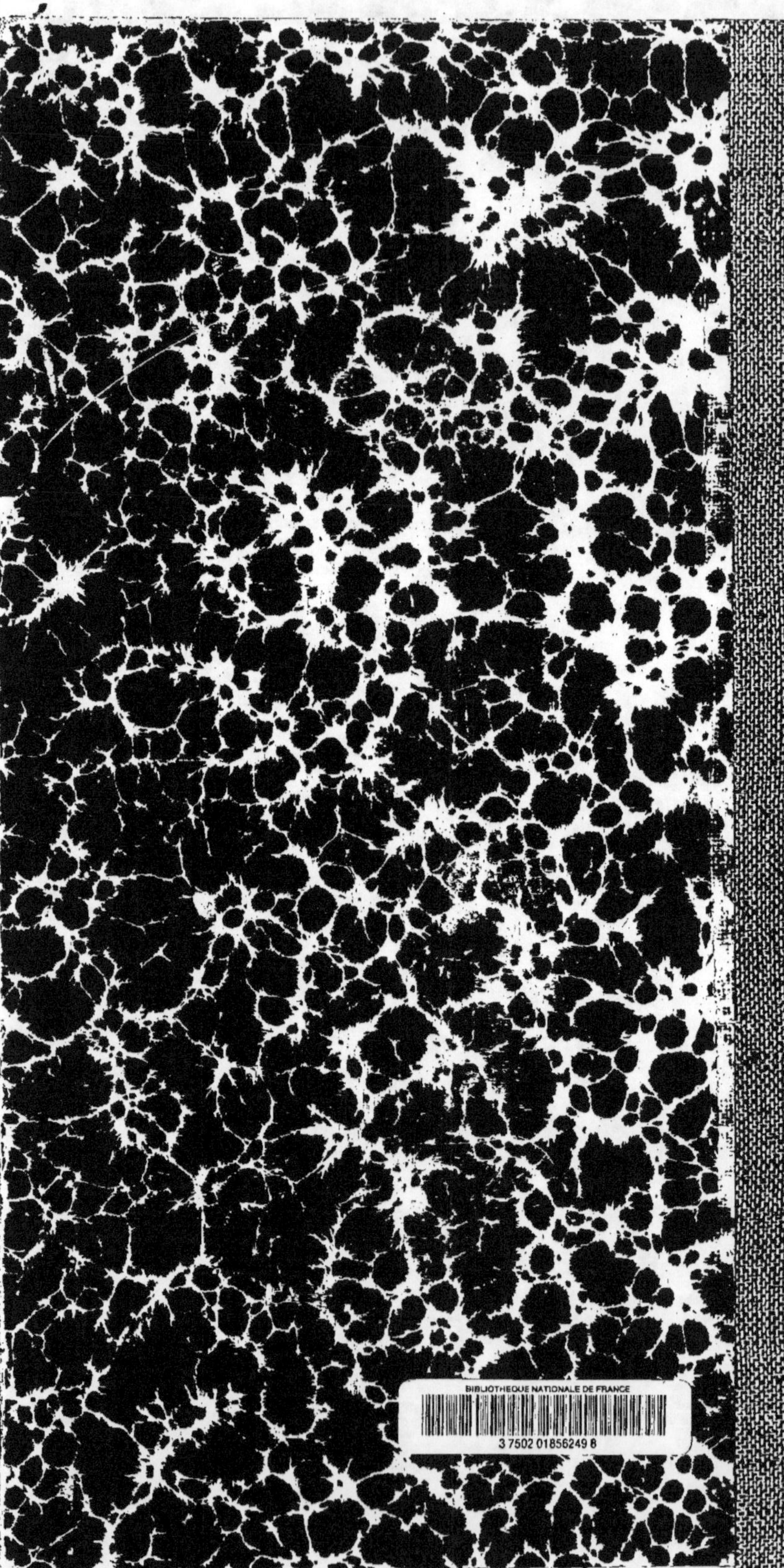